ROB LAMPE

ELBMÖRDER

hansanord

Impressum

1. Auflage 2021
© 2021 by hansanord Verlag

Der Roman spielt hauptsächlich in allseits bekannten Ecken in und um Hamburg, doch bleiben die Geschehnisse reine Fiktion. Sämtliche Handlungen und Charaktere sind frei erfunden.

ISBN Print 978-3-947145-44-7
ISBN E-Book 978-3-947145-45-4

Lektorat: Birgit Rehaag/www.lektorat-satzzeichen.de
Umschlaggestaltung: Marc-Torben Fischer
Layout und Satz: Carsten Klein, Torgau

Für Fragen und Anregungen:
info@hansanord-verlag.de
Fordern Sie unser Verlagsprogramm an:
vp@hansanord-verlag.de

ʰansa**nord**

hansanord Verlag
Johann-Biersack-Str. 9
D 82340 Feldafing
Tel. +49 (0) 8157 9266 280
FAX +49 (0) 8157 9266 282
info@hansanord-verlag.de
www.hansanord-verlag.de

Hamburg, meine Perle!

INHALT

ERSTER TEIL

Und sobald du die Antwort hast,
ändert das Leben die Frage.

SONNTAG, 28. JULI 2019

»Da unten ist die Erde, aber hier oben sind wir. Hier sind wir dem Himmel so nah, dass man meinen könnte ihn zu berühren«, flüsterte er sanft in ihr Ohr.

Am Anfang waren es nur Kleinigkeiten gewesen, die Tim in Isabels Bann gezogen hatten. Ein zartes Lächeln, ein fast nicht wahrnehmbares Blinzeln, wenn sie ihn scheinbar unbeobachtet beobachtete, kleine Liebes-Botschaften, die er morgens auf dem Weg zur Arbeit in seiner Tasche entdeckte. Doch seit einigen Tagen war es Liebe.

Die 42 Gondeln auf dem Hamburger Dom kamen zum Stehen. Der Himmel war trotz der fortgeschrittenen Stunde noch immer blau und klar. Die Aussicht zum Dahinschmelzen. Man konnte die Alster genauso gut erkennen wie die Elbphilharmonie und den Michel. Auch von der Kirmes-Musik war hier oben nichts zu hören. Es herrschte Stille. In 60 Metern Höhe. Tim strich sich durch seine Haare und holte tief Luft. Dann stellte er die Frage aller Fragen. Eine spontane Eingebung, auch ohne einen Ring dabeizuhaben. Doch es fühlte sich richtig an. Und den Ring würde er nächste Woche besorgen. Ihre Ringgröße hatte er bereits notiert.

»Isabel Thoss, möchtest du meine Frau werden?«, fragte Tim mit zittriger Stimme. »Willst du mich heiraten?«

»Jaaaaaa. Natürlich möchte ich das! Ja, ja, ja, ja«, sprudelte es aus Isabel heraus, während sie ihn liebevoll umarmte und nur mit Mühe ihre Tränen zurückhalten konnte.

Es war einer dieser Momente, der Maßstäbe setzte. Es war einer dieser Momente, an dem sich die Zukunft messen lassen müsste.

Es war einer dieser Momente, in denen man sich wünschte, nicht das Riesenrad wäre zum Stehen gekommen, sondern die Zeit. Es war der perfekte Moment. Und der letzte gemeinsame Abend.

MONTAG, 29. JULI 2019

»Ich muss jetzt wirklich los«, sagte Tim, während Isabel nicht aufhörte, sich an ihm festzukrallen. Sie hatte frei und hätte am liebsten den ganzen Tag im Bett verbracht und alles bei sich behalten, was ihr wichtig war. Doch Tim war spät dran. Im Bad ging er noch mal seinen Tag durch. Halb zehn der Termin mit Herrmann. Es war bereits der vierte Termin in fünf Wochen. Heute musste er das Geschäft zum Abschluss bringen, auch wenn Herrmann am längeren Hebel saß und von Termin zu Termin bessere Konditionen forderte. Um ein Uhr Mittagessen mit seinem Onkel. Halb vier der hoffentlich finale Report bei der neuen Geschäftsführung.

»Willst du mich heute eigentlich immer noch heiraten?«, fragte Isabel aus dem Schlafzimmer.

Tim bemerkte, wie er schon jetzt begann sie zu vermissen. Der gestrige Abend, die Frage auf dem Riesenrad, alles hatte sich seitdem verändert. Es machte ihn glücklich mit ihr zusammen zu sein. Sie war so erfrischend anders als seine ganzen Kurzzeitfrauen davor, denen er keine Träne nachweinte – und die sicherlich auch nicht ihm. Er lächelte und war einfach nur glücklich, als er zurück ins Schlafzimmer ging und sich an den warmen Körper seiner Bald-Ehefrau schmiegte.

»Natürlich. Heute möchte ich dich sogar noch viel mehr heiraten als gestern noch.«

Hinter ihren strahlend schönen Augen konnte er das überforderte Mädchen sehen, das allzu schnell hatte erwachsen werden müssen. Immer auf sich allein gestellt. Nie wissend, was am nächsten Tage kommt. Er wollte diese Lücke schließen. Ihr innere Ruhe und Stabilität geben. Er dachte daran, was für ein Glückspilz er war, sie getroffen zu haben und gab ihr einen Abschiedskuss. Isabel winkte zum Abschied, während sie sich in ihre Bettdecke wickelte.

Draußen vor der Haustür rannte Tim den Apostelweg entlang, bog links in die Rahlstedter Bahnhofstraße ein und erreichte kurze Zeit später das mit Graffiti beschmierte Bahnhofsgebäude.

»Bitte zurückbleiben!«, ertönte es aus den Lautsprechern, als er keuchend die Rolltreppe erreichte. Er beobachtete, wie die Zugtüren zugingen, als plötzlich in der Mitte der Regiobahn ein Mann heraus sprang. Dieser fixierte ihn sekundenlang und wartete.

Tim lief ein kalter Schauer über den Rücken. Was war das denn? War der etwa seinetwegen ausgestiegen? Wartete der auf ihn? Tim kannte zwar das bleiche Gesicht, konnte es aber nicht einordnen. Es war eines von diesen zahllosen Bleichgesichtern, die, wie er, um 8.23 Uhr die Regionalbahn Richtung Hamburg nahmen. Seltsam nur, dass er aus dem abfahrtbereiten Zug herausgesprungen war und ihn seitdem anstarrte. Die nächste Regiobahn kam erst in einer halben Stunde. Irritiert verließ er, unten angekommen, die Rolltreppe und ging den Bahnsteig entlang. Er zwang sich, möglichst gleichgültig zu gucken. Schritt für Schritt näherte sich Tim der Person, doch keine Reaktion. Schließlich passierte er das Bleichgesicht – ohne dass etwas geschah – und setzte sich auf eine der hinteren Bänke des Bahnsteigs. Nun käme er zu spät zu seinem ersten Termin. Andererseits konnte er noch etwas mit Isabel chatten. In der Regiobahn war immer schlechter Empfang, aber hier am Bahnhof gab es WLAN satt.

Das 9.30-Uhr-Meeting war in vollem Gange, als Tim hereinplatzte. Auch alle Stühle waren besetzt. Dafür hatte Yannick, der für Tim eingesprungen war, gesorgt. So begrüßte Tim kurz die anwesenden Teilnehmer und besorgte sich einen zusätzlichen Stuhl aus dem Nachbarraum.

»Das ist doch hoffentlich okay, dass wir schon mal angefangen haben Tim, oder?«, fragte Yannick rhetorisch.

»Natürlich. Mach' bitte weiter.«

Eine Stunde später war der Deal in trockenen Tüten. Die Einigung mit Herrmann stand. Er hätte kotzen können. Er verpasste die Bahn und Yannick erntete das Lob. Er hörte schon seinen Chef sagen: »And the Oscar goes to … Yannick!« Ihm blieb die Goldene Himbeere.

Zu allem Überfluss schlug Yannick anlässlich des Oscars vor, die Beteiligten zum Mittagessen einzuladen. Er musste den Mittagstermin mit seinem Onkel absagen und kramte sein Handy hervor. In diesem Zuge checkte er seine Nachrichten an Isabel. Sie hatte noch nicht geantwortet. Noch nicht einmal gelesen. Ein schlechtes Gewissen überkam ihm. So gut kannte er Isabel bereits, dass er wusste, dass sie neben der Zubereitung des Essens auch für die richtige Atmosphäre sorgen würde. Und das hieß, dass sie – und wahrscheinlich genau in diesen Minuten – die ganze Bude auf den Kopf stellen und putzen würde. Es war ihm unangenehm. Eigentlich wollte er es letzte Woche bereits gemacht haben, dann am Wochenende. Oje … das Katzenklo war auch längst überfällig gewesen. Nein, das sollte sie alles nicht. Er würde früher nach Hause kommen. Er rief sie an, um ihr das zu sagen. Freizeichen. Doch sie ging nicht ran. Nach 30 Sekunden legte er auf.

»Mist«, entfuhr es ihm, »das ist jetzt nicht so geil.« Frustriert steckte er sein Handy in seine Jackentasche, als es plötzlich klingelte. Es war Isabel. Endlich.

* * *

Überall liefen Polizeibeamte und erste Reporter der Lokalpresse herum, als Hauptkommissar Thoelke am Tatort im Apostelweg 20 eintraf.

»Hängt doch bitte endlich die Absperr-Bänder auf, sodass ihr in Ruhe arbeiten könnt, Jungs«, rief er einem in der Ecke stehenden Kollegen zu. »Und sagt den Nachbarn im Hause, dass keiner die Wohnung verlassen darf, ohne seine Personalien zu hinterlassen. Ich möchte jeden sprechen. Sowohl die Mieter als auch mögliche Übernachtungsgäste.«

Oben traf Thoelke auf seinen Assistenten Bernd, der ihn zügig durch die Wohnung Richtung Schlafzimmer dirigierte. Im Schlafzimmer trafen sie auf einen weiteren Beamten, der auf seinen Fersen hockte und die Schubladen vorsichtig und routiniert durchsuchte. Gerade war er wohl bei den Socken und Nylons angekommen. Auf der Kommode befanden sich einzelne Flakons teurer Parfümmarken, zwei Cremes und ein Handy, das am Ladekabel hing. Rechts davon stand ein weißer Tisch, der wohl als Schreibtisch genutzt wurde. Zumindest war er voll mit Papieren und Akten. Weitere Akten standen ordentlich sortiert und beschriftet im weißen deckenhohen Regal neben der Balkontür.

Dann sah er das Opfer. Eine Frau. Jung. Das Gesicht war ihm zugewandt. Sie war blutüberströmt und nackt. Thoelke beugte sich über den Körper und betrachtete die Einstichstellen.

13 Einstiche waren auf der Körperoberseite zu zählen. Umdrehen wollte den Leichnam niemand.

»Der Täter hat ein Messer mit einer dünnen zweischneidigen Klinge von 10 bis 14 Zentimetern verwendet. Gibt es in jeder Küche. Die Einstiche scheinen wahllos zu sein. Der Täter muss sich richtiggehend in seine Wut hineingesteigert haben. Die Schnittwunden weisen alle unterschiedliche Tiefen auf. Die meisten etwa anderthalb bis zwei Zentimeter. Das heißt, die meisten der 13 Einstiche waren nicht tödlich, nur schmerzhaft. Aber die beiden ins Herz waren es. Die waren auch entsprechend tiefer. Mit der gesamten Länge der Klinge. Da hatte das Opfer keine Chance.«

»Das heißt, der Täter hatte anatomische Kenntnisse? Ein Arzt?«, fragte Bernd.

»Dank Netflix verfügt heutzutage jeder über anatomische Kenntnisse. Da braucht man kein Chirurg zu sein.«

»Also kein Arzt?«

»Nicht unbedingt. Schau mal lieber, ob du die Tatwaffe findest. In der Wohnung, im Flur oder draußen auf der Straße, in den Mülltonnen. Sei kreativ.«

»Ja, Cheffe.«

»Es handelt sich um eine Beziehungstat. Da muss ich nicht lange ermitteln. Wer 13 Mal zusticht, verspürt Hass. Das war keine Affekt-Handlung. Alles zusammen zeugt von Geringschätzung und eisiger Verachtung. Das war kaltblütiger Mord«, referierte Hauptkommissar Thoelke in die Runde.

»Sehen Sie den Bademantel?«, er zeigte auf den Stuhl neben dem Bett.

»Was ist damit?«

»Er ist ordentlich zusammengefaltet.«

»Ja.«

»Ein weiteres Indiz dafür, dass Isabel Thoss ihren Mörder kannte.«

»Versteh' ich nicht.«

»Es klingelt morgens an der Tür. Frau Thoss zieht sich den Bademantel über und öffnet die Tür. Wenn sich der Eindringling mit Gewalt Zugang verschafft hätte und, wonach es jetzt nicht aussieht, sich an ihr vergangen hätte, würde wohl keine Frau ihren Bademantel ordentlich zusammenfalten«, schüttelte Thoelke nachdrücklich seinen Kopf. »Nein, nein. Sie kannte ihren Mörder. Entweder hat sie ihm geöffnet oder der Mörder hatte einen Schlüssel und hat sie überrascht. So oder so: Opfer und Mörder haben eine Verbindung.«

Thoelke schaute zu Boden und sah unter dem Bett einen DIN-A5-Zettel liegen.

»Was ist denn das?« Thoelke kniete sich hin, kramte seine Einweghandschuhe aus der Tasche und hob ihn auf.

»Sieht nach einem Ausdruck aus. Google Maps. Es zeigt einen Teil des Jenischparks in Nienstedten, direkt an unserer schönen Elbe. Zumindest ist dort ein Kreuz eingezeichnet worden.« Thoelke reichte den Ausdruck an Bernd weiter.

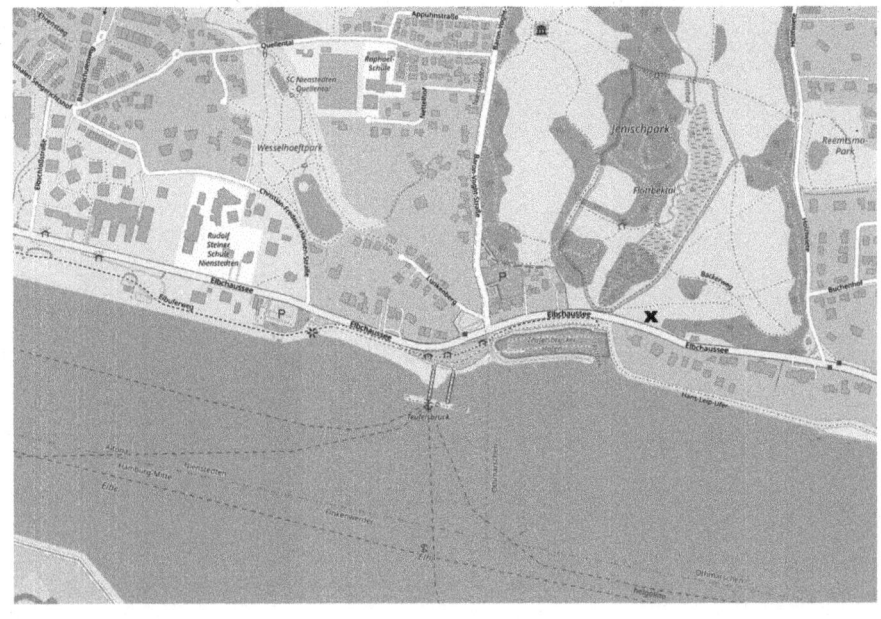

»Schick gleich mal zwei Kollegen zu der Markierung. Sollen sich dort umschauen. Und die Spusi soll sich den Ausdruck anschauen.« Thoelke schaute sich um. »Wo bleiben die Kollegen eigentlich?«

»Ach, Mist. Scheiße. Rufe ich gleich an, Cheffe!«

Stille.

Es war schwierig, mal war er froh, Bernd zu haben, mal nicht, doch er dachte an die Personalnot bei der Polizei und an sein Sodbrennen und beschloss, es sei noch immer hinnehmbar. Mit sonorer Stimme setzte er erneut an: »Wer hat den Leichnam gefunden?«

»Andrea Böcker. Eine Freundin der Verstorbenen.«

»Frau Thoss ist nicht verstorben.«

»Nicht, Cheffe?«

»Frau Thoss wurde kaltblütig hingerichtet. Und somit ermordet. Ein Gefecht zum Nachteil der jungen Frau. Wenn es denn ein Gefecht war? Müssen wir noch ermitteln. Und natürlich den oder die Täter.«

»Ja.«

»Und, wenn die Spusi irgendwann fertig ist, schicke bitte den Leichnam umgehend zur Kylau in die Rechtsmedizin. Brauche spätestens morgen den Untersuchungsbericht. Alles klar?«

»Ja.«

»Wo befindet sich Frau Böcker?«

»Sitzt in der Küche.«

Thoelke ging in die Küche, um sich der Dame anzunehmen, als das weiße Handy auf dem Schreibtisch klingelte.

»Cheffe, Cheffe, das Handy klingelt.«

»Welches Handy?«

»Das der Verstorbenen … ähh … der Ermordeten.«

»Dann geh doch ran. Oder besser, gib mir mal das Ding her. Aber subito.«

Doch das Telefon verstummte. Thoelke und Bernd schauten sich fragend an. Kurz entschlossen entschied sich Thoelke, den auf dem Display angezeigten Tim zurückzurufen.

»Isabel! Endlich. Es tut mir leid, aber ich …«

»Hier ist nicht Isabel. Hier spricht Hauptkommissar Thoelke. Wer ist da?«

Schweigen. Nur ein schwerer Atem war zu hören.

»Und was tut Ihnen leid?«, ergänzte Thoelke.

»Hier spricht Tim Quast«, erklang es verwundert auf der anderen Seite. »Wer sind Sie?«

»Hauptkommissar Thoelke. Wen wollten Sie denn sprechen?«

»Meine Freundin.«

»Sie meinen Isabel Thoss?«

»Ja, die meine ich. Kann ich sie jetzt bitte sprechen?!«

»Wann haben Sie sie das letzte Mal gesehen?«

»Heute Morgen.«

»Gut. Dann kommen Sie bitte zu Ihrer Freundin in den Apostelweg. Hausnummer kennen Sie ja. Sofort. Es ist wichtig.«

»Was ist denn passiert?«

»Sie hatte einen Unfall.«

»Einen Unfall? Ist sie im Krankenhaus?«

»Kommen Sie bitte her. Ich kann das persönlich alles besser erklären.« Er beendete das Gespräch, ging in die Küche zu Frau Böcker und reichte ihr zur Begrüßung die Hand.

»Moin. Mein Name ist Thoelke. Thoelke mit oe. Ich bin Hauptkommissar der Mordkommission und leite diese Ermittlung.« Er schaute in ein hübsches Gesicht mit traumatisierten Augen und blasser Haut.

»Brauchen Sie psychologische Hilfe, Frau Böcker? Soll ich jemanden rufen?«

»Ich denke, das wird nicht nötig sein. Danke.«

»Gut. Ich hoffe, es stört Sie nicht, wenn ich unser Gespräch aufzeichne.« Thoelke fischte ein kleines Aufnahmegerät aus der Tasche und stellte es auf den Küchentisch.

Andrea Böcker berichtete, dass sie mit Isabel zum Quatschen und Klönen verabredet gewesen war. Sie habe sich zunächst gewundert, dass Isabels Tür angelehnt war, habe aber nach kurzer Überlegung dennoch die Wohnung betreten.

»Wie sind Sie denn unten durch die Haustür gekommen? Wer hatte Ihnen dort geöffnet?«

»Die stand offen.«

»Soso.«

»Habe ich jetzt irgendwelche Spuren zerstört, Herr Hauptkommissar?«

»Darüber machen wir uns später Gedanken, Frau Böcker. Erzählen Sie einfach weiter. An was können Sie sich noch erinnern?«

»Naja, was soll ich sagen? Isa lag im Schlafzimmer auf dem Bett. Überall Blut.«

»Und dann haben Sie uns sofort angerufen?«

»Ja, Herr Hauptkommissar. Das habe ich. Eins – Eins – Null.«

»Sofort?«

»Ja, sofort. Direkt von hier. Aus der Küche. Ich habe auch nichts angefasst.«

»Was ist mit Tim Quast?«

»Ihrem Freund?«

»War er das?«

»War?«, Andrea Böcker stockte kurz und trank einen Schluck Wasser. »Klingt schauerlich.«

»Und?«

»Aber ja, er ist ihr Freund. Ich meine, war ihr Freund.«

»Worüber haben die beiden gestritten? Wissen Sie etwas darüber?«

»Streit? Davon weiß ich nichts. Die beiden kannten sich auch erst seit wenigen Wochen. Vielleicht ein bis zwei Monate.« Sie zuckte mit ihren Schultern.

»Eine Frage noch, Frau Böcker. Gab es einen besonderen Grund für ihre Verabredung. Warum heute? Schließlich ist Montag und die meisten Menschen, wie ich auch, müssen arbeiten.«

»Sie wollte mich etwas fragen und da ich diese Woche ohnehin Überstunden abbummeln wollte, hatte es bei mir gut gepasst.«

»Was genau wollte Frau Thoss Sie fragen?«

»Das weiß ich nicht. Ich hatte sie zwar letzte Woche gefragt, doch sie wollte mich persönlich fragen. Es klang aber nach etwas Schönem. Sie klang sehr glücklich. Wahrscheinlich irgendetwas mit Tim.«

»Okay, das wäre dann erst mal alles.« Thoelke drückte auf die STOPP-Taste. »Sie können gehen.«

»Danke, Herr Hauptkommissar.«

»Sollen wir Sie nach Hause bringen?«

»Ginge das?«

»Beeeernd«, rief Thoelke durch den Flur. »Kannst du bitte Frau Böcker nach Hause bringen?« Thoelke verabschiedete sich und ging zurück ins Schlafzimmer.

* * *

»Was machst du denn hier?« Tim betrat gerade das Treppenhaus seiner Freundin Isabel im Apostelweg, als ihm Andrea zusammen mit dem Polizei-Assistenten Bernd entgegenkamen.

Andrea ging auf Tim zu, nahm ihn in den Arm und drückte ihn fest an sich.

»So viel Blut«, stotterte sie. »Überall.«

Tim befreite sich aus der Umarmung.

»Blut? Was ist passiert, Andrea?«

»Isa ...«

»Was ist mit ihr?«

»Isa ist tot!«

»Tot? Einfach so?« Tim schaute hilfesuchend zu Bernd hinüber. »Mir wurde gesagt, sie hätte einen Unfall gehabt.« Er zitterte und lehnte sich an die Flurwand.

»Darf ich fragen, wer Sie sind?«

»Ich bin Tim Quast und ich wurde am Telefon von Ihnen gebeten, sofort hierherzukommen.«

»Das war bestimmt mein Chef, Hauptkommissar Thoelke. Er wartet bereits oben auf Sie.«

Tim sah die Mundbewegungen des Polizei-Assistenten, der wohl versuchte, ihm die näheren Umstände des Unfalls – oder was auch immer – zu erläutern, aber er verstand kein Wort. Er sah nur, dass dieser einen Schritt auf ihn zukam und nach seinem Arm griff.

»Was machen Sie da?«, fragte Tim irritiert.

»Ich nehme Sie fest. Bleiben Sie ruhig und kommen Sie einfach mit.«

Bernds Worte irritierten Tim vollends, der wild um sich schlug und sich so aus dem Griff befreien konnte. Er rückte zwei Meter von Bernd ab.

»Was soll die Scheiße hier? Ich möchte meine Verlobte sehen.«

»Deswegen möchten wir ja mit Ihnen sprechen. Beruhigen Sie sich erst mal. Das alles wollen wir in Ruhe klären«, setzte Bernd erneut an.

Doch nun war es auch um Andreas Ruhe geschehen und sie schrie sich alle Verzweiflung von der Seele: »Isabel wurde umgebracht, Tim. Eiskalt erstochen.«

»Und Sie sind dringend verdächtigt, Isabel Thoss getötet zu haben«, ergänzte Bernd. »Leisten Sie also keinen Widerstand, Herr Quast. Das hat doch keinen Sinn.« Doch in dieser Sekunde war Tim bereits durch die offen stehende Haustür verschwunden.

Nach einem kurzen und vergeblichen Verfolgungsversuch kehrte Bernd in das Treppenhaus zurück, wo Andrea Böcker apathisch auf ihn wartete. Bernd brachte sie nun tatsächlich nach Hause und ließ im Anschluss eine Standpauke über sich ergehen.

»Bist du denn wahnsinnig?! Wie kommst du dazu, Tim Quast im Treppenhaus verhaften zu wollen?! Noch dazu so stümperhaft und erfolglos.« Die sonst so beeindruckende Contenance bei Thoelke war verflogen. Scheiß auf das Sodbrennen, dachte er sich. Jetzt muss der Frust raus. Und zwar ungefiltert.

»So ein trotteliges Verhalten habe ich selten erlebt«, echauffierte er sich und lief dunkelrot an. »Das lernt man in der ersten Stunde auf der Polizeischule. Keine Verhaftung wird allein durchgeführt. Da holt man sich immer Verstärkung. Vor allem, wenn die Verstärkung in der zweiten Etage ohnehin schon parat steht.« Thoelke wischte sich den Speichel vom Mund. »Deshalb habe ich ihn ja kommen lassen. Tim Quast lief doch direkt in unsere Arme.« Thoelke schaute Bernd intensiv an.

»Die ganze Polizei wurde vorgeführt. Ich möchte darüber nichts in der Presse oder den sozialen Medien lesen. Haben wir uns verstanden? Was stehst du hier noch rum? Fort mit dir und schaffe mir diesen Quast herbei. Dringend Tatverdächtiger ist flüchtig und gefährlich. Großfahndung, aber subito.«

»Ja, Cheffe. Und T'schuldigung. War keine Heldentat von mir.«

Thoelke nickte. Sein Sodbrennen hatte sich in den letzten Minuten derart stark zurückgemeldet, dass er nun versuchte, jede weitere Aufregung moderat zu umschiffen.

»Und im Anschluss, Bernd, koordiniere bitte die Befragung der anderen Mieter. Ich fahre zurück ins Kommissariat.«

Thoelke verließ die Wohnung, sprang in sein Dienstfahrzeug und nahm sich vor, nie wieder einen Tag bereits am Morgen zu loben. Denn es konnte immer noch schlimmer kommen. Er schaltete in den vierten Gang hoch, während er innerlich runterfuhr. Er musste an seine Tochter Alina denken. Sie war erst 23 Jahre und brauchte ihren Papa noch. Und kein Mensch, nicht mal Professor Hillmann, konnte ihm sagen, wieviel Jahre er noch hatte. Deshalb hatte er sich vorgenommen, die verbleibenden Jahre mit Leben zu füllen statt das verbleibende Leben mit Jahren.

* * *

Waren es seine Füße oder Gedanken, die ihn hierhergetragen hatten? Tim stand im Schatten der Elbphilharmonie inmitten einer Handvoll Marktverkäufer, die am Abbauen ihrer Stände waren. Krampfhaft suchte er nach einem offenen Stand, wo er noch etwas zu trinken ergattern konnte und erblickte in der hinteren Ecke, neben dem Wurststand, einen Obst- und Smoothieanbieter.

»Da habe ich ja noch mal Glück gehabt, dass Sie noch nicht abgebaut haben.« Tim versuchte gewinnbringend zu lächeln und so normal zu wirken, wie es eben ging, wenn man gerade erfahren hat, dass die Freundin ermordet wurde und man sich im Zuge dessen seiner Verhaftung widersetzt hat.

»Haben Sie noch einen Smoothie für mich?«

Die Frau an dem Obststand hielt kurz inne, als Sie Tims Bestellung entgegennahm. Tim schossen tausend Gedanken durch den Kopf. Hatte sie ihn erkannt? Irgendwo ein Foto gesehen? Doch eigentlich konnte das nicht sein. Seine »Flucht« war nicht öffentlich gemacht worden. Das hätte er mitbekommen, da er im Minutentakt die regionalen Medien checkte.

»Kenne ich Sie von irgendwo her?«, fragte die Verkäuferin.

Tim senkte seinen Kopf und reichte ihr drei Euro.

»Das würde ich wissen«, antwortete Tim, nahm den Smoothie entgegen und wandte sich ab, um noch schnell beim Bäcker vorbeizuschauen.

»So warten Sie doch, … Tim«, bat die Marktfrau und ließ nicht locker. »Tim ist doch Ihr Name, richtig?«

Tim Quast erschrak. Ein stechender Schmerz durchzog ihn vom Kopf bis in die Zehenspitzen. Seine Beine fühlten sich schwer wie Blei an. Doch er ging unbeirrt weiter.

Die Marktfrau verließ ihren Stand, kam hinterher und wurde lauter:

»So warten Sie doch. Bitte!«

Alles was er nicht brauchte, war zusätzliche Aufmerksamkeit um seine Person. Er blieb stehen.

»Danke, dass Sie stehen geblieben sind.« Die Marktfrau reichte ihm ihre rechte Hand.

»Ich bin Tanja. Vom Obststand.«

»Das habe ich nicht vergessen.« Tim musste trotz allem kurz schmunzeln. »Aber ich muss weiter. Wirklich.«

»Aber wohin denn?«

»Wohin?« Tanjas Fragen verwirrten ihn zunehmend. »Ähh, ich brauch noch zwei Franzbrötchen.«

»Das meinte ich nicht.«

»Was meinten Sie dann?«

»So, wie ich es sage, Tim. Wo wollen Sie hin? Haben Sie einen Platz, wo Sie hinkönnen? Sich ausruhen können. Kraft sammeln?« Tanja schaute kurz zu ihrem Obststand. »Das ist mit einem Smoothie, so lecker dieser auch von mir zubereitet wurde, nicht ausreichend getan.«

Tim stutzte, aber ihm wurde klar, dass er sie nicht so schnell loswerden würde. Er entschied sich ihr drei Minuten zu geben.

»Naja, ich wollte mir jetzt noch zwei Franzbrötchen holen und dann zurück zur Arbeit.«

»Zur Arbeit?«

»Stopp! Woher kennen Sie eigentlich meinen Namen?«

Doch statt zu antworten, setzte Tanja nach.

»Haben Sie eine Katzenallergie?«

Tim schaute demonstrativ auf seine Uhr. Noch zwei Minuten, dachte er.

»Eine Katzenallergie? Nein, meine Verlobte hat … hatte … naja … wie auch immer. Wir haben eine Katze. Aber was geht Sie das alles an?«

»Schön, dann habe ich etwas für dich«, Tanja nahm einen Schlüssel von ihrem Schlüsselbund ab. Sie reichte ihn Tim, der gerade einen Schluck von seinem Smoothie nahm.

»Mein Wohnungsschlüssel. Ich wohne in der Maria-Louisen-Straße 51. Auf dem Klingelschild steht T. Schubert. Fahr dorthin. Ruhe dich aus. Ich bin so ab 8 Uhr zurück. Dann können wir reden und ich erkläre dir alles. Ich will nur helfen. Und ich glaube Hilfe hast du gerade dringend nötig. Okay?«

Tim verschluckte sich fast und schaute die Frau verwundert an, während er sich den Mund mit dem Ärmel sauberwischte.

»Hier, nimm schon. Ich muss zurück zu meinem Stand.«

Tim nahm reflexartig den Schlüssel und schaute ihr nach. Er versuchte die Marktfrau einzuordnen. Sie schien es gut mit ihm zu meinen – so viel war klar. Aber woher kannte sie ihn? Und woher wusste sie von seinen Problemen? Eigentlich hätte er ihr nachgehen und sie so lange löchern müssen, bis er alle Antworten bekam, die er brauchte. Doch er wollte nur noch weg von hier und verstaute den Schlüssel in seiner Hosentasche. Nachdem er sich noch zwei Franzbrötchen geholt hatte, ging er schnellen Schrittes über die neu gestaltete Elbpromenade Richtung Landungsbrücken. Direkt vor der Cap San Diego an der Überseebrücke setzte er sich auf eine freie Bank und ließ seinen völlig überforderten Gedanken freien Lauf.

Was war da vorhin eigentlich passiert? Heute Mittag? Heute Morgen, da war doch noch alles in Ordnung, überlegte er. Er hatte sich kurz nach acht von Isabel verabschiedet und war zur Arbeit gegangen und leider zu spät dort angekommen. Also ein weitgehend normaler Tag, der mit einem liebevoll zubereiteten Dinner-for-two enden hätte sollen. Stattdessen hockte er hier. Allein. Und Isabel war tot. Er fühlte sich elend und mies.

Wenig später erblickte er ein Kreuzfahrtschiff, das Richtung offenes Meer fuhr. War das die Lösung? Abhauen? Aber wovor denn? Er hatte doch nichts verbrochen. Oder doch? War er Täter? Opfer? Vielleicht beides? Ihm war bekannt, dass das Schicksal den Menschen zuweilen verschiedene Rollen zuteilte, in die sie zu schlüpfen hatten. Diese Rollen waren nicht fest vergeben. Sie wechselten immer. Wer heute Morgen Opfer war, konnte am Abend Täter sein und umgekehrt. Von Paulus zu Saulus an einem Tag. Die Leere hatte nun komplett von ihm Besitz ergriffen. Er fühlte sich ausgebrannt und müde. Tim brauchte zwar einen Plan, aber davor brauchte er einen Schlafplatz. Doch das war schwieriger als gedacht. Selbst in einer weltoffenen Großstadt wie Hamburg.

»Reiß dich zusammen, Tim. Du kannst jetzt nicht schlapp machen«, schrie er Richtung Elbe. Am Horizont sah er kleine Cumulus-Wolken aufziehen, während Tim an den Schlüssel der Marktfrau denken musste. Er versuchte sich an die Hausnummer zu erinnern. Maria-Louisen-Straße 44, 48, 84 oder 88? Sein Magen verkrampfte sich. Oder 31? Wie ferngesteuert erhob er sich von der Bank und ging auf die Suche nach einem Taxi, als er im Portugiesenviertel einen Arbeitskollegen traf.

»Hey Alter. Was hast du denn gemacht? Die Polizei sucht dich.«

»Ich?«, stotterte Tim. »Ich habe nichts gemacht.«

»Die haben vorhin dein Büro durchsucht und deinen Laptop beschlagnahmt. Außerdem sagten sie, du seist gefährlich und wenn einer von uns dich sehen oder sprechen sollte, sollten wir sofort Bescheid geben.«

Tim lauschte ausdruckslos seinen Worten und überlegte weiter nach der Hausnummer. War es 88?

»Aber ich werde natürlich den Bullen nichts sagen. Wir müssen doch zusammenhalten.« Stefan deutete einen High-Five an. »Also, was hast du vor? Wollen wir was trinken gehen? Erzähl doch mal. Brauchst du einen Schlafplatz?«

Tim griff in seine Hosentasche und fühlte Tanjas Schlüssel.

»51!«, platzte er lauthals heraus.

Stefan schaute fragend und zuckte mit seinen Schultern. »Ist das ein irgendein Code?«

»Oh mein Gott, nein.« Tim schlug Stefan erleichtert auf die Schulter. »Ich kann leider nicht. Tu mir einen Gefallen und glaube nicht alles, was du in nächster Zeit über mich hören wirst.«

»Alles klar. Gut. Kann ich was für dich tun? Brauchst du Geld?« Stefan griff in seine Jackentasche.

»Nee, lass mal stecken. Ich muss los.«

»Kommst du morgen wieder ins Büro?«, doch da war Tim schon in einem Taxi verschwunden.

Das Taxi fuhr über die Helgoländer Allee und Glacischaussee an den Grindelhochhäusern vorbei, bog an der Rothenbaumchaussee Richtung Maria-Louisen-Straße nach Winterhude ab, während sein Kopf weiterhin Achterbahn fuhr. Warum bot ihm eine wildfremde Frau an, bei ihr zu übernachten und gab ihm, einem Fremden, den Wohnungsschlüssel? Oder war er gar kein Fremder für sie? Sie kannte seinen Namen. Zumindest seinen Vornamen. Und wer hatte seine Freundin getötet? Und warum? Er kannte Isabel erst seit wenigen Wochen, sie hatte es nicht immer leicht im Leben gehabt, aber es gab nicht den Hauch einer Andeutung, dass Isabel sich in Gefahr befunden haben könnte. Sein Kopf war kurz davor zu platzen.

»Könnten Sie bitte das Radio anmachen?«, fragte er den Taxifahrer mit dem Turban auf dem Kopf. Er lauschte dem Programm. Als der Nachrichtenblock um sieben begann, bat er den Fahrer, das Radio lauter zu stellen.

»Die Polizei bittet um Ihre Mithilfe. Wer hat heute Morgen in der Zeit von 8 bis 12 Uhr Auffälligkeiten rund um den Apostelweg in Hamburg-Rahlstedt beobachtet? Wer kann sachdienliche Hinweise zu dem Mord an der 24-jährigen Isabel T. und/oder zu ihrem

Freund Tim Q., der sich gerade auf der Flucht befindet, geben? Hinweise nimmt jede Polizei-Dienststelle in Hamburg entgegen.« Bumms. Das hatte gesessen. Nun war es amtlich. Er befand sich auf der Flucht.

»Szehr szreckliche Szache«, kommentierte der Taxifahrer, während er gelassen einen Gang runterschaltete. Er wechselte in den Rede-Modus. »Warum bringt man ein szo junges Ding um? 24 iszt doch kein Alter. Aber wiszen Szie wasz?«

»Nein.«

»Warum meldet szich der Freund nicht, wenn er nichtsz damit zu tun hat? Der hat doch wasz zu verbergen. In szpätesztensz drei Tagen haben szie den Szweinehund. Dasz hier iszt Hamburg. Hier kann man szich nicht versztecken. Dasz verszpreche ich Ihnen.«

Das Taxi fuhr rechts ran.

»Szo da wären wir. Maria-Louiszen-Sztrasze 51. Dasz macht 13,60 Euro.«

Tim reichte ihm 15 Euro und verließ das Taxi.

Er schaute sich das Haus Nummer 51 an. Es war ein gepflegtes Mehrfamilienhaus aus Gelbklinker. Er zog den Haustürschlüssel aus der Tasche, hielt kurz inne und versuchte einen klaren Gedanken zu formen. Wenn er jetzt in dieses Haus, in diese fremde Wohnung ginge, würde ein neuer Abschnitt beginnen. Wollte er das wirklich? Was hielt ihn eigentlich davon ab, zur Polizei zu gehen? Jetzt? Er wusste es nicht. Er hatte nichts zu verbergen. Oder doch? Der Polizei-Idiot von heute Vormittag hatte ihn gleich verhaften wollen. Er war geradezu rabiat bei dem Versuch geworden. Und zur Polizei konnte er schließlich auch noch morgen gehen. Wenn ich nicht mehr so müde bin, dachte er sich.

Tim steckte den Schlüssel in das Schloss und drehte nach rechts. Er betrat das Haus und stiefelte die Treppe hinauf. Bevor er die Wohnung im obersten Stockwerk aufschloss, klingelte er an der Wohnungstür. Doch Tanja war noch nicht da, sodass Tim auch hier die Tür aufschloss. Er betrat die Wohnung und die Holzdielen knarrten erwartungsvoll unter seinen Füßen. Vor ihm erstreckte sich ein langer Flur, von dem aus alle Zimmer abgingen. Großzügig geschnitten und hell. Er fühlte sich sofort heimisch. Zaghaft ging er von Tür zu Tür, bis er hinter der dritten ein Gästezimmer und somit zumindest für eine Nacht seinen ersehnten Schlafplatz ausmachte.

DIENSTAG, 30. JULI 2019

Mit einer unglaublichen Wut im Bauch erwachte Tim am nächsten Vormittag in seiner neuen Bleibe. Immer wieder brach er in Tränen aus. Tränen der Verzweiflung und Ohnmacht. Wie hatte das alles nur passieren können? Wo war der Fehler? War er etwa der Fehler gewesen? Hatte er Isabels Tod zu verantworten? Am liebsten hätte er sich unter seiner Decke versteckt, doch er rappelte sich mühsam auf, zog sich seine Hose über und wackelte barfuß durch die schätzungsweise 100 Quadratmeter große Fünf-Zimmer-Wohnung. Er fragte sich, wie eine Markt-Verkäuferin sich so etwas leisten könne. In der Wohnküche schließlich fand er einen gelben Zettel nebst frischen Brötchen, einem Franzbrötchen, Butter und Marmelade.

Guten Morgen Tim.
Heute ist Markt in Wandsbek. Bin gegen vier zurück. Fühle dich wie zu Hause.
Guten Appetit,
Tanja

Tim schaltete sein Handy an. Er wollte sich bei der Polizei melden. Er hatte nichts getan, da war er sich sicher, also hatte er auch nichts zu verstecken. Vor allem nicht sich selbst. Während sein Smartphone hochfuhr, setzte sich Tim an den Küchentisch. Er hatte einen Bärenhunger. Die ersten drei Textnachrichten liefen ein. Alle von Stefan. Tim schaute auf sein Handy und las:

Hey Alter,
melde dich.
08:52 h

Hey,
die Bullen sind schon wieder hier im Büro.
Melde dich.
09:08 h

Bleib bloß weg. Die wollen dich verhaften. Wenn du das gelesen
hast, hau ab und schmeiß dein Handy weg.
09:25 h

Tims Hunger war verflogen, genauso wie sein Bedürfnis, zur Polizei zu gehen. Er schaltete sein Handy aus. Ihm wurde klar, dass sein Job genauso weg war wie die Möglichkeit in seine Wohnung zurückzukehren. Auch wurde ihm schmerzlich bewusst, dass er nun – nach 24 Stunden – immer größere Schwierigkeiten haben würde, der Polizei seine Flucht zu erklären. Er wurde verdächtigt, den Mord an seiner Fast-Ehefrau begangen zu haben. Und als Außenstehender musste man das auch glauben. Tim entfernte die SIM-Karte aus seinem Handy und gab damit seine Existenz auf. So fühlte es sich zumindest für ihn an. Er war von der Oberfläche verschwunden.

* * *

»Habt ihr schon die Schlagzeile gelesen?« Thoelke warf die heutige Ausgabe auf den Besprechungstisch.

Elbmörder hat zugeschlagen

Hamburg, Montag, 30. Juli - Ist Isabel T. (24 Jahre) Opfer des Elbmörders geworden? Vieles deutet darauf hin. Die Mordkommission um Hauptkommissar Thoelke steht vor einem großen Rätsel. Wer könnte Interesse daran gehabt haben, eine junge Studentin kaltblütig zu ermorden?

Hektisch wurde die Zeitung durch die Besprechungsrunde weitergereicht.

»Wieso denn *Elbmörder*?«, fragte Azubi Tobias.

»Die Kollegen haben doch dort die Kette der Ermordeten gefunden«, antwortete Tillmann und schlug sich mit der rechten Hand theatralisch an die Stirn.

»Schon klar. Aber die Leiche in Rahlstedt!«

Kurzes Schweigen.

»Der Presse«, startete Thoelke sichtlich genervt »geht es letztlich nur um Auflage und Klicks. Es geht ums Funktionieren.«

»Und was funktioniert, Cheffe?«

»Ein Mord auf St. Pauli funktioniert. Ein entlassener HSV-Trainer – einfach klasse. Und ein Hamburger A-Promi, der mit seiner Geliebten inflagranti erwischt wird – ein Sechser im Lotto. Ist nur alles nicht neu.«

Thoelke nippte an seiner Coke und zeigte mit einer großen Ausholbewegung auf die Schlagzeile der heutigen Ausgabe.

»Aber *Elbmörder* – das ist neu. Unique. Unverbraucht. Und verkauft sich besser als Rahlstedt-Mörder.«

Dann lief Thoelke hektisch um den großen Besprechungstisch. »Doch nun habe ich eine Frage.«

»Was denn Cheffe?«

»Wer von euch Vollpfosten hat der Presse gesteckt, dass wir genau an der Stelle nahe der Elbe, die in der Karte markiert worden war, die Silberkette der Ermordeten gefunden haben?«

Betretenes Schweigen im Raum.

»Leute! Tut das nicht. Nie ungefragt mit den Medien sprechen. Dafür haben wir eine Öffentlichkeitsabteilung. Und solange wir nichts wissen – einfach mal die Klappe halten.« Thoelke setzte sich auf den letzten freien Platz am Kopf des Tisches.

»Was sagen die Kollegen bezüglich des Stadtplanauszuges? Wissen wir, von welchem Drucker dieser Ausdruck stammt?«

»Weder bei Isabel Thoss noch bei Tim Quast konnten wir einen Drucker sicherstellen, aber wir haben bei Google eine Anfrage gestellt, welche IP-Adresse in den letzten sechs Monaten genau diesen Auszug von der Elbe und dem Jenischpark heruntergeladen hat«, meldete sich IT-Experte Matthias zu Wort.

»Was soll das bringen?«

»Haben wir die IP-Adresse, können wir mit etwas Glück dieser Adresse einen Namen und somit eine Wohnadresse zuordnen.«

»Verstehe.« Thoelke schaute ungläubig in die Runde und wischte sich über den Mund. Dann wandte er sich an seinen Assistenten:

»Habt ihr schon die Familie befragt? Eltern, Geschwister?«

»Es gibt nur noch eine Mutter. Sie lebt in einer Dementen-Station in Volksdorf. Ich war dort – null Chance.«

»Ist das alles?«

»Nein. Ihre Rente reichte nicht ganz für das Heim, sodass Isabel mit 200 Euro monatlich ausgeholfen hat.«

»Was ist mit dem Vater?«

»Der ist bei der Geburt gestorben.«

Gekicher und Gegluckse breitete sich im Besprechungszimmer aus.

»Bitte was ist er?«

»Er ist gestorben. Bei der Geburt. Von Isabel«, wiederholte Bernd mit staatstragender Miene – sichtlich bemüht, nicht zu grinsen.

»Soweit ich weiß, bekommen immer noch die Frauen die Kinder.«

»Als die Geburt losging, Cheffe, wurde er vom Marienkrankenhaus angerufen, um zu kommen. Doch er war so aufgeregt, dass er auf der Hinfahrt einen Unfall verursachte, an deren Folgen er wenige Stunden später starb. – Im Marienkrankenhaus.«

Nun war auch Thoelke um einen ernsten Gesichtsausdruck bemüht. Nach einer kurzen Sekunde des Sammelns setzte er wieder an:

»Nun gut. Was macht die Fahndung nach Tim Quast?«

»Keine Spur von Tim Quast. Ich meine vom *Elbmörder*«, antwortete Bernd.

»Hat er ein Auto? Was sagt die Zulassungsbehörde?«

»Ja, einen grünen Mini. 1995er-Baujahr.«

»Und? So etwas fährt ja auch nicht überall herum. So ne Kiste fällt doch auf.«

»Tillmann und Smitka kümmern sich darum und scannen alle Verkehrs- und Überwachungskameras in Hamburg, Schleswig-Holstein, Meck-Pomm, Niedersachsen und Bremen. Keiner der bis dato überprüften Autobesitzer war Tim Quast Das Fahrzeug ist zwar angemeldet, wir wissen aber nicht, wo es sich befindet.«

»Was ist mit den Überwachungskameras an den Bahnhöfen?«

»Haben wir auch im Visier. Ebenfalls negativ.«

»Dann ist er noch in Hamburg.«

»Davon gehen wir auch aus. Wir hatten heute Vormittag ein kurzes Signal seines Handys im Bereich Außenalster orten können. Da hat er sich ins Netz eingewählt. Aber das Signal war zu kurz, um die genaue Adresse zu ermitteln.«

»Waaaas? Wieso erfahre ich das erst jetzt? Seid ihr denn alle …«, knurrte Thoelke, ohne jedoch den Satz zu beenden. Jedes weitere Wort war überflüssig.

»Sorry, Cheffe, aber ich dachte, wir dachten … ach Mist.«

»Wo wohnt diese Freundin?«

»Die Tote?«

»Bernd, ich meine die Freundin, die die Tote gefunden hat? Sie haben sie doch gestern nach Hause gebracht.«

»Wentzelstraße.«

»Wo ist das?«

»An der … ach du Scheiße.«

»Waaaas?«

»Die Wentzelstraße ist direkt an der Außenalster, Cheffe.«

»Beeeenrd!!!« Thoelke schlug verzweifelt beide Hände vors Gesicht. »Mal selber nachdenken. Kann helfen. Das ist ein Mörder, der da frei rumläuft und uns mit seinem Handy-Signal verarscht.«

»Ja, Cheffe.«

»Vielleicht war es auch nur ein Trick, um uns in die Irre zu führen. Der Quast ist brandgefährlich. Wusste ich schon immer.«

Verlegen senkte Bernd seinen Kopf.

»Was ist mit 'ner stillen SMS?«

»Stille SMS?«

»Beernd. Du gehst jetzt mit Matthias in die IT-Abteilung und lässt eine stille SMS zur Standortermittlung versenden. Macht er noch mal sein Handy an, rumms, haben wir ihn. Im Anschluss stellst du einen Kollegen in der Wentzelstraße ab. Ich will, dass Andrea Böcker rund um die Uhr überwacht wird. Aber subito.« Thoelke erhob sich von seinem Platz. »Ich brauche jetzt 'ne Coke. In zehn Minuten geht es weiter.«

Dann folgte eine strategische Lagebesprechung, in deren Verlauf Hauptkommissar Thoelke das Team über das weitere Vorgehen informierte. Allem voran entschied er, aufgrund der *Elbmörder*-Schlagzeile auf eine Öffentlichkeitsfahndung mit Fotos zu verzichten und die Ermittlungen – zumindest für die Presse – in eine andere Richtung zu leiten, um Tim Quast in Sicherheit zu wiegen. Wiege man sich in Sicherheit, mache man Fehler, so sein Kalkül. Dass Thoelke von der Schuld Tim Quasts überzeugt war, war ein offenes Geheimnis, das er noch nicht einmal zu verbergen versuchte. Maximal fünf Tage, dann wollte er ihn im Vernehmungszimmer sitzen haben.

Doch das war nur die halbe Wahrheit. Der eigentliche Grund, auf eine Öffentlichkeitsfahndung zu verzichten war der von Eitelkeiten gepflasterte Verfahrensweg der Strafverfolgungsbehörden in Form von Prioritätenlisten von Staatsanwaltschaft, Gericht und Innenbehörde, was sich bereits gestern Abend abgezeichnet hatte. Der Anruf beim Leitenden Oberstaatsanwalt Bodo Winkler brachte als Ergebnis, dass die Politik, also der Hamburger Innensenator, zumindest für fünf Tage auf den Einsatz von Fotos verzichten wolle und auf den Ermittlungserfolg der Polizei setze. Ob das der deutschen Nationalität von Tim Quast geschuldet war, war Bodo Winkler nicht zu entlocken gewesen. Auch waren alle Beteiligten davon überzeugt, dass sich Quast noch in Hamburg aufhalte, auch wenn die Überwachung seiner Wohnung im Falkenried im Hamburger Stadtteil Eppendorf nichts gebracht habe.

»Was ist mit dem Untersuchungsbericht? Was sagt Frau Dr. Kylau, Bernd?«

»Hat sich noch nicht gemeldet, Cheffe.«

Genervt von der Antwort löste Thoelke die Besprechung auf, zog sich eine weitere Coke aus dem Automaten und ging zurück in sein Büro.

Nachdem die Flasche geleert und sein Zuckertank gefüllt war, wählte er die Nummer der Rechtsmedizin. Die Leiterin Frau Dr. Kylau war eine sehr pragmatische Frau. Die jahrelange Arbeit mit Leichen hatte sie gelehrt, die jeweiligen Toten nüchtern, geradezu wie Objekte, zu sezieren. Das war nicht immer so gewesen. Zu Anfang ihrer Berufszeit als Assistentin hatte sie die jeweiligen Geschichten hinter den Leichen stets gedanklich mit nach Hause genommen, was nach zwölf Jahren erst den Stillstand und nach weiteren sechs Jahren den Tod ihrer Ehe zur Folge gehabt hatte. Seitdem war ihre Überzeugung, dass man als gute Rechtsmedizinerin Single sein müsse. Man sei schließlich mit seinen Leichen verheiratet. Wenn auch nur kurz, denn dann lege man seine jeweiligen Partner auf Eis.

Im aktuellen Mordfall empfand sie dennoch tiefes Mitgefühl. Nicht nur wegen des Alters von 24, sondern weil Isabel Thoss mit brachialer Gewalt durch 13 Einstiche aus dem Leben gerissen worden war. Nur die beiden ins Herz waren tödlich gewesen. Damit bestätigte sie Thoelkes Vermutung. Ein Suizid konnte aufgrund der Einstichwinkel sowie der sehr unregelmäßigen Blutablaufspuren und Blutspritzer ausgeschlossen werden. Es war ein Verbrechen aus Leidenschaft.

»Todesursache Herzstillstand?«, hakte Thoelke nach.

»Im Prinzip schon. Denn als Todesursache sind bei Stichverletzungen wie im vorliegenden Fall äußeres und inneres Verbluten anzuführen bis hin zur Erstickung durch Bluteinatmung und dem anschließenden Herzstillstand.«

»Konnten Sie noch mehr herausfinden?«

»Ich konnte Rückstände von Lorazepam im Blut nachweisen.«

»Sie wurde sediert?«

»Deshalb die fehlenden Abwehrspuren an Händen und Unterarmen, die bei 13 Stichen ansonsten zu finden gewesen wären.«

»DNA-Spuren? Hautpartikel? Haare? Rückstände unter den Fingernägeln?«

»Nichts. Gar nichts. … Was ist mit der Tatwaffe?«

»Haben wir nicht.«

»Nicht gut.«

»Wurde sie missbraucht?«

»Nein, das ist ihr erspart geblieben.«

»Danke.«

Thoelke legte auf und ging ins Großraumbüro zu Bernd:

»Kannst du mal checken, ob Tim Quast Kontakte zu Ärzten hatte oder irgendjemand aus dem Bekanntenkreis ein Mediziner ist? Bei der Thoss wurden Rückstande von Lorazepam festgestellt und an dieses Teufelszeug kommt man nicht so einfach ran. Da braucht es schon ein Rezept oder einen guten Kontakt zum Arzt.«

* * *

»Aufstehen, du Schlafmütze!«

Tim öffnete seine Augen. Er musste eingeschlafen sein. Vor ihm lag das noch fast unberührte Frühstück.

»Soll ich dir etwas anderes zu essen machen?«, fragte Tanja, während sie das Frühstücksgeschirr in die Spülmaschine räumte, die Krümel vom Tisch wischte und eine Packung Tortellini aus dem Kühlschrank holte.

Tim schwelgte noch halb in seinem Traum. Er hatte schon in vielen Schwarzweißfilmen gesehen, wie sich Cowboys nach einer langen und wilden Verfolgungsjagd in letzter Sekunde in eine Kirche gerettet hatten. Vielleicht war die Kirche ja wirklich ein Ort, wo man hingehen konnte, wenn sich alles gegen einen verschworen hatte. Vielleicht sogar ein Ort, wo man hingehen konnte, wenn man große Schuld auf sich geladen hatte. Doch er hatte ja nichts getan. Oder doch? Schnell wischte Tim die düsteren Gedanken weg.

»Tanja, warum machst du das alles für mich?«

»Dir ein Frühstück machen?«

»Du weißt, was ich meine. Dies alles hier. Der Schlüssel, deine Wohnung. Woher kennst du mich?«

»Ich verstehe, dass du dich das fragst. Kann ich dir das übermorgen in Ruhe erklären? Ich muss jetzt gleich für einen Tag nach Köln fahren. Am Donnerstag bin ich wieder zurück. Ist das okay?«

Tims Alternativen waren überschaubar und ein perfektes Versteck hatte er mit Tanjas Wohnung auch gefunden. Daher nickte er bejahend.«

»Schön«. Tanja lächelte. »Habe dir eine Prepaid-Karte mitgebracht. Ist bestimmt besser.«

»Kannst du Gedanken lesen?«

»Manchmal«, antwortete sie schulterzuckend. »So, nun muss ich aber packen.«

In diesem Moment war sich Tim sicher: Er brauchte keine Kirche aufzusuchen. Tanja war seine Kirche. Sie hatte der Himmel geschickt. Er folgte Tanja in ihr Zimmer, schaute ihr beim Taschenpacken zu und begann von seinem Tag zu erzählen. Von den drei Textnachrichten, von der Büro-Durchsuchung, von Isabel und dass er seit heute Vormittag die Küche nicht mehr verlassen habe und auch in Zukunft nicht mehr verlassen wolle.

Tanja stockte und schaute Tim verwundert an.

»Du willst nicht zur Polizei? Das halte ich für keine gute Idee.«

»Zumindest nicht jetzt. Die würden mich sofort verhaften. Und dann würden sie die Sache schnellstmöglich zu den Akten legen. Wie immer ist eine schnelle Aufklärungsquote wichtig. Wir reden über Mord.«

»Aber genau deswegen musst du doch schauen, dass du deine Unschuld beweisen kannst.«

»Wie soll das bitte gehen? Isabels Wohnung ist von meinen Fingerabdrücken übersät. Ich habe bei ihr übernachtet. Wir hatten Sex. Keiner würde mir glauben.«

Nein, das wollte er nicht. Er musste Zeit gewinnen. Die Polizei würde in seiner Abwesenheit auch in andere Richtungen ermitteln. Ermitteln müssen. Sie wäre ohne vorzeigbaren Täter gezwungen, auch andere Eventualitäten durchzuspielen und er würde ihnen dabei helfen. Aber mit Abstand.

Ihm war klar, dass er sein Versteckspiel bald bereuen würde, wahrscheinlich schon sehr bald. Ein Teil von ihm – der Teil, der beobachtete und beurteilte – bereute es bereits jetzt. Ihm war übel.

Übel vor Angst und vor dem Gefühl sich selbst fremd zu werden, aber er sah keinen anderen Weg.

»Hast du ein Auto, was du mir für ein paar Tage leihen könntest? Ich muss etwas recherchieren und mein Mini ist seit Wochen in der Werkstatt. Irgendein Ersatzteil aus England fehlt.«

»Habe nur meinen Transporter und den brauche ich selbst jeden Tag.«

»Mmmh.«

»Aber ich könnte Sebastian fragen. Der bietet seit März einen Lieferservice für Obst, Gemüse und Blumen an. Soll ganz gut angelaufen sein. Vielleicht könntest du ihm morgens ein paar Touren abnehmen und nachmittags hättest du das Auto.« Tanja schaute fragend zu Tim. »Soll ich ihn anrufen?«

»Das würdest du tun?«

»Warum denn nicht?«

Während Tanja ihr Handy vorkramte, ging Tim zum Herd und kümmerte sich um die mit Spinat gefüllten Tortellini.

»Hast du noch Zeit für einen Teller?«

Doch Tanja war bereits im Flur und telefonierte, sodass Tim beide Teller etwa gleichauf auffüllte, sie auf den Holztisch stellte und wartete.

Tanja kam zurück und gesellte sich zu Tim. »Du kannst morgen anfangen. Sebastian holt dich um halb fünf ab. Dann macht ihr zusammen die Tour und wenn es gut läuft, hast du ab übermorgen deine eigene Tour – und vor allem ein eigenes Auto. Aber übertreibe es nicht und fahre vorsichtig. Sebastian ist ein klasse Typ.«

»Tanja, was soll ich bloß sagen? Tausend Dank.«

»Schon gut.« Tanja ging zurück zu ihrem Koffer. »Wie ist eigentlich nun dein Plan? Hast du überhaupt einen?«

»Mmmmhhh.«

»Weil Gemüse und Obst auszuliefern, um einen Wagen zu bekommen, kann ja nicht die Lösung sein«, resümierte Tanja augenzwinkernd.

Tim ließ die Tortellini Tortellini sein und folgte Tanja.

»Nein.«

»Und?«

»Muss mit Andrea sprechen.«

»Andrea?«

»Isabels Freundin. Ich habe sie im Treppenhaus im Apostelweg getroffen, als die Polizei mich verhaften wollte. Sie wird mir helfen können.«

»Inwieweit?«

»Wer Isabel umgebracht hat. Sie hat sie gefunden. Und als ich kurz zuvor zur Arbeit gegangen bin, war Isabel noch quicklebendig. In diesen zwei bis drei Stunden hatte sie Besuch bekommen.«

»Vom Mörder?«

»Exakt.«

Kaum in der Friedensallee angekommen, lief Carsten Pröpper, immer zwei Stufen gleichzeitig nehmend, die Treppe hinauf. Im Unternehmen war bereits Hochbetrieb. Kurz vor seinem Büro erblickte er seinen Assistenten Philipp und winkte ihn zu sich.

»Was macht Augsburg? Haben die unterschrieben?«

»Lief alles wie am Schnürchen. Wir sind mit zwei Teams dran. Rund um die Uhr. Es müssen noch klitzekleine Details geklärt werden und dann können wir spätestens zum Weihnachtsfest anstoßen.«

»Sehr gut«, antwortete ein zufriedener Pröpper. »Weiter so.«

Dieses Lob war auch seiner Assistentin Maja, die im Nebenraum saß, nicht verborgen geblieben, die jetzt seine ungeteilte Aufmerksamkeit einforderte.

»Da sind Sie ja, Carsten. Sie werden schon erwartet!«

»Von wem?«

»Doktor Schneyder. Und, ja … ich habe ihm schon einen Cappuccino gebracht.«

Es galt in der Firma als offenes Geheimnis, dass Maja in den Chef verliebt war. Wer dieses Gerücht gestreut hatte, war nicht mehr zu eruieren. Vielleicht steckte auch nur die zwangsläufige Vermutung dahinter, dass alle Assistentinnen in ihren Chef verliebt seien. Maja selbst wusste von all dem nichts. Sie tat gewissenhaft ihren Job und schwärmte in Wirklichkeit heimlich für Philipp.

Maja geleitete Carsten in den Konferenzraum und öffnete die Tür.

»Mensch, Carsten. Komme ich ungelegen? Hatten wir nicht gesagt, heute um 10 Uhr?«

»Doch, doch, Herr Dr. Schneyder. Ich hatte das nur komplett verdrängt. Entschuldigen Sie bitte, dass Sie warten mussten.«

»Maja, könnten Sie mir bitte auch einen Cappuccino bringen?«

»Gern. Und Sie, Herr Doktor? Möchten Sie noch ein weiteres Tässchen?

Doch der Doktor winkte ab. »Nein, vielen Dank. Ich muss auch gleich wieder los.«

Carsten verstand den Wink und schenkte nun ihm seine ungeteilte Aufmerksamkeit.

»Also, was gibt es?«, fragte Carsten. »Denn wie Sie sicher wissen, haben wir heute keinen Termin um 10 gehabt.«

Dr. Schneyder war Carstens Hausarzt und hatte bereits Carstens Vater behandelt, bevor dieser vor acht Jahren verstorben war. Vielleicht fühlte er sich deshalb etwas mehr verantwortlich für seinen Patienten Carsten. Jedenfalls versuchte er ihn mindestens einmal pro Quartal zu treffen. Meist unterhielten sie sich dann über ganz triviale Dinge. Dennoch waren es keine Gespräche zwischen zwei Freunden. Sie dienten dem Doktor nur dazu, ganz genau Maß zu nehmen und Carsten zu diagnostizieren. Wie ein Schneidermeister, der einen auf den Leib geschneiderten Anzug fertigen wollte. Nur, dass es nicht um den äußeren, sondern um den inneren Zuschnitt ging.

»Haben Sie schon mit Nicole gesprochen?«

»Das hat sich noch nicht ergeben.«

»Sie hatten es mir versprochen.«

»Ja, aber …«

»Soll ich mit ihr sprechen?«, unterbrach der Doktor.

»Nein. Das schaffe ich. Ich werde morgen Abend mit ihr reden.«

Carsten Pröpper hätte das Gerede des Doktors nur zu gerne als Unsinn abgetan, hätte dieser nicht Dinge über ihn gesagt, die er so nicht hätte wissen können. War er seinem Vater wirklich so ähnlich? Die Zeit verging so schnell. Der Suizid seines Vaters war acht Jahre her, doch auseinandergesetzt hatte er sich nicht damit. Zu viele Projekte in zu wenig Zeit machten ihm immer wieder einen Strich durch die Rechnung. Und das, obwohl in letzter Zeit bei Carsten die von Dr. Schneyder prognostizierten Angstzustände vermehrt auftraten. Er musste wirklich mit Nicole sprechen.

* * *

Nicole Pröpper genoss den Durchblick. Doch dieses Kunststück gelang ihr nur selten. Meist war sie abgelenkt von irgendwelchen spannend erscheinenden Dingen. Schon ewig war das so. Sonst hätte sie damals auch die Schule bis zum Abi durchgezogen. Immerhin war sie eine gute Schülerin gewesen. Doch sie hatte stets das Verlangen nach Veränderung gehabt. Und so war es auch jetzt wieder. Sie wurde unruhig und wollte etwas ändern.

Und heute war der erste Schritt dorthin. Das Fitnessstudio in Eppendorf. Sich in Form bringen. Nicht nur äußerlich, das war bei 65 Kilo und einer Körpergröße von 1,70 Meter gar nicht so ein entferntes Ziel, aber innerlich. Sie wollte zurück ins Rampenlicht. Da, wo sie hingehörte. Da, wo sie vor ihrer Depression gewesen war. Nicole setzte ihr schönstes Lächeln auf und betrat das Fitnessstudio.

»Hallo, würde gern ein Jahres-Abo abschließen und noch heute beginnen. Ist das möglich?«

Der attraktive Mann auf der anderen Seite des Tresens war völlig perplex über diese Ansage. Wie oft musste er Leute über einen Probemonat ködern, von denen jeder zweite innerhalb der Schnupperwochen absprang. Und nun, ohne etwas zu tun, war da jemand, der sich gleich auf 12 Monate binden wollte.

»Ich bin Michael, doch alle nennen mich Mike. Natürlich geht das.« Er reichte Nicole das Aufnahmeformular und zeigte auf ein Feld am Ende der zweiten Seite.

»Du musst nur hier unterschreiben.« Nun setzte auch Mike sein schönstes Verkäuferlächeln auf. »Und da hinten sind die Umkleidekabinen.«

Nicole unterschrieb und reichte einen Durchschlag über den Tresen zurück. Beide fühlten sich gut. Nicole wegen ihres Sieges gegen den inneren Schweinehund und Mike wegen der soeben fällig gewordenen Provision in Höhe von 82 Euro.

Frisch umgezogen, startete sie motiviert mit vier Einheiten am Butterfly-Gerät zur Stärkung der Arm- und Brustmuskulatur und merkte schnell, wie ihr die Bewegungen guttaten, ihr das verloren geglaubte Selbstvertrauen zurückgaben. Dies war genau der richtige Schritt und so hängte sie nach ihrem Training ihren frisch erworbenen Fitness-Ausweis demonstrativ über den Innenspiegel ihres Autos. Es war eine Ansage. An sich selbst und die da draußen. Und zum krönenden Abschluss wollte sie noch etwas Gesundes für das Abendessen einkaufen. Sie hatte Blut geleckt und wollte das gesamte Wohlfühlprogramm, als sie auf der Straße hinter sich ein leises Hallo vernahm.

»Hallo?«

Nur Frauen ist es wohl angeboren aus einem einzigen Hallo herauszuhören, dass etwas nicht stimmen könnte.

»Ist alles gut bei Ihnen? Sie klingen so abwesend.«

»Ich klinge abwesend?«

»Finde ich schon.«

»Wissen Sie wo die Albersstraße ist?«

»Albersstraße. Nie gehört. Haben Sie kein Handy dabei?«

»Nein.«

»Warten Sie.« Nicole holte ihr Handy aus der Tasche. »Ich schau mal nach der Straße.«

Während Nicole tippte, zündete sich die Frau eine Zigarette an.

»Albersstraße – wie Hans Albers, der Schauspieler?«

»Kenn ich nicht.« Die Unbekannte zuckte mit ihren Schultern. »In welcher Serie spielt der mit?«

Nicole scrollte durch das Netz. »Die gibt es nicht. In ganz Hamburg gibt es keine Albersstraße.«

»Oh nein. Das ist nicht schön. Danke.« Und schon verschwand die Frau so schnell, wie sie gekommen war. Nicole schaute ihr noch ein Weilchen hinterher, als ihr Handy in ihrer Hand vibrierte. Es war ihr Mann.

»Hallo Carsten, mein Schatz. Wo bist du?« Nicoles Stimme überschlug sich geradezu.

»Was hast du denn angestellt?«

»Nichts. Wollte gerade einkaufen gehen. Worauf hast du Appetit?«

»Nicole, wenn deine Stimme so offensichtlich aus der normalen Tonspur fällt, hast du immer irgendetwas ausgefressen oder planst es. Also?«

Nicole fühlte sich ertappt und musste lachen.

»Manno Carsten. Ich war beim Sport. Endlich. Eben gerade. Ich habe es gemacht. Habe sogar ein Jahres-Abo abgeschlossen.«

»Das ist doch großartig. Aber, warum wolltest du mir das nicht sagen?«

»Mache ich doch gerade.« Sie merkte, wie es ihr guttat, mit Carsten darüber zu reden.

»Nicole?

»Ja, Schatz?«

»Alles gut. Wollte nur sagen, dass ich heute noch ein Abendessen mit Jürgen habe und später komme.«

Nicole wurde schlagartig traurig, versuchte sich aber nichts anmerken zu lassen.

»Ist gut. Bis später dann.« Dann schaute sie sich um, suchte die Unbekannte und lief ihr hinterher.

»Warten Sie! So warten Sie doch bitte!«

Als Nicole sie eingeholt hatte, blieb die fremde Frau stehen.

»Mein Mann hat gerade mein geplantes Abendessen gecrasht. Bin total gefrustet. Wobei ich eigentlich etwas zu feiern hätte. Ich möchte nicht allein sein. Haben Sie Hunger?«

»Immer.«

»Wunderbar, dann lade ich Sie hiermit ein. Lust auf Italiener?«

»Ist mir gleich. Ich bin Béatrice.«

Wenn Nicole schon ihren Mann nicht verwöhnen durfte, dann eben diese Béatrice. Außerdem verbarg diese Frau irgendetwas. Da war sich Nicole sicher. Und das wollte sie herausbekommen. Jetzt.

Doch auch als nach knapp zwei Stunden die Kellnerin an den Tisch kam, um die Reste abzuräumen, hatte Nicole nichts Erwähnenswertes über Béatrice herausfinden können. Vielleicht gab es auch gar kein Geheimnis? Nichts Furchtbares, von dem jeder etwas ahnte, aber niemand traute zu sprechen? Wahrscheinlich hatte sich Nicole alles nur eingebildet? Sie musste lächeln.

»Ich möchte mich bedanken bei dir, Nicole. Es war ein schöner Abend. Herzlichen Dank für alles.«

»Aber gern.«

Béatrice stand auf, zog ihren Mantel vom Stuhl und ging.

»Ich wünsche dir noch einen schönen Abend.«

So plötzlich, wie sie vor zwei Stunden in ihr Leben getreten war, so plötzlich verschwand Béatrice auch wieder.

Nicole fuhr entspannt nach Hause. Es war schön, ein intaktes Eheleben zu haben. Einen Ehemann ohne dunkle Geheimnisse, der allerdings zu viel arbeitete. Die unbekannte Béatrice war zweifelsohne interessant gewesen. Und zur richtigen Zeit am richtigen Ort gewesen. Aber es war auch gut, dass sie wieder weg war. Doch das Beste war ohnehin, dass sie wieder mit Sport angefangen hatte. Zu Hause angekommen, saß Carsten im Sessel und schaute Nachrichten. Nicole gab ihm einen zärtlichen Kuss auf den Mund.

»Weißt du, Schatz, als ich mich damals in dich verliebt habe, habe ich mir ganz genau deinen Vater angeschaut.«

»Du hast dir meinen Vater angeschaut?« Carsten stellte den Fernseher auf stumm und widmete sich seiner Frau. Genau für diese Gesten der Aufmerksamkeit liebte sie ihn.

»Ja, man sagt doch bei Mädels solle man sich die Mütter anschauen und bei Jungs eben die Väter, um zu sehen, was man bekommt.« Carsten wirkte immer noch etwas überfordert, musste aber dennoch schmunzeln.

»Und was hast du gesehen? Damals? Bei meinem Vater?«

»Im Profil sahst du schon damals aus wie er. Gut, dein Vater ist größer und viel charmanter gewesen. Und in seinen strahlend blauen Augen konnte man sich verlieren. Aber ich dachte, wenn du genauso toll alterst wie er, dann ist das mein Mann. Ich habe schon damals das Potenzial in dir gesehen.«

»Mein Potenzial also«, wiederholte Carsten und musste herzhaft lachen.

»Und ich liebe dich, mein Schatz. Noch immer wie am ersten Tag.«

»Ich liebe dich auch, Nicole.«

* * *

Die Kennenlernroute mit Sebastian verlief reibungslos. Beide hatten sich auf Anhieb bestens verstanden. Das einzig Herausfordernde war der vierte Gang des betagten Transporters, den Sebastian nicht immer einlegen konnte und was das Gefährt zwang, maximal 44 Stundenkilometer zu fahren. Doch auch mit diesem Hindernis war es gerade mal 10 vor 12 am Mittag, als die Tour beendet war und Tim, wie erhofft, den Transporter mit nach Hause nehmen durfte. Doch dorthin wollte er nicht. Noch nicht. Stattdessen schlich er durch den Elbtunnel ins Alte Land. Tim liebte diese Ecke südlich der Elbe an der Grenze zu Niedersachsen. Gerade im Sommer, wenn die Apfelbäume neben den schönen Fachwerkhäusern Früchte trugen. Hier wollte er sich sortieren und einen Plan entwerfen, den es, anders als er es Tanja vermittelt hatte, noch gar nicht gab. Er hatte keine Freundin mehr, genauso wenig wie einen Job – und seiner Wohnung sollte er sich besser auch nicht mehr nähern. Ähnlich erging es ihm mit seinem Girokonto. Alles, was er hatte, trug er bei sich. Er fasste in seine Jackentasche und zählte 6,38 Euro plus Tanjas Prepaid-Karte und Haustürschlüssel.

Im Alten Land angekommen, stieg er aus dem Transporter, setzte sich auf eine Bank und beobachtete das rege Treiben am Deich. Alle schienen gute Laune zu haben. Tim war erleichtert, dass im Radio sein Name nicht mehr erwähnt wurde. Hier wurde nur noch vom *Elbmörder* gesprochen. Er wertete dies als gutes Zeichen, auch wenn ihm klar war, dass die Polizei ihn nicht aufgegeben haben würde. Aber vielleicht würde die Polizei nun auch anderen Verdachtsmomenten nachgehen. Doch die entscheidende Frage blieb: Wer hatte Isabel nur umgebracht?

Diese Frage zermarterte sein Hirn. Tim ging zurück zum Transporter und wollte noch ein Stückchen Richtung Bremen weiterfahren, um von dort die Polizei anzurufen. Er wusste aus zig Folgen sämtlicher Vorabend-Krimis, dass er bei solchen Anrufen etwa drei Minuten Zeit hatte, bis man ihn auf einen Meter genau orten konnte. Er musste sich kurz fassen. Eigentlich nicht seine Sache. Aber auch er würde mit seinen Aufgaben wachsen. Tim startete den Motor und fuhr weitere 30 Minuten Richtung Bremen, bis er irgendwo im Nirgendwo eine verlassene gelbe Telefonzelle vorfand. Er kramte sein Kleingeld aus der Tasche heraus, guckte auf die Uhr und wählte die Eins – Eins – Null.

»Hier spricht die Notrufzentrale. Wie kann ich Ihnen helfen?«

»Ich möchte Herrn Thoelke sprechen. Hauptkommissar Thoelke.«

»Hauptkommissar Thoelke? Da muss ich schauen. Einen Moment. Ich stelle durch.«

Tim schaute auf seine Uhr. 11 Sekunden waren vergangen und er war in der Warteschleife gefangen. 35 Sekunden. 42 Sekunden. Gut, wenn er nicht in 18 Sekunden durchgestellt wurde, wäre das eine Falle und er würde auflegen. 54 Sekunden.

»Thoelke.«

»Hier spricht Tim Quast.«

»Wo um Himmels Willen sind Sie? Sollen wir Sie abholen kommen?«

»Nein. Ich wollte Ihnen nur sagen, dass ich nichts mit dem Mord an Isabel zu tun habe. Ich habe sie geliebt. Wir wollten heiraten. Wir waren glücklich.«

»Das wissen wir doch. Bitte kommen Sie zu uns. Wir haben Fragen an Sie.«

»Was für Fragen? Ich bin doch jetzt hier.« Tim schaute auf die Uhr. 1:47 Minuten waren bereits vergangen. Das Durchstellen hat viel zu lange gedauert.

»Dann lassen Sie uns an einem neutralen Ort treffen. Sagen wir Elbphilharmonie heute um sechs?«

Tim starrte auf seine Uhr. 2:01 Minuten.

»Das schaffe ich nicht. Ich wollte Ihnen auch nur sagen: Ich war es nicht. Ich habe sie geliebt und wir waren glücklich. Sehr glücklich. Und als ich morgens die Wohnung verließ, war noch alles gut. Isabel hatte frei. Wir waren glücklich. Ich war es nicht.« Tim schaute hektisch auf die Uhr. 2:32 Minuten. »Ich muss jetzt auflegen. Ich melde mich wieder. Ich habe sie so sehr geliebt.« Er legte den Hörer auf die Gabel. Genau 2:37 Minuten.

* * *

Abends fuhr Tim Quast wie geplant zu Andrea. Er wusste zwar nicht, ob Andrea ihm helfen können würde, aber sie war sein einziger Ansatzpunkt und er musste die Zeitspanne zwischen seinem Verlassen am Morgen und ihrem Eintreffen in der Wohnung füllen. Außerdem würde es ihm guttun, ein bekanntes Gesicht zu sehen. Doch in der Sekunde, in der er mit dem Transporter in die Wentzelstraße einbog, beschlich ihn ein bedrückendes Gefühl, als ob ihm jemand den Brustkorb zudrückte. Die Unsicherheit kam wieder in ihm hoch. War es ein Fehler? Würde Andrea ihn verraten? Glaubte sie mittlerweile auch, dass er Isabel getötet hat? 60 Stunden waren eine lange Zeit. Er reduzierte sein Fahrtempo auf 20, um einen Parkplatz zu suchen, was für einen passionierten

Mini-Fahrer in einem Transporter ein großes Unterfangen darstellte. Ein Mini findet überall sein Plätzchen. Zur Not stellt man sich einfach quer. Aber diese Kiste hier? Quer kam da nicht infrage. Und dann auch noch in Alsternähe …

Er erinnerte sich, wie er kurz nach seinem Abi nach Eppendorf gezogen war und oftmals seinen Wagen stehen gelassen hatte, nur weil er einen dieser seltenen Parkplätze direkt vor der Wohnung ergattert hatte. Wie oft hatte er Parkplätze nehmen müssen, die so weit weg waren, dass er noch eine Station mit dem Bus fahren musste. Und genauso stellte sich die Situation auch 15 Jahre später dar. Parkplatznot in Hamburg.

Gerade als Tim aufgeben und frech vor einer Einfahrt parken wollte, löste sich ein blauer SUV vom Straßenrand. Das müsste passen, dachte er und lenkte den Transporter elegant in die Lücke. Er hüpfte aus dem Wagen und ging die etwa 400 Meter zu Andreas Haus, als er Gefahr witterte. Er konnte die Gefahr nicht sehen, aber sie war da. Sie war zu spüren. Tim entschied sich, die Straße bis zum Ende zu gehen und auf der anderen Straßenseite wieder zurückzukommen. Vorsicht war besser als Nachsicht. Doch alles war gut. Nun im zweiten Anlauf ging er zu Andreas Haus, blickte an der Hauswand empor und sah Licht in ihrem Fenster. Andrea war zu Hause. Sein Puls stieg. Sein mulmiges Gefühl auch. Eine unerträgliche Kombination. Er drehte sich noch ein letztes Mal um. Und da war sie. Die Gefahr. In Form von zwei Männern, die schräg gegenüberstanden und beide gleichzeitig in seine Richtung liefen. Tim fühlte, wie er urplötzlich klar denken konnte. Seine Sinne waren geschärft. Er atmete tief durch und fing an zu rennen. Und zwar in die entgegengesetzte Richtung zu seinem parkenden Transporter. Die beiden Männer liefen hinterher, überquerten die Straße, kamen näher.

»Bleiben Sie stehen. So bleiben Sie doch stehen, Tim«, schallte es im Duo. Ohne sich umzudrehen, gelangte Tim zur Sierichstraße, überquerte diese und ahnte mehr, als dass er es genau sah, wie die Autos abbremsten. Das Hupen allerdings verriet den Verfolgern weiter seinen Fluchtweg. Er bog zur Alster ab. Nach einem weiteren Spurt wagte er zum ersten Mal, sich umzudrehen. Die Verfolger schienen abgehängt. Tims Schritte wurden langsamer, seine Gedanken schneller. Schließlich blieb er keuchend stehen und hockte sich auf ein Stück Rasen, das an den Fußweg grenzte. Ihm wurde klar, dass er zur Aufklärung nichts beitragen konnte, weil sich Thoelke auf ihn fokussiert hatte. *Elbmörder* hin, *Elbmörder* her.

Er kannte Isabel auch viel zu kurz, um wirklich zu ihrem Leben Auskunft geben zu können. Dennoch geriet ohne Isabel alles aus dem Gleichgewicht. Seine einzige Chance bestand darin, sich weiter zu verstecken, um Thoelke zu zwingen, in alle Richtungen zu ermitteln. Dann bräuchte er auch den Transporter nicht mehr. In ein paar Tagen würde er es Sebastian sagen. Davor aber wollte er nochmal nach Rahlstedt zu Isabels Wohnung, auch wenn diese bestimmt ebenfalls observiert werden würde. Aber irgendetwas sagte ihm, er müsse nochmal hinfahren. Sich verabschieden Er wartete eine Stunde und ging zurück zu seinem Transporter.

DONNERSTAG, 1. AUGUST 2019

Am nächsten Morgen erwachte Nicole alles andere als ausgeruht. Sie hatte noch lange an Béatrice denken müssen. Hatte Béatrice überhaupt gesprochen? Sie konnte sich an nichts erinnern. Und doch hatte dieses Zusammentreffen für Nicole einen Sinn gehabt. Es war wie ein Seismograph gewesen, der sie erdete. Wenn man alles hatte, neigte man dazu, diese Situation nicht mehr wertzuschätzen. Und so erging es ihr auch zuweilen. Sie setzte sich aufrecht auf die Bettkante.

Wie ruhig es war, dachte Nicole. Sie warf einen Blick auf den Wecker. Kurz vor zehn, Carsten war sicher schon seit sieben bei der Arbeit. Nicole seufzte. Sie vermisste die enge Verbundenheit, die einmal zwischen ihnen geherrscht hatte, das gemeinsame Lachen und die feurige Liebe, die das ganze Haus erfüllte. Sie schlüpfte in ihren Bademantel, ließ den Hund in den Garten und ging über die Küche ins Bad. Eine kalte Dusche sollte die trüben Gedanken vertreiben.

Als sie später, nur in ein Handtuch gewickelt, aus dem Bad kam, ging sie zum großen Spiegelschrank. Sie betrachtete sich fragend im Spiegel. Einen kurzen Augenblick erinnerte sie ihr Spiegelbild an eine verlassene Braut. Ganz ohne Bräutigam. Ein Gefühl des Verlustes, eines endgültigen Abschieds nistete sich in ihrem Kopf ein. Und sie spürte wieder trübe Gedanken aufkommen. Sie wischte sich über sie Stirn, um sie wegzuwischen und öffnete die Schranktüren. Sie nahm eine weiße Bluse und eine Jeans heraus und betrachtete sich erneut vor dem Spiegel. Nun gefiel ihr, was sie sah. Sie sah in ein strahlendes Gesicht. Ihre Entscheidung stand. Sie wollte zurück ins Rampenlicht. Beruflich wie privat.

Nicole packte ihre Sporttasche. Sie war aufgeregt und freute sich, ihrem Mann heute Abend von ihrer Entscheidung, wieder als Moderatorin zu arbeiten, zu erzählen. Er würde sich sicherlich mit ihr freuen. Männer waren so. Männer zeigten sich immer gern mit tollen Frauen in der Öffentlichkeit. Sie schmückten sich geradezu damit. Und sie war zum Schmücken. Zum Anbeißen. Zum Dahinschmelzen. Und wo ginge das Schmücken und Präsentieren besser als auf den zahlreichen roten Teppichen quer durch die Republik. Ja, sie wollte zurück ins Spiel. Sie hatte die Kraft, sie hatte die Zuversicht und sie hatte Carsten. Den wichtigsten Mann in ihrem Leben – nach ihrem Vater.

Sie musste schmunzeln und erinnerte sich, als sie vor vielen, vielen Jahren in einem Theaterstück mitgespielt hatte und im Anschluss von einem Scout angesprochen worden war, der sie als Moderatorin für eine Jugendsendung hatte engagieren wollen. Nicht wegen ihrer schauspielerischen Fähigkeiten, sondern weil sie so ein hübsches Gesicht hatte. Da musste sie so 15 gewesen sein. Aber ihr Vater hatte damals Nein gesagt. Das erste und letzte Mal. Umso schöner war es, dass es knapp zehn Jahre später doch noch mit dem Fernsehjob geklappt hatte. Ihr Vater war seit der ersten Sendung ihr größter Fan gewesen. Alles war so unbeschwert gewesen damals. Doch dann kam der neue Programmdirektor und wenig später die Depression. Schleichend, wie eine Krankheit, deren Symptome nicht der Beachtung wert waren. Es war ein Gift, das tröpfchenweise in ihr Leben eingesickert war – bis es zu spät war. Doch das gehörte seit gestern der Vergangenheit an und das lebensfrohe Tier in ihr war wiedererwacht. Sie suchte die Veränderung und hörte sich selbst knurren.

Keine 50 Minuten später stand Nicole im Fitnessstudio und absolvierte ihre ersten Einheiten am Butterfly. Carsten hatte sie bereits auf der Hinfahrt auf die Mailbox gesprochen. Heute Abend gäbe es

Seelachsfilet mit Rosmarinkartoffeln und zum Nachtisch Vanille-Eis mit heißer Schokolade. Sein Lieblingsessen. Sie war sich sicher: Das Leben hatte immer einen Reset-Knopf. Man müsste ihn nur finden. Und drücken.

Nach anderthalb Stunden Schwitzen und einem Vitamin-Trunk bei Mike checkte Nicole in der Umkleidekabine ihr Handy. Valeska, ihre ehemalige Chefin, hatte ihr auf die Mailbox gesprochen, ob sie nachmittags in den Sender kommen wolle. Heute wäre es eher ruhig und man könnte über die gemeinsame Zukunft sprechen. Nicole hörte die Nachricht immer und immer wieder ab, vor allem die Stelle, wo Valeska von der gemeinsamen Zukunft sprach. Sie schaute auf die Uhr. Kurz vor zwei. Sie musste sich beeilen und war aufgeregt wie lange nicht mehr. Sie war so aufgeregt, wie beim ersten Treffen mit Carsten in seiner kleinen renovierungsbedürftigen Bude in der Alsterdorfer Straße. Damals. Heute würde man sagen beim ersten Date. Und da sich Carsten damals als eingefleischter Single nie für sie Zeit genommen hatte, schlug Nicole damals vor, beim Tapezieren der neuen Bude mitzuhelfen. Für Carsten damals das Natürlichste der Welt, hatte er sie ohnehin eher als Kumpel, statt als eine Frau angesehen. Sie wusste noch genau, wie er die Tür aufmachte und es ihm die Sprache verschlagen hatte, wie sie da cool mit einem tief dekolletierten weißen T-Shirt und Blue Jeans vor seiner Tür stand. An diesem Tag hatte Nicole Carstens Aufmerksamkeit für sich gewonnen – und bis heute nicht mehr verloren. Anders, so war Nicole sich sicher, hätten sie bis heute keine Nägel mit Köpfen gemacht. Manchmal war einfach der Mann in der Frau gefragt.

Und genauso aufgeregt wie damals in der 1,5-Zimmer-Wohnung war sie jetzt auch. Sollte das etwa wirklich so schnell klappen mit dem Moderatoren-Job? Sie wollte diesen Job unbedingt. Nicht nur für sich, sondern auch für Carsten. Carsten glücklich zu sehen, machte sie glücklich. Und hier gab es Nachholbedarf.

* * *

Heute Nachmittag endlich konnte er in Ruhe mit Tanja über alles sprechen, war einer seiner ersten Gedanken, als Tim pünktlich um halb fünf morgens in den Transporter stieg und gemächlich zum Blumengroßmarkt hinter den Deichtorhallen fuhr. Die Straßen in Hamburg waren um diese Uhrzeit wie leergefegt. Und wie gestern bekam er auch heute den vierten Gang nicht immer rein, sodass der Motor gequält aufheulte und jäh nach vorn ruckelte, wenn er versuchte die magische Schallmauer von 45 Stundenkilometern zu durchbrechen. Ein Grund mehr, diesen Wagen möglichst schnell loszuwerden, bevor noch etwas passierte. Die Ampel auf der Rotenbaumchaussee schaltete auf Rot. Tim bremste ab und drehte an den Radioknöpfen. Er wollte die Nachrichten hören. Als die Ampel wieder auf Grün schaltete, fuhr er los und wurde nach wenigen Metern wie aus dem Nichts von einer schwarzen Limousine angefahren. Sein Wagen drehte sich einmal und kam schließlich zum Stehen. Tim schaute geschockt aus dem Seitenfenster und erblickte das schwarze Geschoss. Sofort musste er an Thoelkes Männer von gestern Abend denken. Sein Instinkt setzte ein, er griff zu seiner Tasche auf dem Beifahrersitz und wollte losrennen, als der Fahrer der Limousine ausstieg und in einer moderaten Tonlage sagte:

»Das ist ja mal eine große Scheiße so früh am Morgen. Ist Ihnen etwas passiert?«

Tim war ob der warmen Worte und Fürsorge überrascht. Auch konnte er keine hektischen Bewegungen bei seinem Gegenüber bemerken. Das konnte unmöglich einer von Thoelkes Leuten sein.

Außerdem waren die immer im Doppelpack unterwegs. Tim fiel zwar auf dem Beifahrersitz noch eine Person auf, die aber offensichtlich die Frau des Fahrers war und nicht das geringste Interesse zeigte, ebenfalls das Auto zu verlassen.

»Mir geht es gut. Naja, was heißt gut. Mein Auto hat ne Delle abbekommen. Haben Sie mich denn nicht gesehen?«

»Nein, überhaupt nicht. Es war unser Fehler. Ich meine, mein Fehler. Ich war kurz abgelenkt. Aber kein Thema. Ich bin Vollkasko versichert.«

Tim war erleichtert. Wie hätte er das alles Sebastian erklären und bezahlen sollen. Tim setzte sein charmantestes Lächeln auf und ging einen Schritt auf den Fahrer zu.

»Ich heiße übrigens ...«

»Warten Sie, junger Mann, ich muss nur noch schnell die Polizei rufen, damit die den Unfallhergang aufnehmen können.«

Tim charmantes Lächeln war dahin. Die Polizei war das Letzte, was er gebrauchen konnte. Die Abfolge lief sekundenschnell vor seinem geistigen Auge ab: Die Polizei nimmt den Unfall auf, dann seine Personalien und schließlich ihn. Und am späten Nachmittag würde sich erst Thoelke um ihn kümmern, dann der Haftrichter und schließlich die Gefängnisleitung. Ebenfalls keine rosigen Aussichten. Er musste nachdenken und Entscheidungen treffen. Schnell.

»Können wir das nicht irgendwie anders regeln?«, warf Tim fragend ein.

»Anders regeln? Wie meinen Sie das?«

Der Geschoss-Fahrer senkte sein Handy, während Tims Hoffnungen stiegen.

»Ich bin gerade in einer Situation, in der ich nur ungern mit der Polizei sprechen möchte, wenn Sie verstehen?«

»Nicht ganz, wenn ich ehrlich bin.«

»Also … mit anderen Worten, wenn wir das hier anders regeln könnten, wäre ich Ihnen sehr verbunden.«

»Ich bin übrigens Carsten«, stellte sich der Fahrer vor und schaute sich seinen Schaden genauer an.

»Naja … eigentlich nur der Scheinwerfer vorne rechts und etwas Lack. Einmal lackieren plus Scheinwerfer. Denke so um die zwei bis zweieinhalb tausend Euro.«

»Ja.«

»Wie heißen Sie?«

»Ich bin Tim. Tim Quast. Und Sie würden mir wirklich sehr helfen. Wirklich.«

Carsten strich sich durch die Haare.

»Okay, ich mache jetzt ein paar Fotos von dem Schaden und Ihrem Personalausweis. Und Sie kommen am Sonntagabend zu mir nach Hause. Dann besprechen wir das.«

»Das ist nett von Ihnen. Vielen Dank.«

Carsten Pröpper lächelte verständnisvoll, machte die Fotos und teilte Tim seine Adresse mit.

»Vielen Dank und bis Sonntag.«

Tim stieg zurück in den Transporter und kroch im dritten Gang zum Blumengroßmarkt.

* * *

»Hi, ich werde jetzt erst mal frisches Wasser für uns aufsetzen«, wurde Tim von Tanja begrüßt. »Möchtest du auch einen Tee? Mit Milch und drei Stück Zucker, richtig?« Tanja blieb im Flur stehen und sah Tim tief in seine Augen. »Ich freue mich, dass du heute offensichtlich nicht wieder nach Bremen gefahren bist.«

Tim lächelte zustimmend.

»Wie war deine Tour? Gibt es irgendetwas Neues wegen Isabel?«
Tim versuchte ihrem Blick standzuhalten. Er versuchte so entspannt auszusehen, wie es nur ging. Doch das gelang nicht. Zuviel war heute passiert. Er drehte seinen Kopf weg und sagte:
»Gute Idee. Ein Tee wird mir sicher guttun. Der Tag war ... wie sagt man so schön ... ein ziemlich gebrauchter.«
»So schlimm? Okay, lass uns gleich in der Küche treffen. Vielleicht finde ich noch ein paar Schoko-Kekse. Für die Nerven.«

Und nachdem sich Tim umgezogen und frisch gemacht hatte, setzte er sich zu ihr an den Küchentisch und erzählte ohne Punkt und Komma von seinem Tag, der gleich morgens mit dem Auffahrunfall des Limousinenfahrers begonnen hatte, bis hin zur Beichte und Kündigung bei Sebastian zum Ende der Woche. Er erzählte so lebhaft und umschrieb die ganze Situation mit einer Detailverliebtheit, dass Tanja das Gefühl hatte, sie wäre heute nicht unterwegs gewesen, sondern bei ihm auf dem Beifahrersitz. Ihr gefiel dieser Gedanke.

»Was hat Sebastian zur Beule gesagt?«
»Er verrechnet es mit meinen Stunden. Wahrscheinlich ist die gesamte Kiste keine 500 Euro mehr wert, sodass er wohl mit der Beule weiterfahren wird.«
»Und Andrea? Konntest du schon mit ihr sprechen?«
»Erinnere mich nicht daran. Als ich gestern Abend vor ihrer Wohnung stand, warteten bereits die Bullen auf mich. Keine Chance.« Tim spürte wieder diese Wut und Ohnmacht in sich aufsteigen. »Weißt du, Tanja, da versucht man zeitlebens eine bessere Version seiner selbst zu werden und dreht an allen Optimierungsknöpfen, die zur Auswahl stehen, damit einem solche Scheiße erspart bleibt und dann erwischt es einen trotzdem.«

»Das wird schon, Tim.« Tanja schenkte ihm ein aufmunterndes Lächeln.

»Aber jetzt musst du mich bitte endlich aufklären, warum du mir hilfst. Seit drei Tagen bin ich hier und weiß nicht warum. Auch das macht mir zu schaffen. Also, woher kennst du meinen Namen? Ich war noch nie in meinem Leben auf dem Markt in der HafenCity, wo du mir am Montag hinterhergelaufen bist.« Tim musste schmunzeln.

»Ich meine hinterhergelaufen im Sinne von hinterhergelaufen und nicht von hinterherlaufen. Also, du weißt schon, was ich meine …«

Tanja schmunzelte ebenfalls.

»Alles gut. Vielleicht hast du ja mit beidem etwas recht.« Sie nippte genüsslich an der Tasse und genoss die Pause. »Ich kenne dich von meiner Mutter.«

»Von deiner Mutter?« Sorgenvoll rieb sich Tim mit seiner rechten Hand durch den nicht vorhandenen Bart und kräuselte seine Stirn.

»Und von meiner Mutter wusste ich auch über deine … naja … sagen wir mal Flucht.«

»Von deiner Mutter?«, wiederholte Tim. »Kenne ich deine Mutter?«

»Sie wohnt auf derselben Etage wie Isabel.«

»Wie Isabel?« Tim überlegte. »Die ältere sympathische Dame mit der gepflegten Hochsteckfrisur von schräg gegenüber?«

Tanja nickte zustimmend.

»Ja, natürlich kenne ich sie. Habe vor ein paar Wochen den ganzen Einkauf hochgeschleppt, als der Fahrstuhl mal wieder kaputt war. Ach, das ist deine Mutter?«

»Genau. Und sie hat alles mitbekommen. Am Montag. Es wurden ja noch alle Mieter befragt.«

»Und woher kennst du mich? Ich war noch nie bei deinem Marktstand.«

»Das ist richtig. Aber meine Mutter hatte so von »diesem netten jungen Mann« geschwärmt, der ihr den Einkauf hochgetragen hatte, dass ich durch den Spion gucken musste, als sie dich irgendwann abends im Treppenhaus hörte. Von daher wusste ich, wie »dieser nette junge Mann« ausschaut.«

»Netter junger Mann«, wiederholte Tim nachdenklich.

»Genau, und dass du in der HafenCity genau an diesem Montagmittag aufgetaucht bist, das war natürlich reiner Zufall. Aber da meine Mutter wegen all der Aufregung schon mehrfach mit mir telefoniert hatte und ich somit bestens informiert war, dachte ich, ich könnte mich revanchieren. Es war wie ein Zeichen.«

»Krass!«

»Also meine Mutter findet das ganz wunderbar.«

»Das muss man sich mal vorstellen. Nur weil ich vor zwei oder drei Wochen deiner Mutter die Einkaufstüten hochgetragen habe, rettest du jetzt meinen Arsch.

»Wenn du so willst.« Tanja schmunzelte. »Und jetzt wird nach vorne geschaut.« Sie stand auf und ging zum Wasserkocher.

»Noch eine Tasse?«

»Nein, für mich nicht. Danke.«

»Nun erzähl mal, an was kannst du dich noch alles erinnern?«

»Du meinst vom Montag?«

»Ja, vielleicht gibt es ja noch irgendetwas, was wir übersehen haben.«

Tim fiel auf, dass sie zum ersten Mal das Wort Wir benutzt hatte. Es fühlte sich gut an. Ganz eindeutig: Tanja war seine Kirche. Und dann erzählte er von dem Morgen und dass er ein wichtiges Meeting mit Herrmann um halb zehn hatte, zu dem er allerdings zu spät kam, da er die Bahn verpasst hatte. Und irgendwann hatte er Hauptkommissar Thoelke auf Isabels Handy …

»Das war alles?«

»Ja.« Tim guckte an die Decke. »Scheiße – nein. Da war noch so ein komischer Typ am Bahnsteig.« Tim versuchte sich zu konzentrieren und schloss seine Augen. »Den hatte ich ganz vergessen.«

»Welcher Bahnsteig?«

»Am Rahlstedter Bahnhof. Gleich morgens.«

»Was war mit ihm?«

»So ein Typ, vielleicht Ende 40, bleiches Gesicht. Er fiel mir auf, als ich die Rolltreppe zur Bahn runterlaufen wollte, weil er aus der abfahrtbereiten Bahn ausstieg.«

»Er ist ausgestiegen?«

»Ja, als er mich erblickt hatte, ist er ausgestiegen, so als ob er auf mich gewartet hätte. Aber angesprochen hatte er mich dann nicht. Das war ziemlich scary.«

»Kanntest du ihn denn?«

»Nur vom Sehen, von der Bahn, denke ich.«

»Ist er dann mit dir in die nächste Bahn gestiegen oder blieb er am Bahnsteig?«

»Guter Punkt. Ehrlicherweise weiß ich das nicht. Hatte versucht Isabel zu erreichen und irgendwann habe ich nicht mehr an ihn gedacht. Bis jetzt.« Tim überlegte kurz. »Du meinst also, er hat gewartet bis ich in die Bahn eingestiegen bin und ist dann zu Isabel?«

»Ich meine erst mal gar nichts. Ich höre nur zu und stelle kluge Fragen«, erwiderte Tanja augenzwinkernd.

»Aber wo könnte die Verbindung sein?«

»Du sagtest doch, dass du Isabel noch nicht so lange kanntest. Daher kannst du auch nicht alle Verbindungen kennen.«

»Warte mal. Das könnte es sein. Es gibt doch sicherlich Kameras in den Bahnhöfen?«

»Davon gehe ich auch«

»Dann sage ich das Thoelke.«

»Du willst Thoelke anrufen? Den Thoelke, der dich sucht?«

»Habe ich gestern auch schon gemacht.«

»Du hast bitte was gestern gemacht, Tim?«, fragte Tanja verwundert.

»Thoelke angerufen.«

»Von deinem Prepaid-Handy?«

»Nein, ich bin in irgendein Dorf kurz vor Bremen gefahren und habe Thoelke aus einer öffentlichen Telefonzelle angerufen. War nur kurz. Unter drei Minuten. Musste ihm doch sagen, dass ich unschuldig bin.«

»Ach, deswegen warst du in Bremen? Nee, ist klar.« Tanja schüttelte ungläubig den Kopf. »Lass mich ihn nächstes Mal anrufen. Oder willst du jetzt immer nach Bremen?«

Nicht nur eine kecke Zahnlücke, sondern auch viel Humor, dachte Tim.

»Weißt du was, Tanja? Ich würde gerne morgen Nachmittag für deine Mutter einkaufen. Also nicht nur die schweren Einkaufstüten hochschleppen, sondern auch gleich füllen.«

»Wieso, weshalb, warum?«

»Ich muss noch mal nach Rahlstedt. In Isabels Wohnung.«

»Bist du wahnsinnig? Das wäre doch für Thoelkes Leute wie Ostern und Weihnachten zusammen. Kaum bist du im Eingang verschwunden, werden die dich hopsnehmen.«

»Genau. Und deshalb möchte ich für deine Mom einkaufen und ihr die Sachen in ihre Wohnung bringen. Dann bin ich schon mal im Haus.« Tim grinste vielsagend. »Ich muss das einfach machen. Ich hatte keine Zeit mich von Isabel zu verabschieden. Und vielleicht finde ich noch was, was Thoelke übersehen hat.«

»Das heißt, ich soll jetzt meine Mutter anrufen?«

Tim zuckte mit seinen Schultern, worauf Tanja ihr Handy vorkramte.

FREITAG, 2. AUGUST 2019

Am nächsten Morgen klingelte erneut zehn vor vier Tims Wecker. Er stand auf, ging ins Bad und im Anschluss in die Küche. Auf dem Tisch lag der versprochene Einkaufszettel samt Rahlstedter-Ersatzschlüssel und 70 Euro. Tim war sichtlich gerührt, aber doch auch ein wenig peinlich berührt von so viel Aufmerksamkeit und ging zu Tanjas Zimmertür, um sich zu bedanken. Doch er traute sich nicht, diese zu öffnen. Tanja würde sicher noch schlafen. Er wollte sie später anrufen. Er war einfach nur froh, sie an seiner Seite zu wissen.

Kurze Zeit später meldete sich Sebastian auf seinem Handy, um ihm mitzuteilen, dass er heute auf dem Blumengroßmarkt ausschließlich Rosen zu kaufen habe. In allen Formen und Farben. Aber eben nur Rosen. Dabei erfuhr Tim beiläufig, dass etwa zwei Drittel aller Rosen in deutschen Vasen aus Kenia stammen und die meisten von ihnen schockgekühlt eingeflogen werden. Ausgerüstet mit diesem Wissen begann der Rosenkavalier seine Schicht. Der Einkauf verlief reibungslos und Tim konnte sogar hier und da sein neu erworbenes Wissen anbringen. Während er im Folgenden alle Rosen verstaute und später der Händlerliste entsprechend verteilt hatte, legte er die schönste von allen in ein feuchtes Taschentuch gewickelt auf den Beifahrersitz und machte sich gegen halb eins auf den Weg nach Rahlstedt. In seinem Kopf schwirrten die Gedanken umher. Isabel, Thoelke, Tanja, Polizei-Assi Bernd, der versuchte hatte ihn vor Isabels Tür zu verhaften, Sebastian, Rosen, Kenia.

»Kenia?«, knurrte Tim. «Wieso denke ich jetzt an Kenia?« Er brauchte dringend etwas Süßes. Süßes half immer und es kam jetzt auf jede Minute an … Er fuhr den nächsten Lebensmittelladen an, erledigte die Einkäufe für Tanjas Mutter und gönnte sich einen Schokoriegel, den er noch in der Kassenzone komplett aufaß.

Kurze Zeit später war er im Apostelweg 20 eingetroffen. Er zog sich sein Käppi tief ins Gesicht und schloss die Haustür auf. Er versuchte, alles so normal wie möglich aussehen zu lassen und auf hektische Bewegungen zu verzichten. Denn auch wenn er die Gefahr nicht sehen konnte, so ahnte er, dass der Eingang von Thoelkes Leuten überwacht wurde. Sein Gefühl der Furcht verstärkte sich mit jeder Stufe. Dann stand er vor Isabels Wohnungstür. Man sah deutlich, wo die Versiegelung geklebt hatte. Kalter Schweiß bedeckte seinen Nacken. Es schauderte ihn. Dennoch wollte er noch mal in die Wohnung. Abschied nehmen. Als er mit seinen Fingern über Isabels Namensschild streichen wollte, bemerkte er wieder die drei schweren Einkaufstüten, die er trug. Tim drehte sich um und klingelte bei Tanjas Mutter.

»Junger Mann, das ist ja nett, dass Sie für mich eingekauft haben. Kommen Sie bitte rein.« Hastig inspizierte Frau Schubert den Hausflur, schubste Tim freundlich, aber bestimmt in die Wohnung und schloss die Tür. Tim spürte, dass Tanjas Mutter trotz aller Freundlichkeit sein Besuch nicht ganz geheuer war, was er ihr nicht verdenken konnte. Immerhin wurde er als mutmaßlicher Mörder von der Polizei gesucht. Er vergrub sein Gesicht hinter seiner rechten Hand.

»Was haben Sie, Tim?«

Tim wischte sich Tränen aus dem Gesicht.

»Nichts, es ist nur so«, Tim musste schlucken. »Ich weiß genau, was ich Ihnen und Ihrer Tochter mit meiner Anwesenheit zumute und es tut mir leid.«

Frau Schubert wiegelte ab.

»Ach iwo. Setzen Sie sich erst einmal zu mir in die Küche, damit ich den Einkauf in Ruhe wegpacken kann. Was bin ich Ihnen schuldig?«

»Ihre Tochter hat den Einkauf bereits bezahlt.«

»Gut, mein Junge. Ich mache uns einen Tee und Sie erzählen mal, wie ich Ihnen helfen kann.«

In dieser Sekunde entdeckte Tim eine Sibirische Katze, die anscheinend seine Stimme erkannt und sich zu seinen Füßen zu einem Knäuel gerollt hatte. Sie schnurrte behaglich.

»Ist das nicht …?« begann Tim.

»Doch, das ist die Katze von Frau Thoss. Sie stand stundenlang vor der verschlossenen Tür und jaulte jämmerlich, sodass ich sie zu mir genommen habe. – Schlimm?«

»Nein, im Gegenteil. Ich freue mich.«

»Sehr schön. Dann bin ich erleichtert. Und nun zu Ihnen. Wie kann ich Ihnen helfen?«

Tim nahm Flauschi auf den Schoß und erzählte, wie er Isabel vor paar Wochen in der KATZE, einer Bar im Schanzenviertel, kennengelernt hatte, vom Dombesuch am 26. Juli und von dem Schock tags darauf, als er Hauptkommissar Thoelke am Apparat hatte, als er doch Isabel hatte sprechen wollen. Er erzählte, wie traumatisiert er von allem sei, seine Verlobte von einem Moment auf den nächsten verloren zu haben, ohne sich verabschieden zu können. So wäre das seinerzeit auch bei seiner Mutter gewesen, die ohne Vorwarnung von einem Tag auf den anderen seinen Vater, seine Brüder und ihn für einen anderen Mann verlassen hatte. Tim musste weinen und dieses Mal versuchte er nicht mehr, die Tränen vor Frau Schubert zu verbergen. Er wollte trauern. Er musste trauern. Doch die Umstände hatten ihm einfach nicht die Ruhe dazu gegeben. Denn zu allererst hatte er sich aus der Schusslinie bringen müssen.

»Und nun«, stammelte Tim, »bin ich hier, um mich von Isabel zu verabschieden.« Frau Schubert reichte ihm ein Taschentuch.

»Aber ich weiß nicht, ob das eine gute Idee ist, wenn ich jetzt rübergehe.«

»Ich denke nicht, Tim.« Frau Schubert ging zu ihm und legte ihre Hand auf seine Schultern. »Ohne Frau Thoss ist es nicht mehr die Wohnung, die Sie in Erinnerung haben.«

Tim nippte an seinem Tee.

»Und bezüglich des Vormittags des 27. Juli habe ich schon meiner Tochter gesagt, dass ich nichts gesehen oder gehört habe. Außer, dass Sie gegen 8 Uhr in der Früh die Wohnung verlassen haben. Aber ich habe niemanden gesehen oder gehört, der nach Ihnen die Wohnung betreten oder verlassen hätte. Es tut mir leid, dass ich Ihnen nicht helfen kann. Zumindest wüsste ich nicht, wie?«

Tim spürte, dass er gehen musste. Es war schön, hier zu sein, zumindest in der Nähe der alten Wohnung, aber die Zeit war vorbei. Frau Schubert stand auf und ging zum Fenster, schob den Vorhang beiseite, um einen Augenblick in den Hinterhof zu schauen, kam zum Küchentisch zurück und drapierte die von Tim mitgebrachte Kenia-Rose mit ihren Fingerspitzen. Tim hatte verstanden. Seine Besuchszeit war vorüber.

»Ich möchte mich bei Ihnen für Ihre Zeit und Ihren Mut bedanken, liebe Frau Schubert. Dass ich hier sein konnte, war sehr wichtig für mich und Sie haben recht. Ich muss nicht mehr in die Wohnung gehen.« Er umarmte sie und ging zurück in den Hausflur. Nachdem Frau Schubert die Tür geschlossen hatte, ging er kurz zu Isabels Wohnungstür hinüber und strich mit seiner rechten Hand über Isabels Namensschild. Dann fuhr er zurück zu Tanja.

SAMSTAG, 3. AUGUST 2019

Zwei Tage nachdem Tanja anonym der Hamburger Polizei den Tipp mit der Überwachungskamera am Rahlstedter Bahnhof weitergereicht hatte, wurde das unbekannte Bleichgesicht zur Vernehmung in das Zimmer A023 gebracht. Thoelke wartete bereits.

»Warum bin ich hier?«

»Moin. Mein Name ist Hauptkommissar Thoelke. Thoelke mit oe. Ich werde unser Gespräch mitschneiden. Darüber hinaus wird dieses Gespräch auch von zwei Kameras aufgezeichnet.« Thoelke zeigte auf zwei schwarze Punkte an der Decke. »Sind Sie damit einverstanden?«

»Warum bin ich hier?«

»Alles zu seiner Zeit, Herr Thaler. Haben Sie mich gehört? Sind Sie mit der Aufzeichnung einverstanden?«

»Ja, machen Sie nur. Hauptsache ich bin gleich wieder raus hier.«

»Danke. Fangen wir an.« Thoelke drückte auf die AUFNAHME-Taste.

»Wie sind Ihr Name und Ihre vollständige Anschrift?«

»Ich heiße Karl Thaler, bin 48 Jahre alt und wohne in der Liliencronstraße 8 im Hamburger Stadtteil Rahlstedt. Und ich frage mich, warum man mich hergeholt hat und mich filmt?«

»Kennen Sie Isabel Thoss?«

»Isa Tus? Wer soll das sein?«

»Isabel Thoss?«

»Nein, glaube nicht.«

»Wo waren Sie am Montag, zwischen 8 und 10 Uhr?«

»Am Montag?

»Ja. Zwischen 8 und 10 Uhr.«

»Ich denke, gegen acht auf dem Weg zur Arbeit und gegen zehn bei der Arbeit. Wieso? Hat sich wer beschwert?«

»Wie kommen Sie zur Arbeit?«

»Wie ich zur Arbeit komme?«

»Herr Thaler, wiederholen Sie nicht immer meine Fragen, sondern begnügen Sie sich mit deren Beantwortung.«

»Deren Beantwortung? Jo, das klingt gediegen.« Thalers Augen kreisten wirr umher. »Kann ich machen.«

»Also?«

»Also, ich war um 8 Uhr auf dem Weg zu meiner Arbeit, die ich morgens mit der Regionalbahn anfahre.«

»Ihr Arbeitgeber sagte uns, dass Sie sich am Montag erst um 12.47 Uhr eingeloggt hätten. Warum so spät?«

»So spät? Weiß nicht. Wohl vergessen. Aber ich war am Montag bei der Arbeit, denke ich.«

»Sie denken ziemlich viel.«

»Denken ist gut, Herr Kommissar. Hält jung, denke ich.«

»Hauptkommissar. Ich bin Hauptkommissar Thoelke.«

»Jo, mit oe. Das habe ich mir gemerkt.«

Thoelke merkte, wie sich sein Sodbrennen zurückmeldete. Er atmete tief ein. Einen Versuch gab er sich noch, dann müsste Bernd übernehmen.

»Also gut, Herr Thaler. Kann das sein, dass Sie am Montag um 8.23 Uhr eine abfahrtbereite Regionalbahn Richtung Hamburg unmittelbar vor der Abfahrt wieder verlassen haben?«

»Verlassen haben? Ich bin es doch, der verlassen wurde?«

Thoelke merkte, wie sich seine Magensäure den Weg durch die Speiseröhre freiräumte und unaufhaltsam Richtung Kehle vorstieß.

»Das vertrage ich heute nicht«, murmelte er vor sich hin, drückte auf die PAUSE-Taste und verließ den Vernehmungsraum. Draußen auf dem Flur schrie er in Richtung Großraumbüro: »Beeeernd. Herkommen. Subito.«

»Ja, Cheffe.«

»Der Thaler ist mir zu tüddelig. Du übernimmst!«

Vielleicht lag es an den semantisch begrenzten Möglichkeiten beider Beteiligten oder am Aschenbecher, den Bernd aus seiner Schreibtischschublade ins Vernehmungszimmer mitbrachte, auf jeden Fall konnte er Karl Thaler in nur 72 Minuten ein volles Geständnis abringen. Karl Thaler gab zu, den abfahrtbereiten Zug, wie der anonyme Anruf gesagt hatte, um 8.23 Uhr verlassen zu haben. Er gab weiter zu, im Anschluss den Bahnsteig als auch das gesamte Bahnhofsgebäude verlassen zu haben, um – und das war neu – zu seinem Freund zu gehen, von dem er vermutete, dass er ihn betrüge. Als sich dieser Verdacht in der Wohnung bewahrheitete, rastete Thaler aus und verpasste Marten, dem Liebhaber seines Freundes, ein Veilchen sowie eine dicke Lippe. Dann kehrte er zurück und erreichte den Zug um 11.23 Uhr. Dass er in diesen Zug um 11.23 Uhr einstieg, konnte später durch die Videoaufnahmen widerspruchsfrei geklärt werden. Der Rest wurde durch den seit Montag neuen Ex-Freund sowie dessen Neu-Freund Marten bestätigt. Von einer Anzeige wollte das Paar absehen. Freudestrahlend brachte Bernd seinen Cheffe auf den neuesten Stand.

»Wir haben ein Geständnis. In round about …«, Bernd schaute stolz auf seine Armbanduhr, »… einer Stunde.«

»Bist du denn von allen guten Geistern verlassen, dich mit Nichts in der Hand so triumphierend hier aufzubauen?«

»Aber, Cheffe!«

»Wir sind hier bei der Mordkommission in Hamburg und nicht bei der Anzeigenannahme in Klein-Kleckersdorf. Was interessiert mich ein Veilchen und 'ne dicke Lippe von Marten? Erst wenn der Kopf von Marten abgerissen wird, interessiert es mich. Und am besten noch direkt vom *Elbmörder* abgerissen. Alles klar?«

»Ja, Cheffe. T'schuldigung.«

»Allerbest. Dann nimm jetzt deinen dösigen Aschenbecher aus meinem Vernehmungszimmer und lass Karl Thaler gehen.«

* * *

Vom Küchenfenster aus konnte Tanja das bunte Treiben in der Maria-Louisen-Straße beobachten. Überall waren Fahrradfahrer, die sich an parkenden Autos vorbeidrängelten. Tim war nebenan im Wohnzimmer. Der Fernseher lief leise. Tanja gewöhnte sich an Tims Anwesenheit, an sein attraktives Gesicht mit seinen mandelförmigen Augen und dem scheuen Lächeln. Sie wollte ihm nun nächste Woche einen eigenen Haustürschlüssel nachmachen lassen, sodass auch er sich zu Hause fühlen konnte und es keiner Absprachen mehr bedurfte. Sie musste an den Spruch denken, den sie in regelmäßigen Abständen auf Kalenderblättern oder Postkarten sah: ›Was du liebst, lasse frei und wenn es zurückkommt, bleibt es für immer‹. So oder so ähnlich fühlte es sich für Tanja an. Auch wenn ihr klar war, dass Tim ganz andere Sachen im Kopf hatte – allem voran seine Verlobte Isabel. Doch trotzdem genoss Tanja jede Sekunde. Und träumen durfte man ja noch dürfen.

Sie ging zurück an den Küchentisch zu ihrem Laptop. Sie musste dringend ihre Buchhaltung fertigbekommen, die sie eigentlich bis Ende Juli hätte abgeben müssen. Tanja starrte wie eingefroren auf die Zahlen am Bildschirm, während ihre Gedanken weiterarbeiteten. Sie konnte ihnen nicht entkommen. Sie schienen irgendetwas in den Griff bekommen zu wollen – und das hatte nichts mit Rechnungen und Belegen zu tun. Sie kreisten nach wie vor um ... Tim.

»Hast du was gesagt?«, ertönte es aus dem Wohnzimmer.

Verdammt, dachte Tanja. Hatte sie so laut gedacht und dabei Tim gerufen? Sie erröte.

»Nein, Tim, alles gut. Mach weiter«, antwortete sie beschäftigt und wandte sich wieder ihren Zahlen zu. Doch nun ging gar nichts mehr. Zumindest keine Buchhaltung. Sie fühlte sich ertappt. Sie lehnte sich zurück und drehte ihren Kopf zum Flur.

»Soll ich uns etwas kochen?«

Tim kam in die Küche und ging zum Kühlschrank. Im Vorbeigehen streifte er unbeabsichtigt Tanjas langes blondes Haar.

»Heute bin ich dran. Was möchtest du essen?«

»Eigentlich müssten wir alle Zutaten für ein Champignon-Spinat-Risotto haben.«

»Lass mal schauen.« Tim öffnete jeden einzelnen Schrank in der Küche, von denen Tanja aufgrund des Apothekerschrankes mehr als genug hatte. Tanja beobachtete den Vorgang amüsiert.

»Ja, wir haben alles im Hause.«

Auch Tanja mochte es, wenn Tim von Wir sprach.

»Und du willst jetzt wirklich für mich kochen, Tim?«

»Na, klar. Ich koche für mein Leben gern«, führte Tim weiter aus, während er sämtliche Zutaten auf der Arbeitsfläche zusammenlegte. »Die Liebe zum Kochen habe ich von meiner Großmutter Loredana geerbt. Wenn sie in ihrem kleinen italienischen Dorf am Herd stand und in den ganzen Töpfen rührte, die fast so groß waren wie sie selbst, schwebte immer ein Duft feinster Gewürze im Haus. Und wenn die Küchenfenster aufstanden hörte man von draußen: »Oh Loredana, cosa avete cucinato di nuovo delizioso oggi?«

»Klingt toll. Was heißt das?«

»Oh mein Gott Loredana, was hast du heute wieder Leckeres gekocht?« Tim setzte sich zu Tanja an den Küchentisch.

»Noch heute muss ich jedes Mal an sie denken, wenn ich in der Küche stehe.« Tim schlug hastig ein Kreuz vor seinem Gesicht.

»Na, dann kann ich das Angebot ja ohne Risiko annehmen«, warf Tanja lachend ein. »Ich gehe kurz in den Keller und hole etwas zu trinken. Denn das habe ich von meinem Großvater gelernt.«

Dann genossen sie das Essen. Denn, nachdem Tanja angeboten hatte, demnächst bei Andrea vorbeizufahren, konnte auch Tim etwas runterkommen. Er musste ihr morgen nur alles Wichtige aufschreiben. Tanja schenkte die leer gewordenen Gläser wieder voll und sagte:

»So, und nun gönnen wir uns eine kleine Auszeit. Lass uns das Thema wechseln. Nur heute, okay?« Tanja legte ihre Hand auf Tims Hand.

»Ich würde nämlich gerne wissen …«, Tanja zeigte auf Tims linke Schläfe, »… woher du diese Narbe hast.«

Mechanisch glitt seine linke Hand über die Narbe.

»Die sieht man noch?«

»Nur ganz schwach. Sie entstellt dich auch nicht. Im Gegenteil, sie verleiht dir eine Art von weltmännischer Erfahrung.«

Weltmännische Erfahrung, was ist das denn für ein Quatsch, dachte Tanja und nippte verlegen an ihrem Weinglas.

»Diese Erfahrung habe ich im zarten Alter von fünf Jahren gemacht, als ich den Kampf gegen fünf große Dinosaurier verloren habe.«

»Gleich fünf?«, fragte Tanja und schaute ihn bewundernd an. Tim konnte sich ein Grinsen nicht verkneifen.

»Okay, okay, okay … es war ein Fahrradunfall. Ich fuhr mit dem Fahrrad meiner Mutter eine Abfahrt herunter und bemerkte zu spät, dass meine kurzen Beine nicht an die Pedale herankamen. Und die Handbremse war kaputt. Naja, und da war dann noch dieser Baum.«

Tanja lächelte.

»Darf ich dich auch was fragen?«

»Hau raus.«

»Warum machst du das alles? Es ist doch ein großes Risiko für dich. Und du machst dich strafbar?«

»Nur, wenn du etwas verbrochen hast, Tim.« Tanja schaute Tim tief in die Augen. »Außerdem hast du mich das doch schon mal gefragt?«

»Ich weiß, aber vielleicht kommt da ja noch mehr?«

»Noch mehr?

»Noch mehr Gründe.«

Tanja errötete. Ihre Wangen brannten. Sie fühlte sich erneut ertappt. Sie war sich nicht sicher, was sie antworten sollte. Sollte sie Tim wirklich Auskunft über ihr Gefühlschaos geben? Das wäre der denkbar schlechteste Zeitpunkt. Er hatte gerade seine Verlobte verloren. Sie schlug vor, ins Wohnzimmer überzusiedeln. Da würde bestimmt auch irgendein seichtes Fernsehprogramm für Abwechslung sorgen können. Sie reichte Tim die Flasche Wein, nahm beide Gläser und ging zielstrebig voraus. Tim folgte und ließ sich neben sie auf die Couch plumpsen.

»Und?«

Es half nichts. Tim blieb hartnäckig. Und auf einen Tag mehr oder weniger kam es nun auch nicht mehr an.

»Naja, was soll ich sagen. Ich mag dich, Tim.«

»Wie, du magst mich«, fragte Tim verdutzt. Tanja merkte sofort, dass sie wohl doch lieber den einen oder anderen Tag hätte warten sollen.

»Naja, ist doch klar. So wie du vorhin über deine Großmutter gesprochen hast. Aus dem kleinen italienischen Dorf. Ich mag das einfach. La dolce vita und so«, versuchte sie das Thema zu relativieren. »Würde ich dich sonst hier wohnen lassen, wenn ich dich abstoßend und eklig finden würde?«

Tanja suchte nervös die Fernbedienung und schaltete den Fernseher an. Es lief Wer wird Millionär? – doch keiner gewann an diesem Abend.

SONNTAG, 4. AUGUST 2019

Herrschaftlich ragte die weiße Jugendstil-Villa über die Millimeter genau gestutzte Buchsbaumhecke. Es war Sonntag und Tim erklomm mit festem Schritt die Eingangstreppe und drückte auf die Klingel. Carsten Pröpper öffnete die Tür.

»Guten Abend, Tim, haben Sie es gut gefunden?«

»Ja, alles gut. Und vielen Dank noch mal, dass wir das hier so regeln können, Herr Pröpper.«

»Aber sicher, habe ich doch gesagt. Und nennen Sie mich bitte Carsten. Dann kommen Sie erst mal rein. Meine Frau ist im Keller. Sie wird aber gleich hochkommen. Da bin ich mir sicher.«

»Soll ich die Schuhe ausziehen? Es hat etwas geregnet.«

»Das passt schon. Wir gehen in den Wintergarten. Von daher lassen Sie ruhig Schuhe und Mantel an.«

Tim folgte ihm in den Flur, als er dort ein großes Foto seiner Ex-Freundin engumschlungen mit Carsten Pröpper an der Wand erblickte. Schlagartig überkam ihn das Gefühl, dass das heutige Treffen kein Zufall sein konnte. Er blieb stehen und glaubte nun zu wissen, wie sich eine Maus in der Falle fühlen müsste.

»Ist das nicht …? Ich meine, ist das Ihre Frau auf dem Foto?«

»Ja, natürlich ist das meine Frau. Das Foto ist vom letzten Herbst. Da waren wir in Ibiza-Stadt. Wunderschön dort. Waren Sie mal auf Ibiza, Tim?«

»Ich? Nein.«

Das mulmige Gefühl schien ihn zu erdrücken. Er konnte keinen rationalen Gedanken mehr fassen. Er wankte.

»Wo ist Ihre Frau noch, sagten Sie?«

»Im Keller. Aber sie wird sicherlich gleich hocheilen.«

Tims Augen klebten immer noch an dem Ibiza-Foto.

»Kommen Sie hier entlang. Bitte.«

Tim war nun vollends blockiert, ging aber dennoch mit seinen nassen Schuhen durch den frisch gefeudelten Kachelflur, wie ihm aufgetragen.

»Können Sie kurz warten? Ich habe etwas in der Küche vergessen.«

»Warten? Ich? Natürlich«, flüsterte Tim und suchte einen Stuhl, um sich darauf ablegen zu können.

Carsten ging in die Küche, zog eine Schublade auf und kehrte mit einer Pistole in der Hand zurück. Er zielte ohne zu zögern auf Tim und schrie:

»Bäng!«

Tim erstarrte augenblicklich zu einer Salzsäule. Mit Tränen in den Augen und letzter Kraft flehte er ihn an:

»Nicht schießen! Bitte tun Sie das nicht! Ist es wegen Ihrer Frau?«

Doch Carsten antwortete nicht. Er ging auf Tim zu, immer dichter und drückte aus nächster Nähe ab. Es dröhnte durch das ganze Haus, als das Projektil Tims Herzpartie durchstieß. Carsten wusste genau, was er tat. Vermutlich hatte die Kugel Tims Herz in zigtausend Fetzen gerissen. Mit Fassungslosigkeit in seinen erlöschenden Augen griff sich Tim an die Brust. Blut spritzte zwischen seinen Fingern hervor und klatschte an die frisch gestrichenen Wände. Er röchelte seine letzten Atemzüge, bis sein toter Körper zu Boden fiel.

Carstens Frau Nicole hatte den Schuss gehört und schrie aus dem Keller herauf: »Schatz, was war das? Hast du das gehört?«

Doch Carsten antwortete auch ihr nicht. Er zog indes seinen Nitril-Handschuh aus und steckte diesen feinsäuberlich in seine Hosentasche. Als Nicole oben ankam, sah sie unmittelbar Tim regungslos und blutüberströmt auf den Flurkacheln liegen.

»Tim!«, brach es voller Panik aus ihr heraus. Ihr ganzer Körper zitterte, als sie sich zu Carsten umdrehte. Sie sah seine Waffe in der Hand.

»Was hast du gemacht? Was hast du nur gemacht?«

Carsten sah, wie sich die Angst und das schlechte Gewissen in ihrem Gesicht abwechselten. Er fühlte sich bestätigt. Dann drückte er zum zweiten Mal den Abzug und traf auch seine Frau tödlich. Das Blut schoss aus ihr heraus, bis auch sie regungslos in sich zusammensackte. Schließlich ging Carsten zu Tim, legte ihm die Pistole in die Hand, modellierte Tims Finger um den Abzug und schoss ein drittes Mal. Dieses Mal Richtung Küche. Dann ging er zu seiner Frau. Prüfte ihren Atem, der nicht mehr vorhanden war, und legte ihr Gesicht in seine Hände. Er drückte sie ein letztes Mal. Dann kehrte Ruhe ein. Selbst der Hund im Garten hatte sich verkrochen. Es war totenstill.

Carsten entsorgte den Nitril-Handschuh, atmete tief durch und rief die Eins – Eins – Null.

»Hier spricht die Notrufzentrale der Polizei. Mein Name ist Sabine Lau. Wie kann ich Ihnen helfen?«

»Ich habe soeben einen Mann getötet.«

»Sie haben was?«

»Ich habe soeben einen Mann getötet.«

»Ist er tot?«

»Mausetot.«

»Haben Sie seinen Puls kontrolliert?«

»Das brauche ich nicht. Herzschuss.«

»Wo befinden Sie sich gerade?«

»Rondeel 29 in Hamburg-Winterhude.«

»Wie ist Ihr Name?«

»Carsten Pröpper.«

»Sind Sie alleine?«

»Nein. Meine Frau ist ebenfalls hier.«

»Ist sie in Sicherheit?«

»Sie ist tot.«

»Bitte wiederholen Sie das?«

»Sie ist tot.«

»Wie viele Leute befinden sich zurzeit bei Ihnen?«

»Niemand mehr.«

»Wir reden also über drei Personen. Ihre Frau, ein Mann und Sie. Ist das korrekt?«

»Das ist korrekt.«

»Was ist passiert?«

»Ich habe soeben einen Mann getötet.«

»Meine Kollegen sind zusammen mit einem Notarzt bereits auf dem Weg zu Ihnen. In spätestens drei bis vier Minuten werden sie bei Ihnen sein. Warten Sie bitte auf das Eintreffen der Beamten.«

»Das ist gut. Das werde ich tun.«

»Also, Herr Pröpper. Haben Sie den Puls von Ihrer Frau überprüft?«

»Ja. Da war nichts mehr.«

»Kein Puls?«

»Kein Puls.«

»Dann erzählen Sie mir bitte den genauen Tathergang, Herr Pröpper.«

»Da war ein Mann ... und ... ich glaube ich höre Ihre Kollegen. Ich lege jetzt auf.«

»Nein, bleiben Sie bitte noch so lange in der Leitung, bis ich mit einem Beamten sprechen konnte.«

»Sie sind jetzt da. Auf Wiedersehen.«

* * *

Der Tod war schon immer eine Attraktion. Ähnlich einer Achterbahn. Man geht nahe ran, aber nicht zu nahe. So hielten das auch die vielen Schaulustigen zu dieser späten Stunde, die sich bereits vor Pröppers Villa versammelt hatten, als weitere 20 Minuten später Hauptkommissar Thoelke mit seinem Assistenten Bernd im Rondeel 29 eintraf. Die rotierenden Blaulichter der geparkten Einsatzwagen tänzelten über deren Gesichter, während in der breiten Auffahrt der Motor eines kastenförmigen Wagens einen Stromgenerator für die vielen Scheinwerfer antrieb. Mit anerkennendem Nicken musterte Thoelke das imposante Anwesen. Es sah nach altem Geld aus. Doch vermutlich besaß der Hausherr altes und neues Geld.

»Nicht schlecht!«, flüsterte Thoelke zu Bernd. »Schau dir dieses Anwesen an, dieser Ausblick. Und Garten mit direkter Anbindung zum Wasser. Dieser Pröpper ist zu beneiden.« Thoelke bemerkte, was er da gerade gesagt hatte und versuchte sich zu korrigieren. »Also eigentlich. Ich meinte bis vorhin. Zu beneiden.«

»Hab schon verstanden, Cheffe«, begann Bernd ebenfalls euphorisch.

»Ich halte Herrn Pröpper übrigens für unschuldig.«

»So flink, Bernd?«

Bernd lächelte, als wäre er gerade befördert worden.

»Er hatte alles, was ein Mann sich wünschen kann. Geld, eine Villa mit einer breiten Auffahrt und eine wunderschöne Frau.«

Thoelke wurde stutzig.

»Wunderschöne Frau? Woher weißt du das?«

»Nicole Pröpper ist doch die vom Fernsehen. Damals noch Nicole Weinlein.«

»Die Nicole Weinlein?«, fragte Thoelke.

»Genau. Und jetzt wurde ihm von einer Sekunde zur nächsten alles genommen.«

Mittlerweile waren Thoelke und Bernd bei der Eingangstür angekommen, wo sie auf einen Mann mit blutverschmiertem Hemd trafen.

»Sind Sie Carsten Pröpper?«

»Ja, das bin ich.«

»Moin. Mein Name ist Thoelke. Thoelke mit oe. Ich bin Hauptkommissar der Mordkommission und leite diese Ermittlung. Der junge Mann neben mir ist mein Assistent Bernd Knorr.«

»Guten Tag, meine Herren. Ihre Kollegen sind auch schon im Haus unterwegs.«

»Sie sollten sich ein frisches Hemd anziehen und uns dieses mitgeben. Danach bringen wir Sie ins Krankenhaus.«

»Ins Krankenhaus?«

»Reine Routine, Herr Pröpper. Kein Grund sich zu beunruhigen. Im Anschluss sehen wir uns im Kommissariat.«

»Und mein Hund?«, fragte Carsten Pröpper, als er dem Hauptkommissar sein blutverschmiertes Hemd übergab.

»Ihr Hund?«

»Ja.« Pröpper zeigte auf seinen Vierbeiner, der neugierig im Vordergarten an einem Scheinwerfer spielte. »Darf ich den mitnehmen?«

»Nein, das wird nicht gehen. Wir kümmern uns um ihn, so lange Sie im Krankenhaus sind.«

»Aber wie lange soll ich denn im Krankenaus bleiben? Der Hund ist oft mehrere Stunden alleine zu Hause. Das ist gar kein Problem, Herr Hauptkommissar.«

Thoelke musste schmunzeln und schaute auf seine Uhr.

»Herr Pröpper, bitte verstehen Sie, dass der Hund nicht im Haus bleiben kann. Sie haben zwei Leichen hier liegen. Ich bringe Sie jetzt zum Krankenwagen und kümmere mich um einen Hundeführer.«

Auf dem Weg zum Krankenwagen fragte er Bernd:

»Wo bleiben die Kollegen von der Spusi?«

»Da gibt es ein klitzekleines Problem. Es ist kurz vor Mitternacht, und die wenigen, die nicht frei haben, sind im Einsatz. Können erst morgen früh ab acht kommen. Soll ich bei den Kollegen in Schleswig-Holstein anfragen?«

Thoelke ging einen Schritt auf Bernd zu und sagte in gedämpften Ton, sodass Carsten Pröpper nicht mithören konnte.

»Was für Flachpfeifen arbeiten eigentlich bei der Polizei? Und nein, wir fragen nicht in Kiel an.«

»Also bis morgen warten?«

»Ja.« Genervt schüttelte Thoelke seinen Kopf. »Wie es aussieht, können wir beide die ganze Nacht dieses Blutbad bewachen. Und nur, weil die feinen Herren von der Spusi akribisch genau auf ihren Feierabend achten, um pünktlich um sieben in Jogginghose auf ihren scheißbunten Sofas abhängen zu können. Es ist zum Kotzen.«

»Echt jetzt? Ist das wirklich nötig?«

»Was meinst du?«

»Wer klaut schon zwei Leichen?«

»Hast eigentlich recht.« Thoelke hob seine rechte Augenbraue. »Gut, wir schicken die Kollegen nach Hause und warten 30 Minuten, dann sperren wir die Kiste zu. Morgen früh treffen wir uns um halb sieben hier. Pünktlich, Bernd. Kommen wir später als die Spusi, kann das ein Disziplinarverfahren nach sich ziehen. Alles klar?«

MONTAG, 5. AUGUST 2019

Als am nächsten Morgen um Punkt acht Boris Wildstein, Chef der Spurensicherung, mit zwei Kollegen am Tatort erschienen, wurden sie nicht nur von Thoelke und Bernd in Empfang genommen, sondern ebenfalls von der gesamten Nachbarschaft.

Der Neugierigste von allen, Dr. Grimm von Gegenüber, kam zur Absperrung gerannt und fragte, was denn nun sei und wie es weiterginge? Ob sie sich in Bereitschaft halten müssten oder zur Arbeit fahren könnten? Es war wie im Kindergarten, nur die Kinder waren älter.

In der Villa hingegen stänkerten wie üblich die Kollegen der Spurensicherung, die sich mittlerweile auf mehrere Räume verteilt hatten.

»Was meint Ihr, sollen wir hier denn noch finden? Das sieht ja aus, als sei hier eine Horde Idioten durch den Flur gerannt. Erst hin und dann wieder zurück. Und dann hatten die Idioten wohl etwas vergessen und sind gleich nochmal hin und hergerannt.«

»Dann sei nächstes Mal halt pünktlich da, Boris«, erwiderte ein entspannter Thoelke. »Und ich meine hier, und nicht auf deiner Couch. Wir haben euch gestern Nacht angefragt und warten seitdem.«

»Moni hatte gestern Geburtstag und ich konnte nicht weg. Das wäre meine achte Nachtschicht in Folge gewesen. Ich weiß sowieso nicht, wie lange Moni das noch mitmacht.«

»Ist schon gut«, besänftige Thoelke, der genau wusste, wovon Boris sprach. »Dann macht mal schnell fertig, damit es nicht wieder eine Nachtschicht wird«, und klopfte ihm verständnisvoll auf die Schulter.«

Und so machte sich das Team um Boris Wildstein auf, viele kleine Aufsteller mit Nummern an den jeweiligen Fundorten zu platzieren und zu fotografieren. Sie kamen bis zur Nummer 13, wobei aus Sicht von Hauptkommissar Thoelke der Fall ohnehin schon geklärt war. Zumindest fast. Eindringling erschießt Frau, woraufhin Ehemann Eindringling erschießt. Etwas anderes würde Dr. Kylau auch nicht sagen können. Es war ein tödlicher Kreislauf der besonderen Art: Zwei Täter und zwei Opfer.

Und die letzte offene Frage konnte nicht an diesem Tatort geklärt werden. Warum war der Fremde in der Villa gewesen?

Dreieinhalb Stunden später war die Spusi fertig und die 13 Nummern wieder eingesammelt. Auch in der Nachbarschaft liefen die letzten Befragungen. Thoelke setzte sich in seinen Dienstwagen und rauchte selbstzufrieden eine Zigarette. Dabei schloss er die Augen und dachte an die bevorstehende Pressekonferenz um 16 Uhr. Er hatte zweifelsohne einen spektakulären Fall an der Hand. Eine tote TV-Moderatorin, einen toten Täter und einen selbstlosen, mutigen und trauernden Ehemann. Und dies alles in einem Nobelviertel von Hamburg. Ein perfekter Tag. Sein Name würde überall in der Presse auftauchen. Hoffentlich auch richtig geschrieben. Mit oe. Vielleicht wäre sogar ein O-Ton in der Tagesschau um 20 Uhr drin?

* * *

Carsten Pröpper hatte wegen der fortgeschrittenen Stunde eine Nacht im Universitätsklinikum Eppendorf verbracht. Das war für alle Beteiligten das einfachste gewesen. Nach der Morgen-Visite wurde er gegen zwei ins Kommissariat gefahren, wo bereits der Hauptkommissar auf ihn wartete. Zwei bis drei Fragen wollte Thoelke noch geklärt wissen, bevor die Pressekonferenz begann.

Carsten Pröpper, der weder einen Rechtsbeistand in Form eines Anwalts wahrnahm, noch überhaupt auf diese Möglichkeit hingewiesen wurde, interpretierte das als gutes Zeichen. Von daher sah er dieses Treffen als Gespräch und nicht als Vernehmung an. Pröpper war schließlich auch ein wichtiger Zeuge. Der einzige Zeuge. Und so erzählte er frank und frei, dass er, als er gerade im Keller etwas suchte oben im Flur einen Schuss und einen Schrei vernommen habe, der ihm das Blut in den Adern gefrieren habe lassen. Dieser schrille Schrei seiner geliebten Frau werde ihn seiner Lebtage begleiten. Sofort sei er die Kellertreppe nach oben gerannt, wo sich der Einbrecher gerade über Nicole gebeugt habe. Er sei, ohne sich der Gefahr bewusst zu sein, auf den Fremden losgestürzt, der offensichtlich nicht gewusst habe, dass noch eine Person im Hause gewesen sei. Dieses Überraschungsmoment habe er für sich nutzen, im Handgemenge die Waffe an sich nehmen und ihn aus nächster Nähe erschießen können. Dann sei er zu seiner Frau gegangen, bevor er anschließend den Notruf angerufen habe.

»Hatten Sie nicht die Klingel gehört?«

»Nein.«

»Dann hat Ihre Frau Ihrem eigenen Mörder die Tür geöffnet.«

»Furchtbar, oder?«

»Kannten Sie den Mörder?«

»Nein, noch nie gesehen.«

»Haben Sie seine Papiere nach der Tat an sich genommen? Er führte keine bei sich.«

»Nein.«

»Haben Sie Feinde?«

»Ich habe viel Konkurrenz in beruflicher Hinsicht. Aber keine Feinde, die zu solch einer Tat fähig wären.«

»Was machen Sie beruflich, Herr Pröpper?«

»Ich habe vor 24 Jahren mein Unternehmen die SUNVINXX AG gegründet. Wir sind in der Solar- und Photovoltaik-Branche unterwegs. Machen Beratung, Installation und Finanzierung.«

»Soso, Solartechnik also«, erwiderte Thoelke.

»Richtig. Die ersten 15 bis 18 Jahre waren schwierig. Aber nun, im Zuge der breiten Bewusstseinsänderung in Sachen Klimawandel, läuft es sehr gut.«

»Das heißt?«

»Wir konnten vor vier Jahren von einer GmbH in eine AG umwandeln, somit unser Eigenkapital durch zusätzliche Aktienausgaben aufstocken und letztlich erfolgreich expandieren. Kurzum, unsere Auftragsbücher sind voll.« Carsten Pröpper machte eine kurze Pause und trank einen Schluck aus der Kaffeetasse.

»Doch nun möchte ich das alles nicht mehr.«

»Sie möchten das nicht mehr?«, fragte Thoelke.

»Nein.«

»Ihr Jerry-Maguire-Moment?«

»So ist es, Herr Hauptkommissar.« Pröpper nickte zustimmend und dachte an die Komödie mit Tom Cruise und Renée Zellweger. »Seit gestern ist alles anders. Es kann so schnell vorbei sein.« Pröpper leerte seine Tasse und beugte sich zu Thoelke. »Ich werde mein Leben ändern.«

Hauptkommissar Thoelke bedankte sich, kondolierte nochmals und ließ ihn von einem Beamten nach Hause bringen. Im Anschluss stürmte er ins Großraumbüro zu Bernd, um sich eine Zusammenfassung der Befragungen geben zu lassen.

»Was haben die Nachbarn gesagt?«

»Nicht viel, Cheffe. Carsten Pröpper habe sich vor etwa zwei Jahren einen Hund angeschafft, mit dem er anfangs auch täglich joggen war und um die 15 bis 25 Kilo abgenommen haben soll. Hier unterscheiden sich die Aussagen der Nachbarn teilweise erheblich.«

»Beeeernd, du Quetelmaars! Komm zum Punkt.«

»T'schuldigung«, flüsterte Bernd. »In letzter Zeit hat er sich nur noch selten zu Hause blicken lassen. Somit auch kein Joggen mehr. An den Wochenenden war er meist gar nicht mehr daheim gewesen. Dennoch soll die Ehe intakt gewesen sein. Auch sollen sie sehr liebevoll miteinander umgegangen sein. Von einer möglichen Nebenbuhlerin wusste keiner zu berichten, obwohl Herr Pröpper ein sehr attraktiver Mann sei. Dieses zumindest nach übereinstimmender Meinung von Frau Schulz, Frau Möller und Frau Rabe.«

»Also nichts Neues«, fasste Thoelke zusammen, während er seine gelbe Krawatte mit vorgebundenem Knoten aus seiner Sakkotasche holte und sich auf den Weg machte.

Die anschließende, gut besuchte Pressekonferenz wollte Hauptkommissar Thoelke wie gewohnt souverän abspulen und sich dabei als effizienter Ermittler präsentieren. Lang und breit begann er alle Anwesenden zu begrüßen und einzeln vorzustellen. Sich selbst stellte er nicht vor, stand doch sein Name in großen Lettern hinter ihm an der Leinwand:

THOELKE.

Dann begann er mit den Ausführungen bezüglich des Überfalls zum Nachteil der Ehefrau Nicole Pröpper, besser bekannt als Nicole Weinlein, der ehemaligen Moderatorin, und alle Mikrofone und Kameras waren nun auf ihn gerichtet. Der Ehemann habe in

Notwehr gehandelt. Gestohlen worden sei nichts, wie auch, der Eindringling sei direkt, nachdem er sich Zugang zum Haus verschafft und sich der Frau entledigt habe, noch am Tatort vom Ehemann gestellt worden. Was genau der Grund des Eindringlings gewesen sei, habe in der Kürze der Zeit noch nicht geklärt werden können. Man gehe zurzeit von einem geplanten Raubmord aus. Wahrscheinlich im Bereich der Beschaffungskriminalität. Natürlich würde auch noch in andere Richtungen ermittelt werden. Dem Ehemann gehe es den Umständen entsprechend gut, er habe heute Morgen nach dem routinemäßigen Check das Krankenhaus verlassen können.

»Gibt es noch Fragen?«

Thorsten Kling vom Hamburger Abendblatt meldete sich zu Wort und hielt dabei sein Smartphone in die Höhe.

»Lese gerade in einer dpa-Meldung, dass es sich bei dem Eindringling um den flüchtigen *Elbmörder* handeln soll. Können Sie das bestätigen?«

Hektisch drehte sich Thoelke zu seinen Kollegen um und sah leere Gesichter und zuckende Schultern. Dann brummte auch sein Handy in der Jackentasche. Die Nachricht kam vom Polizeipräsidenten persönlich.

Bei dem Einbrecher handelt es sich um den wegen Mordes gesuchten 36 Jahre alten Tim Q. Beenden Sie nach dieser Auskunft umgehend die PK. Wir müssen reden. PP CM
16:42 h

Thoelke war zurück in der Spur, räusperte kurz ins Mikrofon und machte anschließend eine fünfsekündige Pause. Spannung erzeugen, nannten die das in dem Online-Tutorium, das sich Thoelke in seiner Freizeit bei YouTube zum Thema Selbstvermarktung mehrfach angeschaut hatte. Doch diese Fünf-Sekunden-Pausen musste man auch aushalten können. Er konnte es mittlerweile.

Im Auditorium wurde es mucksmäuschenstill. Thoelke stellte sich gerade hin, damit auch die letzte Reihe ihn deutlich sehen, im besten Fall sogar Fotos machen konnte. Die Spannung im Saal war mit Händen zu greifen. Er liebte das. Dafür hatte er sich drei Jahre durch die Polizeischule gequält. Dafür war er Hauptkommissar geworden. Für solche Momente. Thoelke richtete seine gelbe Krawatte, dachte an die Tagesschau, setzte sein gewinnbringendes Lächeln auf, bevor er die Frage für alle hörbar beantwortete:

»Danke, Herr Kling, für Ihre Frage. Ich kann Ihnen und allen im Saal sitzenden Kollegen bestätigen, dass es sich bei diesem Mann um den wegen Mordes gesuchten Tim Q. handelt.«

Ein Raunen ging durch den Saal. Nun griffen alle zu Ihren Handys und standen auf.

»Aber warum hat er auch diese Frau ermordet?«, fragte ein anderer Vertreter der hiesigen Presse.

»Ich bitte um Verständnis, dass wir zum jetzigen Zeitpunkt keine weiteren Auskünfte geben. Vielen Dank für Ihre Aufmerksamkeit und Zeit. Die PK ist hiermit beendet.«

* * *

Pröppers Handy klingelte. Er schaute auf das Display. Nummer unbekannt. Normalerweise ignorierte er solche Anrufe, doch was war schon normal in diesen Tagen. Er nahm den Anruf mit wehleidiger Stimme entgegen:

»Pröpper.«

»Lieber Carsten, hier ist Valeska. Es tut mir so leid. Vor vier Tagen noch war Nicole bei mir im Sender und wir sprachen von ihrem Comeback, skizzierten Zukunftspläne. Hatten überlegt, ein neues Format für sie ins Leben zu rufen. Eventuell eine Fitness-Sendung.«

»Sie hatte mir davon erzählt. Sie war so voller Vorfreude.«

»Kann ich irgendetwas für dich tun, mein Lieber?«

»Ich frage mich immer warum? Warum musste sie sterben?«

»Ja, das fragen wir uns hier ... ähhh ... ich mich auch«. Valeska wollte – ganz Journalistin – das Praktische mit dem Nützlichen verbinden. Immer auf der Suche nach der nächsten Story.

»Kann man schon etwas mehr über den Täter und die Hintergründe sagen?«

»Die Polizei kümmert sich darum.«

»Wann findet die Beerdigung statt? Es gibt ein gewisses öffentliches Interesse, wie du dir vorstellen kannst.«

»Oh mein Gott. Nein. Daran habe ich noch gar nicht gedacht. Ich bin nur so unendlich traurig über den Verlust. Ich kann das alles nicht begreifen. Sie hat doch nie jemanden etwas getan.« Pröpper musste seufzen.

»Wollen wir das zusammen machen?«, bot Valeska an.

»Wäre schön, wenn du mir helfen könntest. Komm doch einfach die nächsten Tage vorbei. Ich bin zu Hause oder höchstens mal kurz mit dem Hund draußen.«

* * *

»Was war da eben los, Junge?«

»Ich weiß es nicht, Herr Polizeipräsident.«

»Wieso gehen Sie so unvorbereitet in eine PK? Das müssten Sie doch als alter Hase besser wissen?«

»Ich hatte diese nicht anberaumt. Mir erschien es auch zu früh zu sein. Der Überfall ist ja«, Thoelke schaute auf seine Armbanduhr »keine 24 Stunden her.«

»Habe vorhin einen Anruf vom Innensenator erhalten«, sagte Möller in gespielter Geduld. »Wir beide fragen uns, wieso die dpa Ergebnisse aus internen Ermittlungen hat? Und das noch vor Ihnen? Haben Sie einen Deal mit denen?«

»Natürlich nicht, Herr Polizeipräsident.«

»Das alles schadet dem Ansehen der Hamburger Innenbehörde und Polizei. Wenn unsere Glaubwürdigkeit erst mal dahin ist … in den jetzigen Zeiten. Na dann, gute Nacht, Marie.«

Thoelke setzte sich an den Besprechungstisch und beobachtete die wilde Gestik von Möller.

»Und Sie sind sicher, dass Tim Quast unser *Elbmörder* ist?«, fragte Möller, während er sich zu Thoelke an den Tisch setzte. »Wo ist die Verbindung zwischen den Morden an dem jungen Mädchen und der Ex-Moderatorin?«

»Das wissen wir nicht, Herr Polizeipräsident. Noch nicht.«

»Der Innensenator hat übrigens explizit darauf hingewiesen, dass Carsten Pröpper ein angesehenes Mitglied unserer Hamburger Gesellschaft ist, der sich nie etwas zu Schulden hat kommen lassen. Ein gern gesehener Gast im Rathaus obendrein. Und seine Frau kennt sowieso jeder. Mit anderen Worten, das öffentliche Interesse an diesen Verbrechen ist riesig und der Druck wird steigen. Wir brauchen Ergebnisse. Schnell. Aber nicht wieder so ein Auftritt wie vorhin.«

»Ja, Herr Polizeipräsident.«

»Ach, jetzt hören Sie endlich auf mit dem Herr Polizeipräsident. Hier laufen doch keine Kameras, Thoelke. Ich würde vorschlagen, Sie trommeln Ihre Leute zusammen und liefern. Polizeiarbeit ist Mannschaftssport, Junge. Das wissen Sie doch.«

»Natürlich.«

»Von nun an berichten Sie direkt an mich. Kurzer Dienstweg.«

Thoelke nickte.

»So, gehen Sie jetzt.«

»Auf Wiedersehen, Herr Möller.«

Als gegen 23 Uhr Cordt Möller nach Hause wollte, besorgte er sich am Hauptbahnhof eine druckfrische Nachtausgabe der Hamburger BILD, deren große Lettern auf der Titelseite fast noch glänzten und ihn zeitgleich erblassen ließen. Es war das zu erwartende Desaster.

Hamburger Unternehmer übernimmt den Job der Polizei und stellt den Elbmörder

Hamburg, Dienstag, 6. August- Der angesehene Unternehmer Carsten P. aus dem feinen Hamburg-Uhlenhorst macht das, was schon längst die Polizei hätte tun sollen. Nämlich den brutalen Elbmörder zu stellen. Was für eine Zivilcourage bitteschön war das? Mit großer Entschlossenheit hatte Carsten P. ganz selbstlos

MONTAG, 19. AUGUST 2019

Mittlerweile wurden seit 14 Tagen im Polizei-Präsidium nur noch ganz kleine Brötchen gebacken. Cordt Möller hatte allen Beteiligten einen strikten Maulkorb verschrieben. Es ging nur noch um Schadensbegrenzung. Doch die Medien interessierte das herzlich wenig. Alles, was über den Hergang der beiden Verbrechen zu sagen war, war von ihnen ausgeschlachtet worden. Längst war das Interesse weit über Hamburgs Grenzen hinaus geschwappt und der charismatische Innensenator Bertie wieder gern gesehener Gast auf dem Roten Sofa sowie bei Maybrit Illner, Sandra Maischberger und Markus Lanz.

»Wir müssen die Medien täglich füttern, sonst schreiben die uns in Grund und Boden«, hatte Thoelke noch am Tag nach der Pressekonferenz als Marschroute ausgegeben. Nur sie hatten einfach nichts Nahrhaftes zu füttern gehabt – und waren selbst zu Futter geworden. Und nächsten Freitag sollte nun unter großem Medienrummel die Beerdigung von Nicole Pröpper stattfinden.

So traf sich um Punkt neun das Team im Besprechungsraum und Thoelke eröffnete die Runde, indem er zum wiederholten Male alle Anwesenden darum bat, alles ungefiltert in die Runde zu schmeißen, was sie wussten:

»Also, was haben wir?«

»Die Tatsache, dass Nicole Pröpper Tim Quast in die Villa gelassen hatte, zumindest bis in den Flur, legt den Verdacht nahe, dass sich beide kennen mussten oder dass Tim Quast Carsten Pröpper kennen musste«, spielte Bernd die Eröffnung.

»Doch dieser Verdacht konnte in den letzten zwei Wochen nicht erhärtet werden. Carsten Pröpper bestreitet, Tim Quast gekannt zu haben«, antwortete Polizei-Azubi Tobias.

»Es gab keine Einbruchsspuren. Also wurde Tim Quast ins Haus gelassen. Das steht außer Frage. Auffällig nur, dass er im Flur immer noch seinen Mantel anhatte. Das spricht für mich dafür, dass er nur kurz bleiben wollte«, übernahm wieder Bernd.

»Kurz gekommen, um zu töten?«, fragte Tobias. »Wäre auch ne gute Schlagzeile. Nur mal so.«

»Ja, vielleicht. Vielleicht aber auch nur kurz gekommen, um etwas zu besprechen. Dann kam es zum Streit und er zog die Waffe?«

»Was können wir zur Herkunft der Waffe sagen?«, fragte Tillmann.

»Nur so viel, dass es sich bei der Beretta um eine nicht registrierte und vor Kurzem auf dem Kiez gestohlene Waffe handelt«, antwortete Bernd.

»Was ist mit Eifersucht?« Thoelke schlug mit der flachen Hand auf seinen Oberschenkel und wusste, dass auch er sich zum zigsten Male wiederholte. »Eifersucht ist eines der Hauptmotive. Nahezu jeder zweite Mord in Deutschland ist eine Beziehungstat. Nehmen wir mal an, dass sich Nicole und Tim kannten und Tim nach dem Mord an Isabel Thoss bei ihr Unterschlupf suchte. Doch an diesem Abend war ihr Mann zu Hause und Tim …«

»Ach, Cheffe, wenn Tim auf Carsten Pröpper eifersüchtig gewesen wäre, dann hätte Tim doch den Pröpper getötet«, beendete Bernd den Satz.

»Scheiße, verdammte«, brach es aus Thoelke heraus. »Ich habe den Eindruck, dass wir nur etwas tun, um nicht Nichts zu tun. Und wo ist überhaupt meine Coke?«

Thoelke stand auf und verließ hastig den Raum, während sich die anderen in der Runde fragend anschauten und beschlossen, erst einmal sitzenzubleiben. Nach einigen Minuten kehrte Thoelke mit einer halbgeleerten Flasche zurück. Er setzte sich und war sichtlich um Selbstdisziplin bemüht.

»So Leute, was haben wir übersehen?«, nahm er einen erneuten Anlauf.

»Der Mord war morgens, der Überfall abends«, meldete sich Azubi Tobias zu Wort.

»Ja. Ich meine, war das jetzt alles Zufall oder können wir von einer Serie sprechen?«

»Tim Quast ein Serienmörder?«

»Lasst uns beide Fälle abgleichen. Was haben wir? Gibt es Gemeinsamkeiten?«

»Ja. Tim Quast«, führte Bernd weiter aus. »Und nicht nur das. Erstens: An beiden Tatorten war Tim Quast. Zweitens: Er hatte zu beiden Tatorten freien Zugang, was die fehlenden Einbruchsspuren erklären würde. Drittens: Dennoch hatte Tim keinen Haustürschlüssel, weder für die Wohnung von Isabel Thoss, noch für das Haus der Familie Pröpper. Zumindest wurden diese nicht bei ihm gefunden.«

»Was noch?«

»Viertens: Sie hatten Ähnlichkeit.«

»Wer?«

»Isabel Thoss und Nicole Pröpper. Dasselbe Beuteschema. Beide schlank, brünett und Kurzhaarfrisur.«

»Das stimmt überhaupt. Allerbest«, lobte Thoelke. »Also Serie? Zufall? Oder Liebschaften?«

»Nicht lachen, aber ich habe da mal ne ganz andere Frage«, schaltete sich der Azubi erneut zu Wort.

»Dürfen wir überhaupt ermitteln?«

Schweigen breitete sich aus, sodass sich Thoelke räusperte und Bernd einen eindeutigen Blick zuwarf.

»Was meinst du, Tobi?«, fragte Bernd.

»Tim Quast als sogenannter *Elbmörder* ist unser Hauptverdächtiger, richtig?«

»Richtig.«

»In beiden Fällen, richtig?«

»Wieder richtig.«

»Und eigentlich ist er auch unser einziger Verdächtiger, richtig?«

»Tobias, worauf willst du hinaus? Der Quast ist so schuldig wie das Amen in der Kirche.«

»Habe mal gehört«, brummelte Tobias, »dass man nicht gegen Tote ermitteln darf. Von daher könnten wir doch beide Fälle zu den Akten legen.«

»Schöner Gedanke«, übernahm Thoelke. »Aber ganz so einfach ist das nicht«, klärte er auf.

»Man kann Tote in der Tat nicht anklagen. Ermitteln hingegen können, dürfen und sollten wir auch.«

»Nur ohne Erfolg, Cheffe.«

War es das gewesen? Thoelkes Cold Case? Hatte sein ursprüngliches Gefühl, nichts zur Aufklärung beitragen zu können, am Ende recht behalten? Sollte das jetzt der Tag sein, den jeder Ermittler in seiner Karriere fürchtete? Ein ungelöster Fall? Selbst Inspektor Columbo und Sherlock Holmes hatten einen ihrer zahllosen Fälle nicht aufklären können. Aber er? Nein, er konnte mit dieser Schmach nicht leben. Thoelke ging gedanklich noch mal alle Befragungen und Ergebnisse durch. Doch weder die Nachbarschaft beim Rondeel, noch Bekannte und Freunde hatten den entscheidenden Hinweis für ein Motiv liefern können. Auch die Verbindungsnachweise der Handys von Tim Quast und Nicole Pröpper ergaben keinen Ansatz. Eifersucht, Habgier, Rache, nichts schien zu passen. Und Zufall konnte ausgeschlossen werden. Viel zu kompliziert für Kollege Zufall.

Ähnlich trostlos sah es bei der Ermittlung zum Thoss-Mord aus. Auch die ausgeschriebene Belohnung hatte keinen entscheidenden Hinweis gebracht. Tim Quast war tot und eine andere verdächtige Person gab es nicht. Dabei hatte Thoelke anfangs noch gehofft, dass sich schnell Zusammenhänge zwischen den beiden Verbrechen bilden würden und sich der rote Faden wie von selbst um Tims Hals legen würde. Doch stattdessen wurde dieser zu einem Gordischen Knoten. Unkaputtbar. Und alle Protagonisten tot. Mit Ausnahme von Carsten Pröpper. Doch dieser hatte kein Motiv.

FREITAG, 23. AUGUST 2019

Nachdem Nicoles Leichnam von Frau Dr. Kylau freigegeben worden war, hatte Valeska anfangen können, sich um die Beerdigung zu kümmern, die heute auf dem Friedhof Ohlsdorf stattfinden sollte. Valeska und Carsten hatten sich entschieden, auf persönliche Einladungen zu verzichten. Jeder, der wollte, durfte kommen. So versammelten sich neben dem hochbetagten Vater und Nicoles Schwester, die beide aus Bozen angereist kamen, etwa 250 Freunde, Kollegen, Schaulustige, Journalisten und ein Fernsehteam vor der Fritz-Schumacher-Halle, um von Nicole Pröpper, vielen besser bekannt unter ihrem Geburtsnamen Nicole Weinlein, Abschied nehmen zu können.

Auch das Wetter nahm auf seine Weise Abschied. Hatte in den Vortagen die Sonne jeweils 14 Stunden am Tag geschienen, zog sich zu Beginn der Zeremonie der Himmel zu. Es begann zu regnen. Pfarrer Johannes Paul im langen schwarzen Talar mit weißem Mühlsteinkragen betrat um Punkt elf die Halle, während im Hintergrund Töne in Moll erklangen. Er begrüßte Carsten und Valeska, mit denen er die Zeremonie besprochen hatte, mit Handschlag, den Rest der Anwesenden mit einem leichten Kopfnicken. Dann ging er zum Altar, bekreuzigte sich und stimmte das Vaterunser an. Auch Carsten faltete die Hände und betete mit. In seiner anschließenden Rede fand der Pfarrer herzliche und ergreifende Worte. Doch die Rede war kurz. Kurz wie Nicoles Leben.

Nachdem im Anschluss Carsten und Valeska selbst ein paar Worte gesagt hatten, wurde der Sarg über einen abgesperrten Weg zum offenen Grab getragen. Jeder der Anwesenden folgte. Es regnete immer noch und die dicken Regentropfen trommelten auf die schwarzen Regenschirme der Trauergäste und Neugierigen. Vor dem Grab angekommen, sprach Pfarrer Johannes Paul erneut einige wenige Worte der Dankbarkeit und Demut, bevor der Sarg an Seilen hinabgelassen wurde. Nicoles geliebter Vater warf zusammen mit Carsten Pröpper mit einer kleinen Messingschaufel Erde in das Loch, dann folgten die anderen, während beide zur Seite gingen und geduldig alle Kondolenz-Bekundungen entgegennahmen. Nach etwa 90 Minuten war es vollbracht. Carsten Pröpper hatte seine Frau unter die Erde gebracht.

MONTAG, 26. AUGUST 2019

Es war immer noch hell und angenehm warm, als Tanja gegen 8 Uhr an Andreas Haustür klingelte.

»Wer da?«, tönte es aus der Sprechanlage.

»Hi, ich bin Tanja. Ich hatte Tim in seinen letzten Tagen Unterschlupf gewährt. Nun wurden die Ermittlungen eingestellt und eigentlich wollte ich schon letzte Woche zu dir kommen, aber …«

»Tim Quast?«

»Ja.«

»Das sollten wir nicht über die Anlage besprechen.« Andrea drückte auf den Türöffner. »Vierte Etage.«

Kaum war Tanja oben angekommen, ging Andrea auf sie zu und nahm sie in den Arm. Sie hielt sie lange so an sich gedrückt, bis sie schließlich sagte: »Danke, dass du zu mir gekommen bist.«

»Schön, dich kennenzulernen, auch wenn ich mir die Umstände anders gewünscht hätte. Und danke für deine herzliche Begrüßung. War mir nicht sicher, ob ich überhaupt noch kommen sollte.«

»Natürlich. Unbedingt. Denn auch ich habe mich total geärgert, dass die Ermittlungen eingestellt wurden. Ich kenne Tim zwar noch nicht allzu lange, aber lange genug, zu wissen, dass er nicht der gesuchte *Elbmörder* ist. Es ist völliger Quatsch, was man ihm vorgeworfen hat. Und ich dachte bis eben, dass ich mit diesem Gefühl allein sei«, erklärte Andrea in aufgeregtem Ton. »Aber komm doch rein, warte, ich nehme deine Jacke.« Andrea hängte sie an die Garderobe hinter der Wohnungstür und führte Tanja in das Wohnzimmer, das in einem heillosen Chaos versunken war. Überall standen Kartons herum.

»Willst du umziehen?«

»Nein. Nein.« Andrea wiegelte ab. »Nächste Woche ist Floh-markt in der Schanze und ich brauche Luft zum Atmen. Ist mir alles zu viel.« Andrea zeigte mit einer flatternden Bewegung auf den Inhalt der beiden großen Wandregale, die gefüllt waren mit Büchern, CDs, Bilderrahmen und Deko-Kitsch. »Und im Keller ist noch mehr. Muss alles weg. Also, falls du etwas brauchst, nimm einfach mit.«

»Okay. Danke.«

»Hast du eigentlich Hunger? Habe gerade Lachsfilets auf Lauch-gemüse gemacht. Kannst mitessen.«

Und während Tanja den Inhalt der Regale näher inspizierte, holte Andrea einen weiteren Teller und Besteck aus der Küche.

»Nun erzähl mal. Woher kennst du Tim und woher weißt du, wo ich wohne?«

Diese Frage bedeutete der Startschuss eines langen Abends. Die Worte sprudelten nur so aus Tanja heraus. Sie musste sich al-les von der Seele reden, wobei die Gedanken schneller als ihre Zunge waren. Sie verhaspelte sich und verschluckte Silben, so-dass Andrea immer wieder nachfragen musste. Doch mit der Zeit konnte Andrea die Mosaikstückchen zusammensetzen. Sie erfuhr von dem zufälligen Treffen auf dem Marktplatz in der HafenCity, von Tanjas Angebot der Unterschlupf-Gewährung, von Tims ge-plantem Besuch bei Andrea, der wegen der Überwachung nicht stattgefunden hatte, von seinen geplanten Recherchen mit dem Auto, von seinem Unfall und davon, dass er dann nicht mehr auftauchte …

»Was? Die Schweine haben meine Wohnung überwacht?«

»Mit zwei Leuten. Saßen im Auto. Direkt vor deiner Tür.«

Andrea zuckte ungläubig mit ihren Schultern, ließ sich aber ihren Hunger nicht verderben und aß weiter. Tanja beobachtete sie still und erkannte, wie es in ihrem Kopf arbeitete. Drei Bissen später sah Andrea erneut auf und fragte:

»Was denkst du, was bedeutet die Einstellung der Untersuchungen?«

»Das bedeutet«, brummte Tanja, »dass Tim ein zweifacher Mörder ist. Zumindest wird er als solcher in die Kriminalgeschichte der ungeklärten Fälle eingehen.«

»Das dürfen wir nicht zulassen. Was steht in den Akten?«

Tanja zuckte mit den Schultern und trank ihr Glas in einem Zug leer.

»Hast du noch etwas Wasser für mich?«

»Aber klar«, Andrea ging in die Küche und holte eine volle Sprudelflasche.«

»Und sag mal, was war das für ein Autounfall, den du vorhin erwähnt hattest?«

»Tim hatte am Donnerstag, müsste der 1. August gewesen sein, auf dem Weg zum Blumengroßmarkt an der Ecke Rothenbaumchaussee/Hallerstraße einen Unfall. Also nur eine Beule. Aber er hatte keine Schuld, ihm wurde die Vorfahrt genommen. Und deshalb haben die das gleich vor Ort regeln können, sodass keine Polizei gerufen wurde.«

»Hast du das der Polizei gesagt?«

»Ich habe noch gar nicht mit denen gesprochen. Sie haben mich nie befragt. Sie wissen ja noch nicht einmal, dass Tim seine letzten Tage bei mir verbracht hat.«

»Ob das so schlau war?«

»Was hätte ich tun sollen, Andrea? Hätte ich die Polizei anrufen sollen und sagen: Übrigens, wenn ihr den *Elbmörder* sucht, dann schaut doch gelegentlich mal bei mir vorbei?« Einige Sekunden ruhte ihr fragender Blick auf Andrea, dann stand sie auf und ging nervös im Zimmer umher.

»Nein, natürlich nicht. Ist ja wahrscheinlich sogar strafbar.«

»Was sollen wir bloß machen?«

»Wir machen gar nichts, Tanja. Ich mache was und du bleibst weiter unsichtbar.«

Am nächsten Morgen klopfte es an Thoelkes Bürotür.

»Ich muss mit Ihnen sprechen, Herr Hauptkommissar.«

»Moin, Frau …«

»Andrea Böcker.«

»Stimmt. Entschuldigen Sie bitte. Ich war in Gedanken. Natürlich, Frau Böcker. Kommen Sie bitte rein.« Thoelke stand auf und befreite seinen Bürostuhl von diversen Akten.

»Bitte, setzen Sie sich doch. Möchten Sie auch 'ne Coke?«

»Nein, danke.«

»Oder etwas anderes?«

»Nein, vielen Dank.«

Andrea setzte sich auf den freigeschaufelten Stuhl und kam ohne Umschweife auf den Punkt.

»Sie können den Fall nicht zu den Akten legen. Sie müssen auch an Tim denken. Jeder denkt jetzt, dass er ein mehrfacher Mörder ist.«

»Wenn Sie mich kennen würden, würden Sie wissen, dass ich keinem etwas Schlechtes will, aber es gibt Augenblicke im Ermittlerleben, da muss man Fälle zu den Akten legen. Wir leben in einer Großstadt. In einer gefährlichen Großstadt. Wir können nicht unendlich unser Personal mit Fällen betrauen, wo sich keine Ansätze ergeben. Dafür passiert in Hamburgs Straßen einfach zu viel. Sollten sich neue Ansätze ergeben, bin ich der Erste, der sich die Akten wieder vornimmt. Sie müssen einfach verstehen, dass …«

»Ich bitte Sie«, unterbrach Andrea.

»Mädchen, ich kann die Ermittlungen nicht so einfach wieder anstoßen. Die Akten wurden geschlossen.«

»Was ist mit dem Auffahrunfall?«

»Was für ein Unfall?«

»Tim hatte am Donnerstag, den 1. August morgens gegen 5 Uhr, auf dem Weg zum Blumengroßmarkt einen Auto-Unfall.«

»Auf dem Weg zum Blumengroßmarkt? Was wollte er dort?«

»Er hatte dort gearbeitet?«

»Gearbeitet? Tim Quast?« Thoelke hob seine rechte Augenbraue. »Das muss sich um eine Verwechslung handeln, Frau Böcker. Am 1. August war Herr Quast bereits seit einigen Tagen untergetaucht.«

»Nichts Verwechslung, Herr Hauptkommissar. Tim Quast hat in dieser Woche beim Blumengroßmarkt gearbeitet.«

»Unser Tim Quast, der jetzt tot ist?«

»Ja.« Andrea Böcker nickte bejahend. »Und überlegen Sie doch mal. Würde sich ein flüchtiger zweifacher Mörder so verhalten?«

Thoelke verschränkte seine Arme und lehnte sich in seinem Stuhl zurück.

»Gute Frage.«

»Und … was machen Sie jetzt?«

»Wo war der Unfall?«

»Ecke Rothenbaumchaussee/Hallerstraße. Allerdings wurde keine Polizei gerufen, da man sich vor Ort geeinigt hatte.«

»Dann können wir nichts machen.« Thoelke federte aus seinem Bürostuhl und wollte Andrea Böcker zur Tür geleiten. »Wir bräuchten schon eine Aktennotiz oder Zeugenaussage, um den Fall wieder aufrollen zu können. Wie gesagt, die Akten wurden geschlossen.«

Doch Andrea blieb demonstrativ sitzen.

»Können Sie nicht die Werkstätten checken lassen, ob am 1. oder 2. August Autos zur Reparatur abgegeben wurden?«

»Wie stellen Sie sich das vor? Es gibt über 300 Werkstätten in Hamburg?«

Andreas blasse Augen füllten sich mit Tränen, die sie verschämt wegwischte.

»Entschuldigen Sie bitte, aber Sie müssen mir einfach helfen. Bitte.«

Thoelke schob die Lippen vor und wartete ab. Aber da ihn Andrea erwartungsvoll ansah und auf ein Entgegenkommen hoffte, lächelte er knapp, klopfte sich gegen die Nase und setzte sich wieder hinter seinen Schreibtisch.

»Der Unfall ereignete sich am 1. August, richtig?«

»Ja, um kurz vor fünf.«

Thoelke trug die Stichworte Unfall, 1.08., Rothenbaumchaussee und Hallerstraße in die polizeiinterne Suchmaske. Gebannt schaute er auf die sich drehende Sanduhr, bis diese nach Ewigkeiten verschwand.

»Moooment mal.«

»Was ist?«, fragte Andrea.

»Es gab in der Tat einen Unfall am Donnerstag, den 1.08.2019, in der Rothenbaumchaussee, Ecke Hallerstraße. Es gibt sogar einen Polizeibericht wegen Fahrerflucht. Und ... hui ... was ist das?!«

»Was ist los?«

»Das glaube ich jetzt nicht. Das ist ja mal ein starkes Stück!«

»Was ist los, Herr Hauptkommissar?«

»Carsten Pröpper war es, der die Polizei gerufen hatte.«

In Thoelkes Kopf ratterte es.

»Warum haben Sie das nicht schon früher bei Ihrer Befragung gesagt, Frau Böcker?«

»Ich habe das selber erst gestern erfahren.«

»Von wem?«

»Das möchte ich nicht sagen.«

»Mädchen, wir reden über zweifachen Mord. Name und Adresse, aber subito.«

* * *

»Kommen Sie«, sagte Carsten Pröpper und machte eine einladende Handbewegung, als Thoelke gegen 13 Uhr bei ihm zu Hause auftauchte. »Kommen Sie doch herein, Herr Hauptkommissar.«

»Sie hatten am Donnertag, den 1. August, einen Autounfall.«

»Ja. Mit meinem SUV. Richtig.«

»Was sagen Sie dazu, Herr Pröpper?«

»Wozu?«

»Zu dem Unfall.«

»Was soll ich dazu sagen? In der Rothenbaumchaussee bin ich an diesem Morgen mit einem Transporter zusammengekracht. Der Schaden vorne rechts war nur gering, dennoch natürlich ärgerlich.«

»Und?« Thoelke wurde ungeduldiger.

»Was soll ich dazu sagen? Als ich aussteigen wollte, um mir den Schaden anzuschauen, ist der Transporter abgezischt.«

»Einfach so?«

»Ja.«

»Warum haben Sie mir das nicht schon früher erzählt?«

»Ich wusste nicht, dass das von Bedeutung ist?!«

»Wir haben zwei Leichen bei Ihnen im Hausflur gefunden. Alles ist von Bedeutung«, raunzte Thoelke ihn an.

»Aber ich habe doch noch an der Unfallstelle die Polizei gerufen.« Er holte sein Handy aus der Hosentasche, manövrierte sich durch das Menü und reichte es Thoelke. »Schauen Sie, der Anruf ist abgespeichert. Eins – Eins – Null. Vier Minuten und 22 Sekunden.«

»Herr Pröpper. Lenken Sie nicht ab.«

»Aber was werfen Sie mir denn vor?«, Carsten Pröpper schaute den Hauptkommissar verständnislos an. »Dass ich einen Unfall hatte oder dass ich am Unfallort die Polizei gerufen habe?«

»Sie kannten Tim Quast!«

»Nein.«

»Wollen Sie mich auf den Arm nehmen? Drei Tage vor dem Eindringen in Ihrer Villa haben Sie einen Unfall mit genau der Person, die Sie hier erschossen haben. Ein bisschen viel Zufall, finden Sie nicht?«

»Tim Quast ist den Transporter gefahren? Habe niemanden gesehen. Es war doch Fahrerflucht.« Carsten Pröpper strich sich durch die Haare. »Und es ging so schnell. Ich hatte keine Ahnung, wer das andere Fahrzeug gefahren hat. Das müssen Sie mir glauben.«

Doch Thoelke blieb misstrauisch. Abwartend beobachtete er Pröppers Gestik, während er die nächste Frage rausschoss:

»Wer saß bei ihnen auf dem Beifahrersitz?«

»Bei mir? Äh … meine Frau.«

»Das reicht mir jetzt, Herr Pröpper. Wir sollten das Gespräch auf dem Kommissariat fortsetzen. Bitte kommen Sie mit.«

»Ein Verhör?«

»Eher ein formloses Gespräch.«

»Okay, verstehe. Es ist nur so, dass ich heute Abend einen Vortrag halte und mich noch darauf vorbereiten möchte.« Carsten ging in sein Arbeitszimmer und kam mit einem Flyer zu seiner Vortragsreihe zurück, den er Thoelke übergab. »Ginge auch morgen?«

Thoelke studierte den Flyer. Dann hob er den Kopf und nickte bejahend.

»Dann sehen wir uns morgen um Punkt 15 Uhr. Auf Wiedersehen und viel Erfolg heute Abend.«

Dieser Autounfall war für Thoelke wie ein Geschenk, das ihm unverhofft in den Schoß gefallen war. Und er wusste, wie er es nutzen konnte. Nachdem er zurück im Büro war, trommelte er gegen halb drei sein Team zusammen und brachte es auf den neuesten Stand. Das Team sollte nochmals alle Protokolle durcharbeiten. Am nächsten Morgen Punkt neun wollte er über die Ergebnisse sprechen, um dann zu entscheiden, ob die Staatsanwaltschaft erneut bemüht werden sollte, die Akten freizugeben. Doch so lange sollte sich Thoelke gar nicht mehr gedulden müssen, denn IT-Experte Matthias hatte die angeforderte Auswertungsliste der Mobilfunkdaten dabei. Und dieser war zu entnehmen, dass Carsten Pröpper gelogen hatte. Nicht in Hinsicht auf den Unfall, aber in Bezug auf seine Begleitung. Matthias las vor:

»*Die Analyse der räumlichen und personengebundenen Bewegungsdaten hat eindeutig ergeben, dass Nicole Pröpper zum Zeitpunkt des Unfalls nicht in Pröppers SUV in der Rothenbaumchaussee, Ecke Hallerstraße gewesen war. Während das Handy von Carsten Pröpper in diesem Sendemast eingewählt war, war das Handy seiner Frau Nicole Pröpper im Sendemast der gemeinsamen Villa im Rondeel eingeloggt.*«

Matthias hob seinen Kopf und schaute in die Runde.
»Sie war nicht an der Unfallstelle.«
»Irrtum ausgeschlossen?«, fragte Thoelke.
»Irrtum ausgeschlossen.«

Doch warum hatte Carsten Pröpper gelogen? Wen versucht er zu decken? Und dass der Fahrer des Transporters nur drei Tage später als Leiche seiner Villa lag, ließ den Fall in einem neuen Licht erscheinen. Auch hatten sich die Ermittlungen hauptsächlich auf Tim Quast, dessen Umfeld sowie auf Nicole und Isabel konzentriert. Carsten Pröpper hingegen war zu keinem Zeitpunkt ins Zentrum der Befragungen gestellt worden. Er galt als angesehen, ruhig und beliebt. Seit seiner Notwehr-Aktion wurde er sogar von den Medien als Held gefeiert. Thoelke beendete die Besprechung, um die Staatsanwaltschaft über die neuesten Erkenntnisse zu informieren. Er stand auf und gab Bernd ein Zeichen, dass er ihn in sein Büro begleiten sollte.

Thoelke setzte sich hinter seinen Schreibtisch und nippte an einer frischen Coke, während er die Staatsanwaltschaft per Mail über die neuen Erkenntnisse informierte.

»Was haben wir bloß übersehen, Bernd?«

»Wir haben nichts übersehen, Cheffe. Wir haben nur die falschen Fragen gestellt.«

Thoelke tippte und nippte weiter und tat so, als sei nichts geschehen. Aber im Inneren war er tief beeindruckt. »Wir haben nur die falschen Fragen gestellt«, hatte Bernd gesagt. Der Bernd, der vor ein paar Wochen noch völlig stümperhaft Tim Quast hatte im Treppenhaus entkommen lassen? Vom Trottel zum Sparringspartner in nur vier Wochen? Thoelke drückte auf ENTER. Die Mail an die Staatsanwaltschaft war draußen.

Zufrieden beugte sich Thoelke vor und zog einen Dienstplan unter einem Aktenstapel hervor. Er überflog die Namen.

»Nimm noch Smitka und Tillmann enger in dein Team. Die haben noch zig Minusstunden und wir brauchen jeden Mann.«

Bernd nickte und notierte.

»Morgen um 15 Uhr kommt ja der Pröpper vorbei. Ich will wissen, warum er einen Autounfall ausgerechnet mit Tim Quast hatte? Und wer bei ihm im Auto saß? Da will uns doch jemand richtig verarschen. Kein Stein darf mehr auf dem anderen bleiben. Und wir werden erst wieder schlafen gehen, wenn alles aufgeklärt ist.«

»Klar, Cheffe.«

»Und befragt noch mal die Nachbarn. Auch bei der Thoss. Zeigt dort ein Foto von Carsten Pröpper vor. Und wenn einer nicht zu Hause ist, wartet ihr so lange, bis ihr von dieser Person die Aussage schriftlich vorliegen habt. Wir konzentrieren uns nun – inoffiziell – auf Carsten Pröpper. Hatte er eine Affäre, dann hatte er auch ein Motiv.«

»Ja, Cheffe.«

»Ach ja. Fast hätte ich es vergessen«, Thoelke kramte Pröppers Flyer aus seiner Jackentasche und reichte ihn Bernd. »Sollte sich einer anhören. Findet heute im Eppendorfer Gemeindehaus statt.«

Haltet zusammen!
Zivilcourage im 21. Jahrhundert.

Vortrag
von und mit
Carsten Pröpper

Eintritt frei

Dienstag, 27.08.2019
19.30 Uhr
St. Anschar-Gemeinde

»Mach ich selbst, Cheffe.«

»Gut, dann haben wir es vorerst«, schloss Thoelke, als ein Fax der Staatsanwaltschaft eintrudelte. Bodo Winkler hatte grünes Licht gegeben. Der Ball war zurück im Spiel.

MITTWOCH, 28. AUGUST 2019

Am nächsten Tag verhieß die Morgensonne einen weiteren herrlichen Sonnentag. Bestens gelaunt betrat Hauptkommissar Thoelke das Kommissariat und ging direkt ins Großraumbüro zu Bernds Schreibtisch.

»Wo ist meine Coke, Bernd?«, erkundigte er sich.

»Ähh … Cola? Soll ich eine holen, Cheffe?«

»Habe eine bessere Idee. Lass uns in die Kantine gehen«, Thoelke machte eine einladende Geste und grinste.

»Was gibt es Neues? Was ist mit dem Bewegungsprofil?«

»Haben wir noch nicht. Dafür war ich gestern in Eppendorf. Habe Pröppers Vortrag aufgezeichnet und heute Morgen verschriftlicht«, Bernd übergab Thoelke eine Folie mit einem Pamphlet an Zetteln.

»Sehr gut. Dann lass uns 'ne Coke holen und ein ruhiges Plätzchen suchen. Und du erzählst in aller Ruhe.«

Bernd startete damit, dass der Vortrag sehr spannend gewesen sei. Er hatte erwartet, dass es sich beim Thema Zivilcourage lediglich um eine Abfolge Mut machender Floskeln handeln würde. Doch das Gegenteil war der Fall gewesen. Pröpper hatte eine Verbindung von den 10 Geboten und den 7 Todsünden zum Jetzt gezogen. Sozusagen ins 21. Jahrhundert transferiert.

Doch Thoelke war bereits in den Ausdrucken versunken, sodass sich Bernd zurücklehnte und wartete.

»Entschuldigung, Bernd. Was hast du gesagt?«, meldete sich Thoelke nach einer Viertelstunde des Studierens zurück und leerte die unberührte Cola-Flasche in einem Zug.

»Ich meinte nur, dass das, was Pröpper zu den Geboten und Todsünden gesagt hatte, ziemlich cool und neu für mich war.«

Thoelke versuchte die Papiere zu sortieren und zurück in die Folie zu bekommen, was ihm nicht besonders gut gelang. »Ich finde es viel interessanter, Bernd, was Pröpper nicht gesagt hat.«

»Was er nicht gesagt hat?«, staunte Bernd.

»Pröpper hat zweifelsohne einen interessanten Vortrag zusammengebastelt, indem er in der Tat Zivilcourage mit den 10 Geboten und 7 Todsünden auf das Hier und Jetzt übertragen hat. Besonders belustigend finde ich, wie er Habgier mit LinkedIn und Eitelkeit mit Instagram verbindet. Ähnlich hart ins Gericht geht er mit den 10 Geboten.«

»Ja, Cheffe. Genau das meinte ich doch.«

»Außer bei dem 7. Gebot.«

»Das 7. Gebot ist doch …« Bernd schaute angestrengt Richtung Thoelke. »Was ist noch mal das 7. Gebot?«

»Du sollst nicht ehebrechen. Und das streift Pröpper nur leicht im Vorübergehen.«

»Und?«

»Das bedeutet, dass er bei diesem Gebot emotional vorbelastet ist.«

Bernd verstand noch immer nicht.

Thoelke schob die leere Flasche beiseite und beugte sich zu Bernd rüber.

»Er hat seine Frau betrogen. Hat also eine Geliebte und somit ein mögliches Motiv.«

»Die vom Beifahrersitz«, flötete Bernd und hoffte mit dieser Kombinationsleistung verloren geglaubtes Terrain zurückgewonnen zu haben.

* * *

Sichtlich entspannt traf Carsten Pröpper um kurz vor 15 Uhr im Kommissariat ein und wurde von einem Uniformierten in den Vernehmungsraum gebracht. Auf dem Tisch lag die neueste Ausgabe der Hamburger Morgenpost, die sich am heutigen Tage seiner Zivilcourage in Form einer allgemeinen Befragung widmete. 74% aller befragten Hamburger empfanden das, was der Unternehmer Carsten Pröpper in seiner Villa getan hatte, als mutig und richtig. 20% empfanden es als falsch. 6% der Befragten hatten keine Meinung dazu. Gut gelaunt nahm Carsten Pröpper die Zeitung in die Hand und las, während Thoelke und Bernd ihn durch die getönte Scheibe vom Nebenraum aus beobachteten.

»Mein Gott, was für ein eitler Gockel. Den Artikel hat der doch heute bestimmt schon hundert Mal gelesen und liest ihn sich nochmals durch. Ich hasse solche Affen.«

»Aber vielleicht ist das ja unsere Chance, Cheffe. Wir packen ihn an seiner Eitelkeit.« Aber da hatte Thoelke die Tür zum Vernehmungszimmer bereits aufgemacht.

Carsten Pröpper fixierte Thoelke und seinen Assistenten, als sie nacheinander den Raum betraten. Seine Blicke wanderten von Thoelke zu Bernd und wieder zu Thoelke. Thoelke setzte sich Pröpper gegenüber. Bernd blieb an der rechten Seite des Raumes stehen. Pröpper legte die Zeitung beiseite.

»Nach unserem letzten Gespräch haben wir etwas Neues erfahren und wir fragen uns erneut, Herr Pröpper, warum Sie uns nicht die Wahrheit gesagt haben?«

»Guten Tag, meine Herren«, begann Pröpper, sichtlich bemüht Zeit zu gewinnen. Mit dieser harschen Begrüßung hatte er nicht gerechnet. Im Gegenteil. 74% aller Hamburger liebten ihn. Warum denn dann nicht auch Thoelke? Hatten die etwa noch nicht die Zeitung gelesen? Wussten die nicht, wer hier saß?

»Sie meinen den Unfall?«

»Nein, den Unfall haben wir bereits letztes Mal erörtert«, antworte Thoelke ruhig, obwohl er merkte wie der blanke Hass in ihm aufkam. »Dieses Mal meine ich ihre Beifahrerin. Und ich würde mich freuen, wenn wir nicht noch ein drittes Treffen benötigen würden, um die Wahrheit zu erfahren.«

»Was ist mit meiner Frau?«

»Haben Sie gehört, was ich gesagt habe, Herr Pröpper?«

»Ja.«

»Sie bleiben dabei, dass beim Unfall am 1. August Ihre Frau neben ihn saß?«, fragte Thoelke, während er seine Stimme anhob.

»Ja, natürlich. Wer sollte da sonst gesessen haben?«

»Ihre Geliebte.«

»Meine was? Was unterstellen Sie mir? Ich habe meine Frau geliebt.«

»Wissen Sie, was Behinderung der Polizeiarbeit bedeutet?«

Angespannt hielt Pröpper inne. Thoelkes harter Tonfall in Verbindung mit seinen Worten ging ihm gegen den Strich.

»Brauche ich einen Anwalt?«, erkundigte sich Pröpper.

»Das Handy Ihrer Frau war zur Unfallzeit zu Hause eingeloggt.«

»Mann, Mann, Mann, Herr Hauptkommissar«, Pröpper lachte erleichtert auf und rieb sich die feuchten Handflächen an seiner Hose trocken. »Das ist alles? Dann hatte meine Frau ihr Handy zu Hause vergessen. Na und?«

»Wo wollten Sie mit Ihrer Frau hin? Morgens um fünf?

»Wir wollten mit Bill in den Stadtpark. Wir hatten uns in letzter Zeit viel zu wenig Zeit füreinander genommen.«

»Und Bill ist wer?«

»Unser Hund. Eigentlich heißt er ja Buffalo Bill.«

»Ihr Hund?«

»Sie kennen ihn doch. Den süßen Border Collie.«

»Und haben Sie im Anschluss an das Gassigehen Ihre Frau wieder zu Hause abgesetzt?

»Ja, zusammen mit Bill. Unserem Hund.«

»Mit Bill«, äffte Thoelke Carsten Pröpper nach.

»War's das dann, Herr Hauptkommissar? Sie werden mich ansonsten gehen lassen müssen.«

»Und Sie bleiben dabei, dass Sie Tim Quast nicht kannten?«

»Ja, Herr Hauptkommissar. Dabei bleibe ich auch heute. Und es wäre mir lieber gewesen, ich hätte diesen Mann auch nie kennengelernt. Das können Sie mir mal glauben.«

Was für ein amateurhafter Auftritt, über den er sicherlich morgen in der Presse würde lesen können, mutmaßte Thoelke wütend. Er hatte weiterhin nichts in der Hand und schaute hilfesuchend zu Bernd, doch auch aus der rechten Ecke kam keine rettende Idee.

»Ja«, antwortete Thoelke resigniert. »Gehen Sie nur.«

* * *

»Bernd, wir brauchen die Frau vom Beifahrersitz. Haben wir die, haben wir das Motiv, da bin ich mir sicher.«

»Also Überwachung?«

»Ja.«

»Eine Person oder das volle Rund-um-die-Uhr-Programm?«

»Wieviel Leute haben wir zur Verfügung?«

»Laakmann und Petersen.«

»Was ist mit Smitka und Tillmann?«

»Die auch. Richtig.«

»Okay, dann für eine Woche das volle Programm mit drei Schichten.«

»Wenn Pröpper eine Affäre hat, werden wir das herausbekommen, Cheffe.«

»Vergesst sein Handy nicht.«

Neben der fehlenden Identität der Beifahrerin schwirrte Thoelke ein weiterer Gedanke durch den Kopf, den er aber nicht zu Ende gedacht bekam. Warum hatte Pröpper nach dem Unfall die Polizei gerufen, während Tanja Schubert ausgesagt hatte, dass sich Tim Quast ohne Polizei mit Pröpper geeinigt habe? Auch wenn Tims Version nicht logisch klingen mochte, warum sollte er so etwas erfinden? Er hätte genauso gut den Unfall andersherum beschreiben können, dass nämlich der andere Fahrer Fahrerflucht begangen habe und er in seiner Lage keine Polizei rufen habe können. Diese Erklärung wäre plausibel gewesen.

Doch sollte er Pröpper ernsthaft fragen, warum er nach dem Autounfall die Polizei gerufen hatte? Das wäre absurd. Auch war ihm Tims Reaktion noch sehr präsent, als er ihn am Handy über Isabels Unfall informiert hatte. Er war völlig überrascht gewesen. Das war nicht gespielt gewesen. Da war er sich im Nachhinein sicher. Auch im Hausflur, als Tim durch Andrea Böcker von der Ermordung erfahren hatte, sei seine Reaktion größte Überraschung gewesen. All das sprach für Tims Unschuld. Doch warum war er dann abgetaucht?

Thoelke Gedankengänge wurden durch sein Magenknurren gestört und er ging erneut zur Kantine, die nachmittags immer gut besucht war. Er liebte diese volle Atmosphäre hier. Umringt von Kollegen, die alle im selben Boot saßen und ihre ungelösten Fälle hatten. Es machte einfach mehr Spaß, gemeinsam zu ertrinken.

In der Kantine angekommen ging er direkt zur Auslage und gönnte sich ein Wiener Schnitzel mit Pommes, was allerdings nach Frittierfett und altem Lappen schmeckte. Doch glücklicherweise hatte er noch seine Coke zum Runterspülen. Nun war ihm schlecht geworden und er ging zurück in sein Büro, um sich der Isabel-Thoss-Akte zu widmen. Ein Großteil des gesammelten genetischen Materials war verschmutzt und die DNA-Mischspuren waren so komplex, dass die Analyse des kriminaltechnischen Labors erschwert wurde und vieles unbrauchbar war. Auch von der Tatwaffe, dem Messer mit der dünnen zweischneidigen Klinge von 10 bis 14 Zentimetern, fehlte jede Spur. Die diesbezügliche Durchsuchung von Tims Wohnung hatte nichts ergeben. Deshalb bat Thoelke die Kriminaltechniker, ihr Augenmerk auf Spuren, Fingerabdrücke, Haare und Fasern von weiteren Personen zu lenken, um Tim Quast möglicherweise entlasten zu können. Thoelke wollte, dass eine mögliche Beweiswürdigung auf einer tragfähigen Tatsachengrundlage beruhte. Insgeheim hoffte er aber auf Spuren von Carsten Pröpper. Aber diese gab es nicht. Sämtliche in der Wohnung gesicherte und zuordnungsmögliche Spuren waren von Isabel und Tim. Einige wenige von Andrea Böcker, die Isabel am Vormittag gefunden hatte.

»Schauen Sie mal, Cheffe.«

Thoelke konnte nur mit dem Kopf schütteln, als ihm am nächsten Morgen von seinem Assistenten Pröppers Handy-Verbindungsliste der letzten drei Monate vorgelegt wurde. Nicht, weil dort viele Namen und Nummern der Hamburger und Berliner Prominenz aus Wirtschaft und Unterhaltung versammelt waren. Das war zu erwarten gewesen, tauchte doch Pröppers Name regelmäßig in den Wirtschafts- und Finanzseiten auf, die Thoelke selbst auf der Suche nach dem ultimativen Finanztipp, der ihn mit einem Schlag aus dieser Polizeibehörde herauskatapultieren sollte, durchforstet hatte. Und Pröppers Frau Nicole war als ehemaliges Moderatoren-Gesicht ohnehin ein fester Bestandteil der Yellow-Press. Das war es nicht, was ihn verwundert hatte. Nur, dass Carsten Pröpper nahezu jeden Abend zwischen 22.32 Uhr und 0.17 Uhr mit einer gewissen Dagmar Rolffs aus Othmarschen telefoniert hatte, und das bis jetzt nicht verfolgt worden war, machte ihn nachdenklich.

»Bernd, wieso haben wir diese Frau nicht befragt?«, und zeigte dabei auf die Liste, auf der er den Namen Dagmar Rolffs hundertviermal mit einem roten Edding umkreist hatte.

»Aber Cheffe, wir haben doch Carsten Pröpper komplett außen vorgelassen. Er war doch der traurig-starke Held an diesem Abend.«

»Papperlapapp. Held, dass ich nicht lache. Hol mir die Rolffs her. Aber subito.«

Zwei Stunden später parkte Dagmar Rolffs ihr blaues Sport-Cabrio direkt vor der Tür des Alsterdorfers Kommissariats und ging selbstsicher in das Gebäude.

128

»Wo befindet sich dieser Thoelke?«, begrüßte sie den Beamten im Eingangsbereich.

»Haben Sie einen Termin mit Hauptkommissar Thoelke?

»Einen Termin? Das verbitte ich mir. Ich wurde impertinenter Weise herbeizitiert. Ist er da oder kann ich wieder gehen?«

In dieser Sekunde kam Thoelke mit weit ausgebreiteten Armen um die Ecke.

»Sie müssen Frau Rolffs sein. Vielen Dank, dass Sie es einrichten konnten und unserer Einladung so spontan nachgekommen sind. Folgen Sie mir bitte in den Besprechungsraum.«

Frau Rolffs tat, wie ihr aufgetragen und folgte in einem gebührenden Respektsabstand.

»Darf ich Ihnen etwas zu trinken bringen lassen?«

»Einen Piccolo. Gern alkoholfrei. Muss ja schließlich noch fahren. Oder wollen Sie mich hier gleich festsetzen lassen? Hinter irgendwelchen Gardinen?«

»Gäbe es denn einen Grund zur Inhaftierung, Gnädigste?«

»Natürlich nicht, Dummerchen. Das war ein Scherz von mir. Haben die Beamten überhaupt keinen Humor?« Dagmar Rolffs schüttelte verwundert den Kopf. »Bringen Sie mir einfach nur einen Piccolo. Der Rest findet sich.«

»Aber gern.« Thoelke bat einen vorbeilaufenden Kollegen, einen Piccolo besorgen zu lassen, der ihn allerdings verwundert und völlig überfordert anschaute. Zur Not, gab er ihm noch mit auf den Weg, solle er zu EDEKA gehen.

»Setzen Sie sich doch bitte.« Thoelke zog den Stuhl unterm Tisch hervor, um sich im Anschluss ihr gegenüber zu setzen. Er faltete seine Hände zu einem Dach, legte sie an sein Kinn und begann:

»Und nun zu Ihnen, verehrte Frau Rolffs. Kennen Sie Carsten Pröpper?«

»Carsten wen?«

»Carsten Pröpper.«

»Carsten Pröpper meinen Sie?«, flüsterte Dagmar Rolffs vor sich hin, drehte sich vergnügt auf ihrem Stuhl im Kreis und schaute sich gedankenverloren im Besprechungsraum rum, als Bernd den Raum betrat. Sie schaute zu Bernd auf und beobachtete, wie er ihr den Piccolo und Thoelke eine Cola samt Gläsern und Servietten auf den Tisch neben das Aufnahmegerät stellte.

»Frau Rolffs, um Ihre Zeit nicht unnötig zu strapazieren möchte ich Sie bitten, wahrheitsgemäß auf meine Fragen zu antworten.«

»Zeit zu haben ist der beste Gewinn, Herr Hauptkommissar. Besonders wenn es für so banale Dinge ist, wie in fremden Besprechungsräumen rumzuschauen. Und dann noch bei der Polizei. Hat man auch nicht jeden Tag.«

Währenddessen drehte sie den Piccolo auf und schenkte sich ein. Dann hob sie das Glas und leerte den Inhalt in einem Schluck.

»So, das musste jetzt einfach sein. Nun bin ich ganz bei Ihnen. Was kann ich für Sie tun?«

Verwundert über diese oscarreife Vorstellung setzte Thoelke erneut an.

»Kennen Sie Herrn Pröpper?«

»Carsten? Ja, den kenne ich.«

»In welchem Verhältnis stehen Sie zu ihm?«

»Welchem Verhältnis? Gar kein Verhältnis. Wir kennen uns. That's all, Darling.«

»Ist es richtig, dass Sie am 1. August diesen Jahres gegen 5 Uhr in der Früh mit Carsten Pröpper im Auto saßen?«

»Am 1. August? Wir haben heute den 29. August, Darling. Woher soll ich das jetzt noch wissen?« Sie beugte sich zum Hauptkommissar vor. »Und Tagebuch schreibe ich seit meiner Schulzeit nicht mehr. Ist besser so. Können Sie mir glauben.« Dagmar Rolffs schmunzelte augenzwinkernd und blickte direkt in Thoelkes verdutztes Gesicht. »Die letzte Aussage aber bitte nicht ins Protokoll mit aufnehmen.«

Thoelke war bemüht, nicht den Faden zu verlieren, räusperte sich und blieb dran.

»Das wissen Sie nicht?«

»Nein, das tut mir leid«, antwortete Dagmar Rolffs, während sie nun auch noch den Rest der Piccolo-Flasche in ihr Glas füllte.

»Es gab einen Unfall an diesem Morgen. Können Sie sich daran erinnern?«

»Unfall? Oh, wie schrecklich«, flüsterte Dagmar Rolffs und leerte das zweite Glas.

In den folgenden vierzig Minuten brachte Thoelke Dagmar Rolffs auf den neuesten Ermittlungsstand und äußerte dabei auch die Möglichkeit, dass Carsten Pröpper nicht nur aus Notwehr gehandelt haben könnte. An dem Abend von Nicoles Ermordung. Dagmar Rolffs lauschte ungläubig.

»Frau Rolffs, ist Ihnen das Strafmaß für Beihilfe zu Mord in diesem Staat bekannt?«

»Wieso, sollte mich das was angehen?«

»Nur, wenn Sie wissentlich Informationen zu einem Mord zurückhalten?«

»Darf man hier rauchen?«

Thoelke dachte an seinen roten Faden. Er hielt inne, überlegte kurz und entschied sich, zur weiteren Belebung der Atmosphäre, eine Ausnahme zu machen.

»Lassen Sie uns an das Fenster gehen, Frau Rolffs. Dort können Sie rauchen.«

»Danke, Darling. Sie trauen also Carsten einen Mord zu?«

»Das habe ich nicht gesagt, ich wollte Ihnen nur verdeutlichen, dass es sich um eine ernste Angelegenheit handelt.«

»Ist das ein Verhör? Sollte ich einen Anwalt hinzuziehen?«

»Nein, Frau Rolffs. Noch ist das nur ein Gespräch zwischen Ihnen und mir bei einer Zigarette am offenen Fenster. Sie können jederzeit gehen.«

Dagmar Rolffs musste lächeln.

»Männer können eine echte Belastung sein. Aber wir Frauen, wir haben eben ein großes Herz. Und ich sowieso«, antwortete Dagmar Rolffs in einem ruhigen Ton. »Und ja, ich hatte ein Verhältnis mit Carsten. Er wollte sogar Nicole meinetwegen verlassen. Er wollte nur noch den perfekten Moment abwarten. Aber sagen das nicht alle verheirateten Männer?«

»Den perfekten Moment hatte er ja nun«, grätschte Thoelke rein.

Dagmar Rolffs nahm einen tiefen Zug von der Zigarette.

»Sie hatten ein Verhältnis, sagten Sie gerade. Wer hat es beendet? Und wann?«, bohrte er weiter.

»Ich habe es beendet. Soeben. In dieser Sekunde, Herr Hauptkommissar.«

»Das ist ja mal 'ne Ansage, Gnädigste!«

»Und ebenfalls ja, ich war bei dem Unfall an diesem Morgen dabei. Wobei es nur ein kleiner Auffahrunfall war. Eigentlich nicht der Rede wert. Carsten hatte noch versucht zu bremsen, aber es war zu spät, er war einfach zu schnell. Es war wirklich kein großer Schaden. Beide Autos waren weiter fahrtüchtig. Carsten und der Fahrer des Transporters haben sich auch unmittelbar nach dem Knall verständigt.«

»Pröpper und der andere Fahrer haben miteinander gesprochen?«

»Ja, die haben miteinander gesprochen und sich am Ende die Hand gegeben. Sah für mich aus, als wäre alles geklärt. Dann ist das andere Auto, der Transporter, weitergefahren.«

»Worüber haben sich die beiden unterhalten?«

»Das weiß ich beim besten Willen nicht. Ich bin ja die gesamte Zeit mit Bill im Auto geblieben. Bill ist ...«

»Bill ist der Hund der Pröppers. Ein süßer Border-Collie. Das wissen wir.«

»Genau. Ein toller Hund. Gut erzogen. Besser als die meisten Männer.«

»Aber warum hat Carsten Pröpper im Anschluss noch die Polizei angerufen? Wenn alles, wie Sie sagen, geklärt war?«

»Das ist jetzt, wo Sie es ansprechen, eine durchaus berechtigte und sehr gute Frage«, Dagmar Rolffs schlenderte mit ihrer Zigarette durch den Raum, »die ich ihnen aber gar nicht beantworten kann. Tut mir leid.«

»Was hat Carsten Pröpper zur Polizei gesagt? Haben Sie das mitbekommen können?«

»Aber ja doch, Darling. Da war er ja wieder zurück in seinem Auto.«

»Soso. Und?«

»Naja, dass er einen Unfall auf der Rothenbaumchaussee/ Ecke Hallerstarasse gehabt hätte und dass der andere Fahrer, als er gerade aussteigen wollte, um sich den Schaden anzugucken, sich unerlaubt von der Unfallstelle entfernt hätte.« Dagmar Rolffs musste schlucken. »Warum ist mir das bloß nicht vorher aufgefallen! Da stimmt wirklich etwas nicht. Es war keine Fahrerflucht. Das ist Quatsch. Nehmen Sie Carsten fest. Er hat gelogen.«

»Nun mal langsam, Frau Rolffs. Festnehmen weswegen? Weil er ordnungsgemäß die Polizei nach dem Unfall gerufen hat?«

»Nein, weil er sich mit dem Fahrer verständigt hatte. Das kann ich bezeugen.«

»Laut Carsten Pröpper waren Sie noch nicht einmal im Fahrzeug.«

»Wirklich wahr? Das macht mich traurig.« Dagmar Rolffs beendete die Zigarette und machte sich gleich die nächste an. »Ist schön hier. Am Fenster.«

»Warum macht Sie das traurig, dass Sie nicht im Auto gesessen haben sollen?«, versuchte Thoelke Dagmar Rolffs zurück ins Gespräch zu holen.

»Aber das ist doch offensichtlich. Dann steht er wohl immer noch nicht zu mir.« Dagmar Rolffs machte eine kurze Pause. »Hat er im Prinzip ja nie gemacht. Deshalb hat er trotz zahlloser Versprechen und Reisen auch nie diese tolle Nicole verlassen. Hätte ich besser wissen müssen. Was für ein Scheißkerl.«

»Wo wollten Sie eigentlich hinfahren? An diesem Morgen?«

»Wir wollten für ein paar Tage nach Lübeck. Einfach mal ausspannen und nichts tun.«

»Wellness? Das würde ich gerne überprüfen. Welches Hotel?«

»Kein Hotel, Darling. Carsten hat in der Lübecker Altstadt eine Wohnung. Wunderschön gelegen. Kanalstraße 12.«

»Waren Sie öfters gemeinsam dort?«

»Immer mal wieder. Ich liebe Lübeck. Allerdings muss ich auch zugeben – unter uns – Kopfsteinpflaster ist die Höchststrafe für meine Absätze. Aber sonst so: dieser rote Backstein, die Leute, das Essen – einfach großartig.«

»Wusste seine Frau von dieser Wohnung?«

»Ganz sicher nicht, Darling. Das war unser Liebesnest.«

* * *

Die erneut abgefragten Mobilfunkdaten bestätigten Dagmar Rolffs' Aussage. Ihr Smartphone war am 1. August morgens um 5 Uhr in derselben Mobilfunkzelle eingeloggt gewesen wie Carsten Pröppers. Doch das reichte nicht, um ihn aus dem Verkehr ziehen zu können. Thoelkes Team hatte nur kleine Lügen, Vermutungen und Indizien, die auch noch auf schwachen Beinen fußten. Kein Richter würde eine Anklage zulassen. Keine Staatsanwaltschaft würde überhaupt eine Anklage erheben. Und die Uhr tickte. Es half nichts. Thoelke musste Pröpper erneut zu sich zitieren lassen. Er musste versuchen ihn zu provozieren.

Als gegen Abend desselben Tages Thoelke und Bernd gemeinsam den Besprechungsraum betraten, hatten sie Pröpper bereits 20 Minuten schmoren lassen. Ohne Begrüßung verteilte Thoelke mit einer schwungvollen Bewegung die Vernehmungsprotokolle auf dem Tisch.

»Ich hatte Sie doch gebeten, kein drittes Treffen für uns alle notwendig zu machen, um endlich die Wahrheit zu erfahren. Sie haben uns enttäuscht. Sie haben mich persönlich enttäuscht, Herr Pröpper.«

»Was meinen Sie? Seien Sie froh, dass ich nach Ihrem letzten Auftritt überhaupt noch freiwillig vorbeikomme. Selbst die Presse scheint weiter zu sein als Sie. Habe gestern Markus Lanz gesehen, wo der Innensenator Bertie zu Gast war. Interessante Persönlichkeit. Textsicher, eloquent und charmant, aber auch er konnte nicht …«

»Herr Pröpper, Sie haben mich angelogen!«, unterbrach Thoelke unwirsch.

»Ich? Sie?«, presste Pröpper hervor.

»Sie kannten Tim Quast und Sie haben ihn benutzt. Von wegen Held. Sie sind kein Held. Sie sind ein ganz kleiner Wicht.«

»Cheffe. Nicht doch«, versuchte Bernd zu beschwichtigen.

»Das muss ich mir nicht antun, Herr Hauptkommissar.«

»Sie kannten Tim Quast und haben ihn nach dem Autounfall zu sich nach Hause bestellt, um es als Überfall aussehen zu lassen, verübt von einem angeblich Ihnen unbekannten Mann, der Ihre Frau getötet habe, um ihn im Anschluss in Notwehr erschießen zu können. Mit einem wasserfesten Alibi ohne Zeugen. Ein perfider Plan.«

Schweigen.

Dann sah Pröpper mit unbewegter Miene auf.

»Perfide trifft es nicht ganz, Herr Hauptkommissar Thoelke. Es ist ein perfekter Plan«, ergänzte Pröpper.

Thoelke und Bernd schauten sich ungläubig an.

»Sie geben es also zu?«

»Nichts gebe ich zu, meine Herren. Ich habe nur versucht mich Ihrer Fantasie anzunehmen, was mir allerdings schwerer fällt als Ihnen. Ihre Fantasie scheint grenzenlos zu sein. Hätte ich Ihnen gar nicht zugetraut. Oder war das Ihre Vorstellungskraft?« Pröpper wandte sich an Bernd, während der Magen von Thoelke auf Hochtouren lief.

»Und ja … in der Tat wäre das ein perfider Plan. Es wäre der perfekte Mord. Ohne Zeugen. Nur, dass es keinen perfekten Mord gibt. Das sollten Sie als Polizist doch besser wissen, Herr Hauptkommissar.« Pröpper nahm seine Brille ab. »Also, haben Sie etwas Zählbares gegen mich oder fischen Sie weiter im Trüben? Dann würde ich jetzt gehen.«

»Warum beginnen Sie nicht nochmal an dem Punkt, wo Sie Tim Quast drei Tage vor dessen Ermordung in den linken Kotflügel gefahren sind?«, sprang Bernd für Thoelke ein und verschaffte ihm so Zeit, sich emotional etwas herunterzufahren.

»Das habe ich Ihrem Kollegen doch schon mehrfach gesagt. Als ich ausgestiegen bin, ist der Fahrer des Transporters einfach losgefahren, sodass ich die Polizei verständigen musste. Ist doch meine Bürgerpflicht. Drei Tage später der kaltblütige Mord an meiner geliebten Ehefrau. Wenig später haben wir uns dann vor meinem Haus kennengelernt. Ich war der Mann mit dem blutverschmierten Hemd vor der Eingangstür.«

»Hatten Sie und Ihre Frau einen Ehevertrag? Immerhin ist Nicole Weinlein eine berühmte Frau?«

»Die seit drei Jahren wegen starker Depressionen zu Hause saß und keinen müden Cent mehr verdient hat.«

»Das heißt was?«

»Es gab keinen Ehevertrag, Herr Hauptkommissar.«

»Hatte Ihre Frau eine Affäre?«

»Sie wollen das Ansehen meiner Frau post mortem beschmutzen? War es das schon mit Ihrer Fantasie? Sind Sie so verzweifelt?«

»Hatte sie?«

»Natürlich nicht. Nein.« Carsten Pröpper strich sich durch seine Haare. »Zumindest nicht, dass ich wüsste.«

»Kennen Sie Dagmar Rolffs?«

»Ach, kommen Sie. Natürlich kenne ich Dagmar. Und das wissen Sie auch. Das mit unserer Liaison war ein Versehen. Und ich bin auch nicht stolz drauf. Nur ich befand mich … wie soll ich das sagen … in einer schwierigen Situation. Damals. Die Affäre war ein Fehler. Ich habe das eingesehen und beendet. Auch habe ich meiner Frau alles gebeichtet und wir wollten beide einen Neustart. Deshalb hat sie sich auch letzte Woche wieder im Fitnessstudio angemeldet. Sie wollte sich in Form bringen. War voller Tatendrang, wollte zurück in ihren alten Job.«

»Sie haben es beendet?«

»Ja, vor etwa drei Monaten.«

»Aber Sie telefonieren noch?«

»Natürlich. Dagmar ist ein ganz reizender und wertvoller Mensch. Immer noch. Wir sind weiterhin Freunde. Ist das jetzt ein Verbrechen?« Pröpper lehnte sich nach vorne zu Thoelke. »Ist das alles, was Sie mir vorwerfen? Nach einem Autounfall die Polizei zu rufen und mit einer Ex-Affäre zu telefonieren?«

Wut und pure Verzweiflung stiegen in Thoelke auf. Er rang sichtbar nach Fassung.

Doch Pröpper ließ nicht locker.

»Warum beginnen Sie zur Abwechslung nicht noch mal an dem Punkt, wo Tim Quast, der *Elbmörder*, brutal meine Frau hingerichtet hat? Ich meine mich auch zu erinnern, dass dieser Mensch nur wenige Tage vorher eine andere Frau kaltblütig erstochen hat. Schnüffeln Sie doch mal in dieser Richtung weiter. Steuern, und somit Ihr Gehalt, zahle ich ja schon genug.«

Es fehlte nicht mehr viel und Thoelke wäre ihm an die Gurgel gesprungen. War er es nicht gewesen, der Pröpper provozieren hatte wollen? Thoelke stand auf, öffnete das Fenster und hielt inne. Er erinnerte sich an den Zigarettenduft. Dann kam er zurück, leerte seine Cola-Flasche und sagte: »Ja, das ist alles. Bitte entschuldigen Sie die Unannehmlichkeiten. Sie können jetzt gehen.«

Während Bernd Carsten Pröpper zum Ausgang geleitete, verharrte Thoelke in seinen Gedanken. Nicole hat sterben müssen, weil Carsten für seine neue Liebe hatte frei sein wollen. Auch der fehlende Ehevertrag könnte ein Motiv darstellen. Pröpper war Eigentümer der börsennotierten SUNVINXX AG.

Das Netz, das sich um Pröpper zog, schien lückenlos und doch fehlte der Beweis. Wenn er nur sofort bemerkt hätte, dass es sich bei Nicoles und Tims Tod um rachsüchtige Morde gehandelt hatte. Dann hätte er Pröpper auf der Stelle zum Verhör bringen lassen und ihn weichgekocht. Stattdessen wurde derzeit noch von Experten kundgetan, dass ein Tatvorwurf des Totschlages nicht erfüllt sei. Im Gegenteil. Es läge ein besonderer Fall der Notwehr vor und Pröppers Tat sei vollends gerechtfertigt gewesen. Einige sprachen direkt nach dem Mord von einer sehr mutigen Tat. Seit diesem Moment wurde Pröpper mit Samthandschuhen angefasst und konnte sich zum Helden der Zivilcourage hochstilisieren. Die Medien hielten den Steigbügel, während Pröpper aufstieg und sich gekonnt aller Spuren entledigte. Thoelke rieb sich die Augen. Es war ein langer Tag gewesen. Er war müde.

»Was hat der Innensenator gesagt?«, erkundigte sich Thoelke, als er voller Zuversicht gegen halb neun morgens in das Büro von Cordt Möller zitiert wurde.

»Nichts.«

»Nichts?«, staunte Thoelke. »Ist Bertie unterwegs?«

»Nein. Aber ich muss ihm Ihre Frage auch nicht weiterleiten und habe dies auch nicht getan. Die heutige Pressekonferenz wird nicht abgesagt.«

»Nicht?«

»Nein, wir hatten die Ermittlungen bereits vor 3 Wochen eingestellt und dann ergaben sich durch Frau Böcker neue Erkenntnisse aufgrund des Autounfalls und der Möglichkeit, dass sich Herr Pröpper und Tim Quast doch kannten. Zumindest flüchtig kannten. Sie hatten die Staatsanwaltschaft daraufhin gebeten, die Akten wieder freizugeben, was sie auch getan hatten. Trotz dünner Personaldecke. Eigentlich ein Wunder.«

Möller ging auf den Balkon und zündete sich eine Zigarette an. Er schaute zurück und machte ein Zeichen, dass Thoelke ihm folgen sollte. »Dennoch sind wir in den letzten 14 Tagen nicht einen Zentimeter weitergekommen. Irgendwann muss eben Schluss sein. Und irgendwann ist heute.«

Thoelke folgte Möller auf den Balkon.

»Und verschieben?«

»Auf gar keinen Fall.«

»Ich dachte nur, dass wir dann …«

»Nun mal Butter bei die Fische. Was haben wir aktuell, Herr Kollege?«, unterbrach Cordt Möller ihn ungeduldig.

»Nichts Belastendes. Nur Indizien.«

»Kein Motiv seitens Pröpper?«

»Nur ein sehr konstruiertes. Beispielsweise der fehlende Ehevertrag mit Nicole Weinlein und Pröppers Verhältnis mit Dagmar Rolffs. Würde einer näheren Beweisführung zurzeit nicht standhalten.«

»Vergessen Sie das mal ganz schnell«, winkte Möller gelangweilt ab. »Mir haben schon die letzten Schlagzeilen gereicht.« Cordt Möller legte seine Zigarette im Aschenbecher ab und ging in großen Schritten zu den Zeitungsfetzen, die an seiner Pinnwand in der hinteren Ecke des weitläufigen Büros hingen.

»Schauen Sie mal, Kollege, habe hier stets meine aktuellen Top 3 angeheftet. Auf Platz drei:

Polizei bereits im Winterschlaf

Hamburg, Freitag, 21. August- Während die Hamburger zurzeit Temperaturen bis zu 26 Grad genießen, liegt die Hamburger Polizei bereits im Winterschlaf. Lesen Sie auf Seite 5 die zehn großen Fehler der Hamburger Innenbehörde.

auf Platz zwei:

Hamburg – Stadt ohne Sheriffs

Hamburg, Freitag, 4. September- Wenn das Klaus Störtebeker noch erlebt hätte, die stolze Hansestadt Hamburg ohne Aufpasser. Ein Paradies für Hasardeure und Glückssucher. Doch, was sich wie ein Märchen anhört ist zur Realität in der zweitgrößten Stadt Deutschlands geworden. Recht und Ordnung sucht man hier vergebens. Was ist passiert?

und derzeitig auf dem Siegertreppchen:

Polizei haben fertig

Hamburg, Mittwoch, 19. August- Auf der ganzen Linie ein Trauerspiel, was sich zurzeit die Hamburger Polizei leistet. Wie lange soll das noch so weitergehen?

Klasse, oder, Thoelke?«

Thoelke, der nicht nur diese Schlagzeilen kannte, senkte kleinlaut seinen Kopf.

»Wir brauchen ein Geständnis, Kollege.« Möller ging zurück zum Balkon und schaute nach seiner Zigarette, die bereits ausgegangen war. »Scheiß EU-Verordnung. Früher glommen die bis zum Ende durch.« Möller zog sich eine neue Zigarette aus der Packung und schaute zu Thoelke.

»Aber das bekommen wir wohl bis 14 Uhr nicht hin, oder?«

»Ein Geständnis? Eher nicht.«

»Wird wohl wieder ein Desaster?«

Thoelke zuckte mit den Schultern.

»Gut, machen Sie einfach das Beste aus der Situation und seien Sie so transparent wie es nur geht. Angriff ist die beste Verteidigung und wir – als Hamburger Polizei – haben schließlich die Pflicht, die Öffentlichkeit zu informieren. Auch wenn das heißt, dass wir Ermittlungen einstellen müssen. Die von der Staatsanwaltschaft zusätzlich gewährten zwei Wochen enden heute. Habe am Freitag bereits eine freundliche Erinnerung von Bodo Winkler bekommen.« Möller legte seine Zigarette ab und signalisierte, dass das Gespräch beendet war. Auf dem Weg zur Tür sprach er Thoelke noch Mut zu.

»Ich werde mit dem Innensenator nachher am Bildschirm alles verfolgen. Sie sind also nicht allein.«

* * *

Um kurz nach zwei übergab Thoelke im großen Saal, der bis auf den letzten Stuhl besetzt war, nach einer kurzen Begrüßung das Wort an die Hamburger Staatsanwaltschaft.

»Im Aktenzeichen der Todesfälle zum Nachteil von Nicole Pröpper und Tim Quast am 4. August in Hamburg-Winterhude gilt unser ausdrücklicher Dank Hauptkommissar Thoelke von der Mordkommission und seinem gesamten Team, das sich aufopferungsvoll Tag und Nacht um die Aufklärung bemüht hat. Dennoch muss auch nach sehr akribischer Ermittlungsarbeit in diesem Fall subsumiert werden, dass es unter dem Strich keine neuen Erkenntnisse gibt«, sagte der Leitende Oberstaatsanwalt Bodo Winkler. »Es handelt sich zwar um keinen Cold Case im herkömmlichen Sinne, da noch Hinweise abgearbeitet werden. Aber die Beweislage bleibt dürftig.«

»Und aus Rücksicht auf andere ungelöste Fälle und deren Angehörige, die ebenfalls unsere Aufmerksamkeit benötigen, wird hier nicht mehr mit dem gleichen Personalaufwand ermittelt werden können«, ergänzte Thoelke. »Aber sobald sich neue stichhaltige Hinweise ergeben, werden wir mit dem früheren Personalaufwand einsteigen, um diesen Fall restlos aufzuklären.«

»Was ist mit dem Mord an Isabel Thoss?«, erklang eine Frauenstimme aus einer hinteren Reihe. Thoelke konnte die Frau, die ihre Kapuze tief ins Gesicht gezogen hatte, nicht genau erkennen.

»Zum Mord von Isabel Thoss am Vormittag des 29. Juli dieses Jahres in Hamburg-Rahlstedt kann festgestellt werden«, übernahm Bodo Winkler, »dass hier alles auf den Täter Tim Quast hindeutet. Durch seinen eigenen Tod sechs Tage später im Haus der Familie Pröpper kann es allerdings zu keiner Anklage mehr kommen. Wäre es bis dahin schon zu einer Anklage gegen Herrn Quast gekommen, wäre durch seinen Tod ein Verfahrenshindernis eingetreten und wir hätten den Prozess nach §206a StPo einstellen müssen. Somit wird dieser Fall als aufgeklärt geschlossen. Auch hier gilt unser ausdrücklicher Dank Hauptkommissar Thoelke von der Mordkommission und seinem Team.«

»NEEEIIIIINNN!!!! Das können Sie nicht machen. Das ist ein Skandal!«, rief die Kapuzenfrau entrüstet. Auch andere Medienvertreter fühlten eine Unausgewogenheit in den referierten Sätzen und meldeten sich analog zu den Schlagzeilen der letzten Wochen zu Wort, und unkten, ob es sich die Polizei nicht wieder zu einfach mache. Doch dieses Mal wollten auch einige wissen, was an dem jüngsten Gerücht dran sei, dass die Polizei neuerdings erfolgsabhängige Provisionen auf schnell gelöste Fälle erhalten würde. Ein weiteres Raunen ging durch den Saal, bis die Kapuzenfrau aufsprang und den Saal demonstrativ kopfschüttelnd verließ. Nun konnte Thoelke sie erkennen. Es war Tanja Schubert. Seine Augen verfolgten sie durch die großen Glasscheiben hindurch und konnten erkennen, wie sie im Vorraum Pressevertretern Rede und Antwort stand. Der Alptraum ging in seine Fortsetzung.

* * *

Dagmar, das war Carsten Pröpper nach den letzten zwei Anrufen klar geworden, musste er ziehen lassen. Sie hatte sich gegen ihn gestellt, doch dieses Opfer war er bereit zu bringen. Denn durch die Nachricht, die Staatsanwaltschaft werde die Ermittlungen einstellen, wähnte er sich am Ziel. Dazu kam noch die tägliche Aufwertung seiner Person durch die nicht enden wollende Anteilnahme wildfremder Personen per Mail, auf der Straße und bei seinen Vorträgen.

Dennoch meldeten sich auch seine Angstzustände und Panikattacken vermehrt zurück. Innerhalb von Sekunden begann dann sein Puls zu rasen bei abwechselnd kalten und heißen Schweißausbrüchen, die in dem Gefühl gipfelten, ihm würde die Kehle zugeschnürt werden.

Dr. Schneyder besuchte ihn nun häufiger im Rondeel und konnte dennoch keine körperliche Ursache ausmachen. Es war das gleiche diffuse Krankheitsbild wie bei Carstens Vater. Und das machte beiden Angst.

»Wenn sich die Panik meldete«, so berichtete Carsten Pröpper bei einem seiner Besuche, »dann fühle ich mich wie in einem Nebel, in dem ich mich verliere. Ohne Sicht, Halt und Boden.«

Und spätestens, seit Carsten Pröpper bei einem Einkauf in Winterhude nach langer Wartezeit in der Schlange endlich zum Bezahlen vor dem Kassierer stand, um dann von einer Sekunde zur nächsten panikartig den Einkauf stehenzulassen und zu seinem SUV zu rennen, dämmerte es auch ihm: Er war kurz davor, verrückt zu werden.

Dies alles ließ ihn mürrischer werden. Er zog sich weiter zurück und verließ nur noch selten die Villa. Musste er dennoch auf die Straße, um mit Bill eine Runde zu drehen oder um Vorträge zu

halten, mimte er das trauernde Opfer, das lediglich in einem entscheidenden Moment einen gewissen Mut an den Tag gelegt hatte,
über das man doch bitte nicht so viel Aufsehen machen sollte. Er
habe nur das getan, was richtig war. Das hätte wohl jeder getan.
Und wurde er direkt angesprochen, wie es ihm gehe, antwortete
er stets leicht stockend: »Es geht mir … äh … naja … ich denke,
ich sollte froh darüber sein, noch am Leben zu sein.« In den vergangenen Wochen hatte er sich so gut in die Rolle des Opfers und
Helden gleichermaßen eingelebt, dass ihm dieses Stocken, dieses
»äh … naja …«, wie von selbst von den Lippen kam. Carsten spielte die Rolle seines Lebens. Und hatte dabei alle auf seiner Seite.
Alle, außer Dagmar Rolffs, Tanja Schubert, Andrea Böcker und
eben Thoelke.

MITTWOCH, 11. SEPTEMBER 2019

Auch der nächste Morgen begann mit strahlendem Sonnenschein. Tanja öffnete ihre Augen, streckte sich auf der Matratze und befand, dass dieses kleine Stück Stoff der schönste und friedlichste Ort der Welt sei. Sie schaute auf die Uhr, es war kurz vor acht. Sie hatte nur vier Stunden geschlafen. Zu aufregend war der gestrige Tag mit all den Interviews gewesen. Und schon jetzt nach zwölf Stunden war klar, dass ihre gestrige Aktion bei der Pressekonferenz der Wahrnehmung des Falles zu neuem Schwung verholfen hatte. Auch der Hashtag #justice4Tim verbreitete sich im Netz wie ein Lauffeuer. Gleichzeitig war ihr Gefühl der inneren Lähmung wie weggeblasen. Es war ein guter Tag. Und heute Abend würde sie sich erneut mit Andrea treffen.

Und so klingelte sie elf Stunden später, ausgestattet mit Laptop und viel Euphorie, bei Andrea – und erschrak: Eine am ganzen Körper zitternde Frau mit verheulten Augen öffnete ihr verängstigt die Tür.

»Was ist denn los, Süße?«, begrüßte Tanja Andrea und nahm sie fest in den Arm. »Beruhige dich erst mal.«

»Ich bin kurz vorm Durchdrehen und es tut mir auch für Tim leid, aber wir werden nichts ausrichten können. Carsten Pröpper ist ein gefeierter Held und es gibt keinen, der an seiner Notwehrtheorie zweifelt.«

»Doch, Thoelke.«

»Und deshalb sollten wir auch die Polizei ihren Job machen lassen.«

»Die hat aber gestern ihre Arbeit eingestellt.«

»Was können wir beide gegen Pröpper schon ausrichten, Tanja?«

»Rumschnüffeln. Im Dreck wühlen. Nerven. Wir können die Reißzwecke an seinem Hintern sein.«

»Das ja eklig.«

»Aber effektiv.« Tanja zog ihr Handy aus der Tasche. Sie wollte Andrea auf andere Gedanken bringen.

»Du hast bestimmt heute noch nichts gegessen. Was hältst du davon, wenn wir uns etwas zu essen bestellen? Ich lade dich ein.«

Andrea stockte kurz, dann zuckte sie mit ihren Schultern.

»Komm schon. Mir ist nach 'nem Thunfisch-Salat. Was möchtest du?«

»Thunfisch klingt vielleicht ganz gut.« Es zeichnete sich der leichte Ansatz eines Lächelns in Andreas Gesicht ab. »Aber nur einen kleinen für mich.«

Tanja rief beim Lieferservice an und landete in der Warteschleife, während Andrea sich auf das Sofa setzte und sich allmählich beruhigte. Es tat ihr gut, dass Tanja da war. Denn eigentlich hatte sie mit allem recht: Tim brauchte ihre Unterstützung. Er war kein schlechter Mensch und zudem der Verlobte ihrer toten Freundin gewesen.

»Salate kommen in 30 Minuten«, flötete Tanja und folgte Andrea auf das Sofa.

»Wir müssen ihn aufscheuchen und nervös machen, damit er unüberlegt handelt. Pröpper muss wissen, dass wir an ihm dran sind. Das sind wir Tim schuldig«, nahm Tanja euphorisch den Faden wieder auf.

»Ich weiß! Aber machen wir uns dann nicht selbst zu Zielscheiben?«

»Uns wird nichts passieren. Vertrau mir.«

»Ich weiß nicht.«

»Bitte. Lass' es uns zumindest versuchen.«

»Mmmmh.«

»Sind wir uns einig? Sag ja.«

»Okay.« Andrea drehte sich zu Tanja. »Womit fangen wir an?«

Tanja setzte sich aufrecht hin und begann ihre ersten Ideen zu skizzieren und wies nochmals darauf hin, dass die Hälfte bereits erledigt sei, da das Interesse der Medien bereits geweckt worden war. Somit mussten sie sie nur noch wachhalten. Laut und stetig.

»Wir sind also für den Lärm zuständig«, witzelte Andrea.

»Sozusagen. Tagsüber gehen wir zur Arbeit und abends machen wir Lärm.« Tanja holte ihren Laptop aus der Tasche. »Lass' uns mit Flyern beginnen, die alle mit dem Hashtag #justice4Tim versehen sind. Erste Entwürfe habe ich auch schon dabei.«

DONNERSTAG, 12. SEPTEMBER 2019
BIS DIENSTAG, 24. SEPTEMBER 2019

Nachdem einen Tag später alle Nachbarn im Rondeel mit den ersten Flyern versorgt worden waren, klingelten Andrea und Tanja am Freitag kurz nach 8 Uhr direkt bei Carsten Pröpper. Den zweiten Flyer wollten sie ihm persönlich überreichen.

»Was ist das?«, empfing ein sichtlich gereizter Carsten Pröpper die beiden Frauen.

»Unser heutiger Flyer. Noch ganz druckfrisch.«

»Reicht es nicht, dass ihr mit eurem Schmutz unsere Briefkästen vollstopft? Das ist Belästigung ersten Grades. Verschwindet von meinem Grundstück! Und nehmt euren Schund bloß mit.«

Doch die beiden Frauen blieben unbeeindruckt und ließen den Sturm der Entrüstung über sich ergehen. Tanja hatte Andrea im Vorwege auf alle Szenarien vorbereitet und dieses Stürmchen war das Mindeste, was zu erwarten gewesen war.

»Dürfen wir reinkommen, Herr Pröpper?«

»Das dürft ihr sicherlich nicht. Und wenn ihr nicht mit dem Schmierkram aufhört, werde ich euch anzeigen.«

»Weswegen genau, Herr Pröpper? Weil wir die Unschuld von Tim Quast beweisen wollen? Sie haben ihn brutal abgeschossen. Wie ein Stück Vieh. Warum haben Sie das gemacht?«

Keine Antwort.

»Nur, weil er ein Verhältnis mit ihrer Frau hatte?«, schob Andrea provokativ hinterher.

Carsten stockte einen Moment, sein Blick wurde kalt und bohrend.

»Wer sagt sowas?«

»Tim hat es mir erzählt. Damals, als erste Gerüchte in der Klatschpresse wegen einer möglichen Affäre auftauchten. Da sagte er mir, dass er das Verhältnis von Nicole Weinlein sei.«

Pröpper wechselte seinen Blick von Andrea zu Tanja. Doch auch sie hielt seinem Blick stand. Dann drehte er ab und ging zurück ins Haus.

Als die Tür ins Schloss gefallen war, begann Andrea am gesamten Körper zu zittern, ihr schönes Gesicht war weiß wie die Hauswand geworden und sie stieß ein leises Wimmern aus. Tanja nahm sie in den Arm. Ohne ein Wort zu sagen, gingen beide die Stufen hinunter und erreichten wenig später das Auto. Als sie im Wagen saßen, beendete Tanja das Schweigen und fragte heiser: »Seit wann wusstest du von der Affäre? Warum hast du das nicht früher gesagt?«

Nervös zündete sich Andrea eine Zigarette am falschen Ende an. Der Filter verbrannte zwischen ihren ungeschminkten Lippen. Lautlos schmiss sie die Zigarette aus dem Fenster und nahm eine neue. Es dauerte etwas, bis sie den Filter-Geschmack los war und den Rauch aus dem richtigen Ende genießen konnte. Langsam fingen ihre Augen an zu strahlen.

»Weißt du, was lustig ist, Tanja? Ich meine, was wirklich lustig ist?«

»Nein, sag' schon«, antwortete Tanja, während sie fast vor Ungeduld platzte.

»Ich wusste es gar nicht. Habe zu 110 Prozent geblufft.«

»Du hast was?«

»Geblufft.« Sie nahm einem erneuten langen und genussvollen Zug. »Als ich vor paar Wochen bei Isabel und Tim war, da hatte er mal angedeutet, dass er vor paar Jahren was mit einer Moderatorin gehabt habe und damals in der Klatschpresse wild spekuliert wurde, wer denn die geheime Affäre sei. Beide hätten sich beim Lesen dieser Artikel immer totgelacht. Doch beide haben geschwiegen und später beendet. Er hatte damals allerdings keinen Namen genannt. Das war alles.«

»Ich fasse es nicht. Du hast wirklich nur geblufft.«

»Und einen Volltreffer gelandet«, triumphierte Andrea.

»Das musst du gleich dem Thoelke sagen.«

»Thoelke? Was soll das bringen? Wir haben mit unseren Aktionen bei der Pressekonferenz, den Flyern und gerade eben mehr herausbekommen, als die Polizei in der ganzen Zeit zusammen. Lass' uns einfach weitermachen.«

Und so verging in nächster Zeit kein Tag, an dem nicht irgendwelche Pfeile Richtung Pröpper abgeschossen wurden, ohne seinen Namen auch nur ein einziges Mal zu erwähnen. Sie wollten den Druck erhöhen und bemerkten nicht, dass sie selbst dabei zerbrachen.

Tanja war in ihrem Tunnel und wollte Pröpper zu einem Fehler zwingen. Möglichst schnell. Und da nie eine Anzeige eintraf, fühlte sie sich ermutigt immer noch einen Schritt weiterzugehen. So wurden Pröpper nicht nur nächtliche Besuche abgestattet, sondern auch bei seinen seltenen Ausflügen verfolgt. Und das nicht mal besonders vorsichtig. Er sollte es merken. Das war Teil von Tanjas Strategie gewesen. Sie nannte es die Zermürbungsstrategie.

Andrea hingegen wollte nach einigen Tagen dieses Tempo nicht mehr mitgehen und den einen oder anderen Abend pausieren, doch das war mit Tanja nicht zu machen. Tanja hörte ihr noch nicht mal mehr zu und beschwerte sich stattdessen, dass von ihr keine Bluffs mehr kommen würden. Erst als Andrea ihre Anrufe komplett ignorierte, hatte sie verstanden und wagte einen Blick aus ihrem Tunnel. Sie wollte Andrea ein paar Tage Auszeit gönnen. Und bemerkte, dass auch ihr selbst und ihrer Arbeit beim Marktstand etwas Auszeit guttun würde.

MITTWOCH, 25. SEPTEMBER 2019
BIS DIENSTAG, 1. OKTOBER 2019

Um sich effektiv abzulenken beschloss Tanja nach den Marktständen, eine der Aufgaben in Angriff zu nehmen, die sie schon seit Monaten vor sich hinschob. Sie ging in den Keller, holte ihre Nähmaschine hoch und begann damit, ihre viel zu langen Gardinen in ihrer Wohnung umzunähen.

Doch das dumpfe Gefühl in der Magengegend blieb. Es half alles nichts – sie musste sich der Frage stellen, der sie seit Tagen beim abendlichen Nähen bewusst auswich: Hatte sie Andrea mit ihren Aktionen zu viel zugemutet? Denn sie hatte auch nach einer Woche immer noch nichts von ihr gehört. Es beschlich sie ein ungutes Gefühl. Irgendetwas suggerierte Gefahr, dass sie aber nicht in Worte fassen konnte. Ständig kreisten in ihr die Puzzleteile: Pröpper, Flyer, Tim, Nicole, Schuld, Unschuld. Doch sie war außerstande einen Zusammenhang zu erkennen. Sie griff zum Telefon und wählte Andreas Nummer. Das Handy war aus. Tanjas schlechtes Gewissen überrollte sie wie eine Dampfwalze. Was hatte sie nur getan? Und vor allem warum? Eilig schnappte sie sich ihre Jacke, schlüpfte in ihre Schuhe und fuhr kurzerhand zu Andrea. Sie wollte sie einfach nur in den Arm nehmen. Nicht lange aufhalten. Doch auch in der Wentzelstraße bekam sie Andrea nicht vors Gesicht. Die Tür war verschlossen und auf die Klingel reagierte sie nicht. Panik und Wut kam in ihr auf. Sie kramte ihr Handy aus der Tasche und wählte Thoelkes Nummer.

Freizeichen.

»Thoelke. Sind Sie das?«

»Ja, Hauptkommissar Thoelke hier. Moin, wer spricht?«

»Ich bin es, Tanja Schubert aus der Maria-Louisen-Straße 51.«

Hatte sie das eben wirklich gesagt? Wieso nennt sie ihre Adresse, dachte Tanja, um diesen Gedanken auch gleich wieder zu verwerfen.

»Hallo Frau Schubert, Sie machen ja richtig Wirbel mit ihren Flyer-Aktionen. Aber passen Sie bitte auf sich auf. Carsten Pröpper ist ein sehr gefährlicher Mann.«

»Das ist ja das Problem.« Tanjas Stimme zitterte. »Andrea ist verschwunden.«

»Meinen Sie Andrea Böcker?«

»Ja, Herr Hauptkommissar.«

»Was heißt verschwunden?«

»Ich kann sie nicht erreichen.«

»Seit wann?«

»Jetzt sind es schon acht Tage.«

»Vielleicht hat sie sich nur ein paar Tage Urlaub genommen. Unterschätzen Sie das nicht. Frau Böcker hat die Leiche ihrer Freundin Isabel Thoss entdeckt. Das macht etwas mit einem. Das muss erst mal verarbeitet werden. Und erfahrungsgemäß dauert das ein paar Wochen, bis man überhaupt bereit ist, solche Vorkommnisse anzufangen zu verarbeiten. Davor verdrängt man es lediglich. Wahrscheinlich ist die Verdrängungsphase vorbei und sie hat sich ein paar Tage Urlaub genommen. Ist an die Ostsee oder Nordsee gefahren und das Handy ausgestellt. Das Wetter ist ja auch herrlich. Ein richtig Goldener Herbst, den wir haben.«

»Aber, Herr Hauptkommissar«, versuchte Tanja zu Wort zu kommen.

»Und … das wäre psychologisch gesehen ein ganz normaler und, wenn ich das noch ergänzen darf, ein ganz wichtiger Schritt, um wieder zurück ins Leben zu finden.«

Doch nun kam Tanja zu Wort und erzählte detailliert von ihren geplanten Aktionen für die nächsten Tage. Und auch darüber, dass Andrea in der Tat auch mal von einer Auszeit sprach. Doch dass sie seit einer kompletten Woche gar nicht mehr erreichbar sei, sei schon seltsam. Nicht eine einzige Textnachricht sei an Andrea zugestellt worden. Nichts.

»Waren Sie schon bei ihr zu Hause?«

»Ich stehe seit 20 Minuten vor ihrer scheiß Haustür. Sie macht nicht auf.« Mittlerweile schrie, schimpfte und weinte sie. »Da muss etwas passiert sein. Das spüre ich.«

»Bitte beruhigen Sie sich, Frau Schubert. Haben Sie die Kraft zu uns aufs Kommissariat zu kommen, damit wir eine Vermisstenanzeige zu Papier bringen können?«

»Was ist mit der Wohnung?«

»Da schicke ich einen Kollegen vorbei, der sich umschaut. Aber ich möchte nicht, dass Sie dabei sind. Ich möchte, dass Sie umgehend zu mir kommen. Ich bleibe, wenn Sie es wünschen, auch die gesamte Zeit am Telefon.«

* * *

Thoelke, der seit der offiziellen Einstellung durch die Staatsanwaltschaft bereits mit anderen Verbrechen beschäftigt war, brannte unverändert für den *Elbmörder*-Fall. Auch, wenn er sich eingestehen musste, dass er auf diese von Tanja Schubert geschilderte Situation nicht vorbereitet war. Unzählige Szenarien hatte er mit seinem Team durchgespielt, aber nicht diese. Nachdem er einen Kollegen zur Wohnung losgeschickt hatte, blieb er sitzen und hörte schweigend zu, als Tanja auf ihrer Fahrt ins Kommissariat nochmals alles haarklein runterbetete. Doch das Fazit blieb unverändert: Andrea war seit acht Tagen verschwunden.

Nachdem Thoelke die Vermisstenanzeige in seinem Computer aufgenommen hatte und diese von Tanja Schubert unterzeichnen ließ, kramte er in seiner Schublade nach Kleingeld für den Getränkeautomaten.

»Jetzt brauche ich eine Coke, Frau Schubert. Möchten Sie auch etwas trinken?«

»Kann ich mitkommen?«

»Sicher. Kommen Sie«, antwortete der Hauptkommissar, als er Tanja Schubert die Bürotür aufhielt. Auf dem Weg zur nächsten Cola ließ Thoelke Tanja an seinen Gedanken teilhaben:

»Das mag jetzt etwas komisch für Sie klingen, aber als Sie mich vorhin anriefen, dachte ich im ersten Moment, dass das Verschwinden ihrer Freundin weitere Komplikationen mit sich bringen würde, aber das Gegenteil ist der Fall. Es leiten sich neue Möglichkeiten ab.«

»Neue Möglichkeiten?«

»Wer hätte Interesse, Andrea Böcker mundtot zu machen?«

»Mundtot?!«, Tanja Schubert blieb stehen und starrte Thoelke erschrocken an. »Sie meinen ihr ist doch etwas passiert?«

»Sie ist nicht erreichbar. Von einem Tag zum nächsten. Ihre Wohnung ist leer und das Handy verschwunden. Ja, sie sollten sich mit diesem Gedanken anfreunden, dass ihr etwas zugestoßen ist.«

Tanja lehnte sich an die beige Flurwand, rutschte langsam auf den PVC-Fußboden herab und atmete tief durch, um sich zu beruhigen. Thoelke nutze die Pause, um am Automaten eine Cola und ein Wasser zu ziehen.

»Mit oder ohne?«

Doch Tanja reagierte nicht. Wurde es also ein stilles Wasser, entschied Thoelke, ging zurück zu Tanja Schubert und reichte ihr seine rechte Hand.

»Stehen Sie auf. Wir gehen zurück in mein Büro.«

»Sind Sie eigentlich immer so direkt, Herr Hauptkommissar? Sie sprechen von einer Freundin von mir.«

»Es tut mir leid, aber bei Personen, die seit acht Tagen als vermisst gelten, ohne dass eine Kontaktaufnahme eines Entführers stattgefunden hat, muss in der Tat vom Schlimmsten ausgegangen werden.«

»Sie meinen, Sie ist tot?«

»Ich meine gar nichts, denn ich halte mich an Fakten. Das ist mein Job. Aber dennoch. Wer wäre der Nutznießer einer verschwundenen Andrea Böcker?«

»Carsten Pröpper.«

»Bingo. Das denke ich auch. Doch wir benötigen Fakten«, resümierte Thoelke, als beide in sein Büro zurückkehrten.

»Setzen Sie sich doch bitte. Ich habe noch ein paar Fragen.«

Tanja setzte sich wieder auf den Besucherstuhl, während Thoelke hinter seinen Schreibtisch verschwand. Er stellte seine Cola ab, stützte die Ellenbogen auf und legte die Hände aneinander. Dann schaute er sie an. Mit warmer Stimme sagte er:

»Sie hatten mir vorhin sehr detailliert von ihren Aktionen berichtet. Sie haben in diesem Zusammenhang auch Herrn Pröpper persönlich im Rondeel 29 aufgesucht und an seiner Tür geklingelt.«

»Ja.«

»Hat Carsten Pröpper ihnen oder Andrea Böcker zu irgendeinem Zeitpunkt in irgendeiner Weise gedroht?«

»Gedroht? Nein.«

»Wir haben somit nichts gegen ihn in der Hand.« Thoelke zuckte mit seinen Schultern.

»Doch. Er hat uns gedroht. Sogar massiv«, unterbrach Tanja.

»Doch?«

»Er hat uns von seinem Grundstück gejagt.«

»Ach Liebes. Das ist sein gutes Recht. Das reicht nicht.« Thoelke griff zu seiner Flasche.

»Hat er direkte Drohungen ausgesprochen? Gab es irgendwelche Auffälligkeiten? Anonyme Anrufe, die wir mit ihm in Verbindung bringen könnten? Irgendetwas?«

»Nein.« Tanja schaute resigniert zu Boden. »Schlimmer noch. Egal, was wir machten. Und wir haben, wie Sie wissen, viel gemacht, um ihn zu provozieren. Alles prallte an ihm ab.«

Thoelke leerte seine Flasche und stellte sie beiseite.

»Von solchen Idioten laufen viel zu viele rum. Aber ich glaube, dann haben wir es erst einmal.« Thoelke wurde schmallippig, da der nächste Termin auf ihn wartete.

»Ich soll jetzt gehen?«, fragte Tanja Schubert verunsichert.

»Nur, wenn Sie sich dazu in der Lage fühlen. Ich kann Sie auch nachhause fahren lassen.«

»Nein, nein. Es geht schon, Herr Hauptkommissar.«

Thoelke stand auf und geleitete Tanja Schubert zum Ausgang, die sich dort auf die Zehenspitzen stellte, um ihn zum Abschied zu umarmen. Seitdem er ihr vor ein paar Wochen versichert hatte, die Tatsache, dass sie eine knappe Woche Tim Quast Unterschlupf gewährt hatte, nicht strafrechtlich verfolgen zu lassen, umarmte sie ihn zum Abschied. Doch heute war die Umarmung einen Hauch länger als sonst. Nicht nur, weil sie die Gedanken an das Verschwinden von Andrea beunruhigte, sondern weil sie Angst davor hatte, was Thoelke ihr sagte. Die Wahrheit war deutlich sichtbar geworden. Zuerst verschwand Tim aus ihrem Leben, nachdem er erst kurz zuvor in ihr Leben trat. Nun verschwand auch Andrea aus ihrem Leben, die ebenfalls erst kurze Zeit in ihr Leben getreten war. Würde sie die nächste sein? Oder Thoelke? Denn Thoelke war auch erst vor kurzen in ihr Leben getreten. Ein schauerlicher Gedanke, den sie schnell versuchte wegzuwischen wie einen unpassenden Tinder-Vorschlag. Dennoch sollten sie diese Gedanken nicht mehr loslassen.

Thoelke erwiderte die Umarmung ebenso lange, als hätte er ebenfalls Angst vor dem Abschied. Dann ging er gedankenverloren zurück in sein Büro, wo er an seinem Türrahmen verharrte. Sollte sich sein Verdacht bewahrheiten, handelte es sich um einen Serienkiller. Pröpper war ihm von Anfang an immer einen Schritt voraus gewesen. Er wusste immer, wann er welche Knöpfe zu drücken hatte. Ach was Knöpfe. Das waren gezielt gelegte Brandsätze mit Nebelschwaden. Er durfte kein Risiko eingehen. Wer wusste schon, was dieser Scheißkerl als Nächstes plante. Frustriert fischte er die Vermisstenanzeige vom Schreibtisch und gab sie Bernd.

»Andrea Böcker wird vermisst, Cheffe?«

»Sie wird nicht vermisst«, Thoelke schnaubte kurz. »Diese Frau ist tot. Getötet von Carsten Pröpper, unserem *Elbmörder*. Und wir beide brauchen die Leiche. Aber subito.«

»Warum geben Sie mir dann ihre Vermisstenanzeige?«

»Weil sie offiziell vermisst wird. Offiziell, weil lediglich der derzeitige Aufenthaltsort unbekannt ist und somit keine Gefahr für Leib und Leben besteht.«

»Seit wann?«

»Seit acht Tagen.«

»Dann ist doch Gefahr in Verzug oder wie das heißt?«

»Natürlich. Aber was sollen wir machen?« Thoelke schaute für einen kurzen Moment hilfesuchend an die Decke. »Wir können weder auf Hundertschaften von Kollegen zurückgreifen, um eine großangelegte Suchaktion zu starten, noch haben wir selbst Leute, um etwas zu tun. Und solange sie nicht gefunden wird, lebend oder tot, bleibt sie lediglich eine Vermisste.«

Bernd stand auf und schenkte sich noch einen Becher von dem grässlichen Kaffee ein.

»Das ist doch ein Witz.«

»Uns bleiben die Hände gebunden. Habe sie bereits bei INPOL zur Fahndung ausgeschrieben, dass auch die anderen Dienststellen informiert sind.«

»Und inoffiziell? Was heißt das inoffiziell für uns beide?«

»Überstunden!«

* * *

Weder die Befragung von Pröpper, noch die Durchsuchung der Wohnung von Andrea Böcker brachten die reaktivierten Ermittlungsversuche voran. Zwar konnte der Personalausweis auf dem Küchentisch neben ein paar Flyern, Einkaufsnotizen und einer halb gefüllten Schachtel Zigaretten in der Wohnung sichergestellt werden, doch was bewies das schon? Auch die Tatsache, dass ihre Kleiderschränke voll waren und somit eine Urlaubsreise als nicht glaubwürdig einzustufen war, gab dem Vermisstenfall nicht den Anstrich eines Kapitalverbrechens. Es blieb dabei. Ohne Leiche kein Fall. Und ohne Fall kein zusätzliches Personal.

Doch Hauptkommissar Thoelke nahm sich vor, Tanja von nun an täglich über den neuesten Stand zu informieren. Erstens, weil er es ihr vorhin versprochen hatte und zweitens, weil er sich seit der letzten Umarmung verantwortlich für sie fühlte. Er bemerkte, wie Tanja an Kraft und Lebensfreude verloren hatte. Und dieser Eindruck sollte sich bestätigen, als er am Abend bei ihr klingelte.

»Darf ich raufkommen, Tanja?«

Der Summer von Tanjas Klingelanlage bejahte diese Frage. Oben angekommen fand er sie zusammengerollt in ihrem Bett liegen. Ein müdes Häufchen Elend.

»Was ist los?«

»Mir geht es nicht gut.«

»Sie müssen an Ihren Marktstand denken und weitermachen. Um Carsten Pröpper kümmere ich mich.«

Tanja hob ihren Kopf und blickte Thoelke erwartungsvoll an.

»Gibt's denn etwas Neues?«

Kopfschüttelnd ging Thoelke in die Küche, um ein Glas für seine mitgebrachte Coke zu holen. Er wusste mittlerweile, dass Tanja so etwas nicht im Hause hatte.

Doch in der Küche bot sich ihm ein Bild des Schreckens. Dreckiges Geschirr stapelte sich in der Spüle und der Boden glich einem Flaschenzwischenlager. Er schloss leise die Küchentür, nahm sich das letzte saubere Glas und schenkte sich ein. Dann kümmerte er sich um das Geschirr. Der Abwasch beruhigte ihn zusehends. Als er gut eine dreiviertel Stunde später die Küchentür wieder öffnete, war alles da, wo es hingehörte. Und um die Flaschen würde er sich morgen kümmern.

Er ging zurück ins Schlafzimmer und setzte sich auf den Holzstuhl neben der Kopfseite des Bettes. Tanja schlief bereits und ein leises Schnarchen war zu vernehmen. Er lauschte und lächelte zufrieden. Hätte er nach der Umarmung im Kommissariat noch seine frisch geweckten väterlichen Gefühle bekämpft, dann wäre er spätestens bei diesem Anblick besiegt.

Er drehte seinen Kopf und schaute aus dem Fenster zum Innenhof. Eine klägliche Tanne wuchs in dem mit Schlaglöchern übersäten Asphalt. Es hatte etwas Meditatives. Ähnlich wie Geschirr abzuspülen. Er wollte noch etwas sitzen bleiben und spätestens gegen 9 Uhr gehen. Doch wenig später schlief auch er ein.

Am nächsten Tag tauchte Cordt Müller im Kommissariat auf.

»Ist er da?«

»Guten Morgen, Herr Polizeipräsident«, ertönte es im Dreiklang vom Empfangstresen.

»Ja, ja, schon gut. Ist Thoelke nun da oder nicht?«

»Wenn Sie den Flur entlanggehen, hinten das letzte Büro. Sie können es gar nicht verfehlen. Dort müsste er sein, Herr Polizeipräsident.«

»Ich kenne den Weg, meine Damen.« Möller deutete eine Handbewegung des Dankes an und ging Richtung Thoelkes Büro. Er riss die Tür auf.

»Was gibt es Neues? Sie wollten mich doch informieren? Kurzer Dienstweg. Was ist das mit dieser …«, er zog einen Zettel aus seiner Manteltasche »… mit dieser Andrea Böcker?«

Thoelke sprang überrascht aus seinem Stuhl und wischte über seinen Cola-Mund: »Guten Morgen, Herr Polizeipräsident.«

»Papperlapapp. Hören Sie doch auf damit. Ich habe Ihnen das schon mal gesagt, wenn keine Kameras laufen einfach nur Möller.«

»Ja, natürlich. Entschuldigung, Herr Möller.«

»So, und nun kommen Sie mit. Wir gehen in die Kantine und Sie geben mir einen frischen Kaffee aus. Ich kann mich erinnern, dass der hier ganz gut schmeckt.«

Der Weg in die Kantine dauerte länger als gedacht, da sich der Polizeipräsident von jedem bekannten Gesicht aufhalten ließ und sich jeweils zu zwei bis drei Sätzen der freundlichen Konversation genötigt fühlte. Doch irgendwann saßen sie in der hintersten Ecke an einem Zweiertisch und Möller rührte wortlos in seinem Kaffee. Er hob seinen Kopf.

»Sie trinken ja noch immer dieses Teufelszeug, Kollege«, und zeigte auf Thoelkes Colaflasche. »Ist nicht gut. Lassen Sie das mal weg. Wir brauchen Sie noch ein Weilchen.«

Folgsam schob Thoelke die Flasche beiseite.

»So, und nun erzählen Sie mal schnell von dem Verschwinden der …«, er schaute erneut auf seinen Zettel, den er aus der Manteltasche zog, »… Andrea Böcker. Wer hat sie wann, wo und warum entführt …, meinen Sie, sie wurde entführt?«

Thoelke informierte ihn in allen Einzelheiten, was passiert war, während sich Möller einige Notizen machte.

»Klingt nach einem Muster.« Thoelke nickte. »Klingt nach Hamburger Rotlichtmilieu«, folgerte Möller.

»Nein«, insistierte Thoelke vorsichtig. »Das können wir so nicht bestätigen.«

Unbeeindruckt kombinierte der Polizeipräsident weiter: »Und Pröpper wäre der Nutznießer von allem.« Er machte eine Pause und rührte weiter in seinem Kaffee.

»Was ist mit dieser aufmüpfigen Tanja Schubert? Wer passt auf sie auf?« Doch bevor Thoelke antworten konnte, setzte Möller fort. »Machen Sie das mal, Kollege. Ab sofort steht sie unter Ihrem persönlichen Schutz. Dürfen wir nicht auch noch verlieren. Und vergessen Sie nicht: Kurzer Dienstweg! Kurzer Dienstweg!« Er taxierte Thoelke, trank seinen kalten Kaffee aus, nickte ihm wohlwollend zu und verließ die Kantine durch den Hinterausgang.

Als Thoelke in sein Büro zurückkam, klingelte sein Telefon. Es war Bernd.

»Was ist denn los, Bernd?«

»Wollen Sie umziehen, Cheffe? So schnell?«

»Wieso?«

»Habe vorhin gesehen, dass Sie das Hemd schon gestern anhatten.«

»Äh, ja. War gestern noch bei Tanja Schubert. Sie war nicht gut drauf und bat mich bei ihr zu übernachten. Hängen Sie es aber nicht an die große Glocke.«

»Mach ich nicht«, antwortete sein Assi amüsiert. »Aber darum ging es mir auch gar nicht. Es ist nur so, Cheffe, dass ich Frau Kirschstein, irgendeine Immobilien-Tante, auf Leitung 3 für Sie habe.«

»Immobilien-Tante? Ach neee. Möller war gerade hier. Machen Sie das mal, bitte.«

»Sorry, will nur mit Ihnen sprechen, Cheffe. Scheint privat zu sein. Vielleicht will ja Tanja Schubert umziehen?«, scherzte Bernd.

Thoelke drückte auf die Taste 3.

»Thoelke. Was kann ich für Sie tun?«

»Guten Tag, Herr Thoelke, mein Name ist Petra Kirschstein. Ich bin Geschäftsführerin des Immobilienbüros Kirschstein & Cie.«

Thoelke lauschte regungslos und wartete auf den Aha-Effekt, währenddessen er in seiner Schublade nach Kleingeld kramte.

»Und in dieser Funktion«, fuhr die Immobilienmaklerin fort »bin ich mit der Vermarktung der Wohnung im Apostelweg 20 betraut worden.«

»So, so«, antworte Thoelke unbeeindruckt. Seine Konzentration galt weiter dem Einsammeln der 10-Cent-Stücke, von denen er genau elf brauchte.

»Wie Sie ja wissen, handelt es sich dabei um die ehemalige Wohnung der Frau Thoss.«

»Thoss?«, nun hatte Frau Kirschstein seine ungeteilte Aufmerksamkeit. »Isabel Thoss?«

»Richtig.«

»Was ist mit der Wohnung?«

»Hier liegt eine Frau im Schlafzimmer. Sie atmet nicht. Ich glaube, sie ist tot.«

Thoelke sprang auf, seine elf 10-Cent-Stücke fest in der Hand.

»Warum sagen Sie das erst jetzt? Fassen Sie nichts an, Frau … Frau …«

»Kirschstein.«

»Richtig. Frau Kirschstein. Bleiben Sie ruhig. Bleiben Sie dort. Sind Sie allein? Oder ist der Täter noch in der Wohnung?«

»Ich bin allein.«

»Gut. Notarzt ist informiert. Und wir sind auch schon unterwegs.«

Keine 30 Minuten später trafen Thoelke und Bernd in Isabels ehemaligem Wohnhaus im Apostelweg 20 in Hamburg-Rahlstedt ein und rannten direkt in das Schlafzimmer. Den Weg dorthin kannten sie nur zu gut, da Ende Juli der Leichnam von Isabel Thoss ebenfalls dort aufgefunden wurde. Nun wartete die nächste Leiche. Thoelke schaute in den leblosen Gesichtsausdruck von Andrea Böcker, als der herbeigerufene Notarzt aus dem nahegelegenen Marienkrankenhaus ihm mitteilte, dass das Opfer vor etwa 24–25 Stunden erwürgt worden war. Somit hätte auch die Immobilienmaklerin nichts mehr für sie tun können, als sie sie vorfand.

Thoelke fühlte sich währenddessen mal wieder in seiner Theorie bestätigt, dass am Gesichtsausdruck eines Leichnams abzulesen war, ob dieser eines gewaltsamen oder eines natürlichen Todes gestorben war. Und Böckers Gesichtsausdruck war eindeutig. Man musste sich nicht den Rest ihres Körpers angucken. Doch damit

stand der Hauptkommissar seit jeher alleine da. Vor allem Rechts-
medizin-Chefin Frau Dr. Kylau belächelte diesen unwissenschaft-
lichen Ansatz, was der professionellen Zusammenarbeit beider
keinen Abbruch tat. Dann schaute Thoelke zu Bernd:

»Es wird wieder passieren. Dieser Sturm hat sich noch nicht gelegt.« Bernd verstand sofort, wen Thoelke meinte und bejahte mit
einem Nicken.

»Wo befindet sich Frau Kirschstein?«

»Kommen Sie, Cheffe. Sie wartet in der Küche.«

Nun war es Frau Kirschstein, die neben dem Kühlschrank auf
dem Stuhl saß, auf dem vor wenigen Wochen die Ermordete selber
noch gesessen hatte, um die damaligen Fragen von Thoelke zu beantworten. Ein kalter Schauer lief Thoelke über den Rücken. Doch
er ließ sich nichts anmerken und setzte seine Arbeit sachlich und
emotionslos fort.

»Guten Tag Frau Kirschstein. Das ist mein Kollege Bernd Knorr«,
Thoelke zeigte auf Bernd. »Mein Name ist Thoelke. Thoelke mit
oe. Ich bin Hauptkommissar der Mordkommission und leite diese
Ermittlung. Wir haben telefoniert.« Er schaute leicht irritiert in ihr
Gesicht, das auffallend stark gebräunt war und über die normale
Kraft der Hamburger Herbstsonne weit hinausging.

»Wie geht es Ihnen? Brauchen Sie psychologische Hilfe?«

»Mir geht es den Umständen entsprechend gut. Ihre Kollegen
hatten mir schon etwas zu Beruhigung gegeben. Vielen Dank.«

»Gut. Ich hoffe, es stört Sie nicht, wenn ich unser Gespräch aufzeichne.« Thoelke zog sein kleines Aufnahmegerät aus der Tasche
und drapierte es auf dem Küchentisch.

»Bitte erzählen Sie uns, warum Sie hergekommen sind und was
Sie wie vorgefunden haben. Einfach Ihre Sicht der Dinge.«

Nachdem Frau Kirschstein noch mal alles geschildert hatte, angefangen von der Terminierung der heutigen Wohnungsbesichtigung, über ihre Verwunderung, dass die Tür bei ihrer Ankunft offen gestanden habe, sowie ihren Schock bezüglich des Leichenfundes bis hin zur finalen Absage der Besichtigung, fragte sie:

»Wer ersetzt mir eigentlich den Schaden? Die Polizei?«

»Welchen Schaden, Frau Kirschstein?«, erwiderte Thoelke verwundert.

»Mietausfälle ab November. Ich musste vorhin eine Wohnungsbesichtigung absagen. Mit zig Interessenten. Und nicht nur das. Auch das Türschloss muss ausgewechselt werden. Die Tür stand immerhin offen. Und nicht zu vergessen der Imageschaden.«

Frau Kirschstein gestikulierte wild mit ihren Händen.

»Imageschaden?«

»Wer will schon in eine Wohnung ziehen, in der zum wiederholten Male eine junge Frau umgebracht wurde? Dabei wurde die Wohnung extra aufwendig renoviert. Die alte Küche mit den Holzschränken wurde rausgerissen und durch diese schöne Edelstahlküche ersetzt. Aber so? Mit zwei Leichen? Ein Ding der Unmöglichkeit«, beharrte die Immobilienmaklerin erregt.

»Frau Böcker wurde hier nicht ermordet.«

»Wurde sie nicht?«, fragte sie überrascht. »Das können Sie jetzt nach so kurzer Zeit schon sagen?!«

»Kommen Sie mit.« Thoelke ging erneut zum Leichnam.

»Sehen Sie die angewinkelten Beine?«

»Sie liegt ja auch im Bett. Ich schlafe auch immer so.« Frau Kirschstein deutete zur Untermauerung und besseren bildlichen Vorstellung eine Kniebeugung an.

»Frau Kirschstein«, versuchte Thoelke sie in ihrer Akrobatik zu stoppen. »Sie wurde erwürgt und in eine viel zu enge Kiste abgelegt.«

»Kiste?«

»Wahrscheinlich für den Transport vom Tatort hierher.«

»Oh, mein Gott, das arme Mädchen.« Die Immobilienmaklerin musste an das Leid des Opfers denken. Wie lächerlich kam ihr die soeben geführte Diskussion über Mietausfälle vor. Sie blieb wie versteinert stehen.

»Und nicht nur das. Die Kiste war so eng, dass ihre Beine angewinkelt werden mussten.« Thoelke zeigte erneut auf die Beine. »Und durch die eingetretene Leichenstarre verharren die Beine nun in diesem angewinkelten Zustand.«

»Sie war also schon tot, als ich sie vorfand? Ich hätte also nichts mehr für sie tun können?«

»Das ist richtig. Und wenn Sie so wollen, ist das die gute Nachricht. Sie hätten nichts mehr für Andrea Böcker tun können, ob Sie nun 5 Minuten früher oder später gekommen wären.«

* * *

Thoelke hatte sich bis heute nicht an den Anblick von Leichen gewöhnen können. Ganz gleich, ob alt oder jung. Besonders belastend war es, wenn er die Opfer persönlich kannte, wie im Falle von Andrea Böcker. Er hatte sie zwar nur wenige Male gesehen, wusste aber, wie sie sich bewegt hatte und erinnerte sich genau an den Klang ihrer Stimme. Er sah sie immerzu vor sich, wie sie ihm in der Küche tapfer all seine Fragen beantwortet hatte. Es war zum Kotzen.

Nun galt es, Tanja über den schrecklichen Fund zu informieren. Inoffiziell. Dies wollte er persönlich machen. Nachdem die Kollegen der Spusi übernommen hatten, setzte er Bernd im Kommissariat ab und fuhr weiter in die Maria-Louisen-Straße. Als Tanja seinen Blick sah, ahnte sie sofort, was passiert war. Thoelke schloss die Tür und beide setzten sich an den Holztisch in der Küche.

»Andrea ist tot und ich konnte es nicht verhindern«, begann Thoelke.

Tanja schwieg und starrte auf die leere Kaffeetasse, dann brach sie weinend zusammen. Thoelke konnte sie gerade noch auffangen und trug sie zum Sofa. Er entschied sich, die Einzelheiten bezüglich der Kiste zu verschweigen. Es dauerte eine Weile, bis sie sich soweit beruhigt und stabilisiert hatte, dass Thoelke ruhigen Gewissens wieder los konnte.

Er entschied sich, in Rücksprache mit Möller und dem Innensenator, den Medien die genauen Tatumstände ebenfalls nicht preiszugeben. Er sprach lediglich von einer Frauenleiche namens Andrea B., 28 Jahre alt, aufgefunden in Hamburg-Rahlstedt. Vorteil dieser Strategie war, so seine Hoffnung, dass der mutmaßliche Täter beziehungsweise Pröpper im Gespräch Einzelheiten kundtat, die nicht öffentlich bekannt waren und die ihn somit als Täter oder zumindest Mitwisser entlarvten. Er informierte Bernd, eine entsprechende Presse-Mitteilung vorzubereiten. Dann stieg er in sein Dienstfahrzeug Richtung Hamburger Fischmarkt. Als er an der Elbphilharmonie vorbeifuhr, musste er mit dem Kopf schütteln. Ursprünglich sollte dieses Teil 77 Millionen Euro kosten, dann waren es fast 900 Millionen Euro geworden. Und er war bis heute nicht dort gewesen. Noch nicht mal zur Aussichtsplattform hatte er es geschafft. Immer nur Arbeit, Arbeit, Arbeit. Er musste wieder mehr an sich denken. Etwas unternehmen und unter Leute kommen, dachte er. Auch mal abends wieder ausgehen. Warum nicht mal dorthin, auch wenn die Akustik angeblich nicht besonders sein sollte. Aber wer würde das ernsthaft bemerken? Dann bog er links in die Große Elbstraße ein und fand wenig später einen Parkplatz.

Als er aus seinem Wagen stieg, peitschte der Regen nur so in sein Gesicht. Er zog seine Jacke schützend über seinen Kopf und trabte in den Laden.

»Moin, Dieter!«

»Moin, Herr Wachtmeister. All up Stee?«

»Jo, is all in d'Rieg. Machst mir zwei leckere Aal-Brötchen? «

»Mookt wi.«

Thoelke reichte ihm einen Zehner über den Tresen und signalisierte mit einer Handbewegung, dass er kein Wechselgeld erwartete. Viel zu sehr genoss er die kurze Auszeit und biss herzhaft in das erste Brötchen.

»Allerbest, Dieter«, quoll es aus dem vollen Mund heraus. »Allerbest!«

DONNERSTAG, 3. OKTOBER 2019, TAG DER DEUTSCHEN EINHEIT

Dr. Kylaus' Rechtsmedizin-Reich befand sich in den großen Kellerräumlichkeiten und strömte mit seinen grellen Neonleuchten und dem strengem Formalingeruch eine Atmosphäre frostiger Kälte aus. Umso wärmer fiel die heutige Begrüßung durch die Hausherrin aus.

»Welch seltener, aber schöner Besuch in unseren heiligen Hallen«, wurde er von Frau Dr. Kylau mit gedämpfter Stimme begrüßt. In Anwesenheit der Leichen flüsterte hier fast jeder.

»Warum wundert es mich nicht, dass auch Sie sich an diesem Feiertag bei der Arbeit befinden?«, witzelte Thoelke.

Frau Kylau zog ihre Schultern hoch und lächelte etwas unbeholfen.

»Und? Was haben Sie gefunden?«

»Ich weiß nicht, wie ihr euch das immer vorstellt. Ich kann euch noch nicht viel sagen. Ich habe diesen Leichnam erst vor gut 90 Minuten bekommen.«

»Deswegen komme ich ja auch erst jetzt.« Thoelke musste kurz auflachen.

»Pssst. Nicht so laut.«

»T'schuldigung.«

»Außerdem habe ich noch diesen Selbstmörder aus Blankenese auf dem Tisch.« Sie zeigte auf einen blassen und aufgedunsenen Mann, der nach mehreren Tagen des Vermisstseins gestern im Hamburger Hafenbecken angeschwemmt wurde.

»Aber meine liebe Frau Dr. Kylau, ein Selbstmörder ist lediglich eine Notiz, eine Nachricht. Dagegen haben wir mit Frau Böcker eine Ermordete, davon ist zumindest auszugehen. Auch kann der Selbstmörder nicht mehr fliehen – unser Mörder schon.«

»Ist ja schon gut«, flüsterte Frau Dr. Kylau, streifte sich ihre Handschuhe über und widmete sich dem weiblichen Leichnam. Wenige Sekunden später flüsterte sie.

»Wie auch Sie erkennen werden, hat die Frau diverse Hämatome am ganzen Körper.«

»Wie lange ist sie schon tot?«, fragte Thoelke ungeduldig.

»Zwischen 28 und 36 Stunden. Und nun lassen Sie mich meine Arbeit in Ruhe machen«, sagte sie und machte eine eindeutige Abschiedsgeste, indem sie ihre Hand hob und winkte.

»Eine Frage noch, Frau Doktor. Können Sie die Todesursache schon näher bestimmen?«

»Nein. Aber unter Vorbehalt denke ich Erstickung … mit einem ganz normalen handelsüblichen Kissen oder Ähnlichem. Und nun gehen Sie. Sie haben morgen früh den Bericht auf ihrem Tisch. Sie wissen doch, Blankenese wartet.«

FREITAG, 4. OKTOBER 2019

Am nächsten Morgen hatte Thoelke den versprochenen kriminaltechnischen Untersuchungsbericht in seinem Postfach. Er trommelte sein Team zusammen, überflog den Bericht und gab gleichzeitig die wichtigsten Stellen zur Kenntnis:

»Zum Zeitpunkt der Obduktion der Leiche war Andrea Böcker bereits 36 Stunden tot. Sie wurde mit einem gasförmigen Narkosemittel namens Isofluran betäubt. Im Anschluss wurde sie mit einem Kissen erstickt. Entsprechende Fasern wurden im Rachenraum sichergestellt. Massive Hämatome am gesamten Körper deuten auf gewaltsames Festhalten hin. Nach dem Erstickungstod wurde sie in eine Holzkiste verstaut. Leichte Holzsplitter an ihrer Kleidung wurden ebenfalls sichergestellt. Es wurde sich nicht an ihr vergangen. Der Tatort ist nicht der Fundort. Sprich, sie wurde irgendwo getötet und in die ehemalige Wohnung von Isabel Thoss nach Rahlstedt gebracht.«

»So einen Kistentransport muss doch irgendjemand gesehen haben«, fragte Azubi Tobias in die Runde. »Das geht doch gar nicht anders.«

»Prinzipiell schon, aber wenn die Kiste, und davon ist auszugehen, bereits nachts in die Wohnung getragen wurde? Dann kann so etwas auch unentdeckt bleiben. Die Nachbarn zumindest haben weder Auffälliges gehört noch gesehen«, klärte Thoelke auf.

»Wir haben übrigens wieder eine Kette gefunden«, brachte sich Bernd ein.

»Was für eine Kette?«

»Eine Halskette. Wieder im Jenischpark an der Elbe. An exakt derselben Stelle, wo wir schon die Silberkette von Isabel Thoss gefunden haben.« Bernd reichte sie Thoelke über den Tisch. »Laut

Spusi ohne verwertbare DNA. Zurzeit klären wir, ob diese Halskette Andrea Böcker gehörte.

»Sollte sich das bestätigen, haben wir es mit einem klassischen Trophäensammler zu tun. Eine typische Verhaltensweise gestörter Serienmörder«, warf Smitka ein.

»Nur, dass seinen Trophäen nicht im dunklen Kämmerlein zu Hause gehuldigt wird, sondern dass sie öffentlich zur Schau gestellt werden«, kommentierte Bernd.

»Demnach dann doch derselbe Täter wie bei Isabel Thoss?«, fragte Tillmann.

»Denkbar. Eventuell aber auch ein Trittbrettfahrer, ein Nachahmer, der mit der Halskette Aufmerksamkeit erhaschen möchte.« Thoelke spielte mit der Kette und ließ sie flink durch seine Finger gleiten. »Von daher erneut mein eindringlicher Appell, um Himmels Willen nicht mit der Presse zu sprechen.«

* * *

Nach der Besprechung wandte sich Thoelke an Bernd:

»Hol deine Jacke.«

»Wohin geht's?«

»Zu Pröpper.«

»Ach, herrje.«

»Was soll das denn heißen?«

»Denken Sie doch nur an das letzte Gespräch hier im Kommissariat. Als wir, naja Sie, ihn provozieren wollten und er stattdessen uns, naja Sie, zur Weißglut gebracht hat.«

»Das lief in der Tat suboptimal. Müssen wir besser machen«, sprach Thoelke sich selbst Mut zu und schlug Bernd auf die Schulter, als sie in das Dienstfahrzeug einstiegen.

»Also provozieren und ihn Fehler machen lassen?«

»Exakt, Bernd. Das ist unser Plan«, flötete Thoelke, während er sich die vermeintlich von Andrea Böcker stammende Kette für jeden sichtbar um den Hals hing.

Bernd drehte nervös seinen Kopf und schaute während der gesamten Fahrt angestrengt aus dem Fenster. Er hatte ein ungutes Gefühl bei der Sache. Zumal er Thoelkes Plan auch nicht wirklich verstand. Doch er wollte nicht noch mal nachfragen und hoffte, er würde in seiner Nebenrolle nur schmuckes Beiwerk sein. Die Hauptrolle überließ er dem Cheffe ... und der Kette.

Am Rondeel angekommen, öffnete Carsten Pröpper den beiden Beamten die Tür und wirkte sichtlich überrascht. Man merkte, dass auch ihm sofort das letzte Gespräch im Kommissariat durch den Kopf schoss.

»Guten Tag, meine Herren. Kommen Sie herein.« Pröpper machte eine einladende Geste. »Ich gehe mal vor.«

Thoelke und Bernd folgten ihm durch den Flur in das große modern eingerichtete Wohnzimmer mit Panoramafenster, das einen Blick Richtung Garten und Rondeelteich, der direkt zum Nordende der Außenalster führte, bereithielt. Eine der drei restlichen Wandflächen des Wohnzimmers wurde von einem großen mit Leuchten ausgestatteten Bücherregal eingenommen, in dem größtenteils Bildbände über Südamerika zu finden waren. Rechts vom Fenster stand eine Kommode mit privaten Fotos.

Nachdem Pröpper eine gekühlte Flasche Wasser mit Gläsern aus der Küche geholt hatte, fragte er:

»Was kann ich für Sie tun, meine Herren?«

Thoelke setzte sich und erzählte, dass er bei den Ermittlungen nicht wirklich weiterkäme und nun auch noch eine weitere Leiche aufgetaucht sei. Umso schöner sei es aber zu hören, und zudem der hiesigen Presse zu entnehmen, dass er, Pröpper, mit seiner Vortragsreihe zum Thema Zivilcourage vielen Menschen Mut mache. Ein gutes und wichtiges Signal, was von ihm da ausgesendet werde, fügte Thoelke lammfromm hinzu.

»In der Tat helfen mir die Vorträge mindestens genauso, wie den Menschen, die mir zuhören«, kommentierte Pröpper bescheiden. »Sie müssen verstehen, dass der Tod meiner Frau alles in meinem Leben verändert hat. Ich bin nur noch selten im Unternehmen. Ich habe das Gefühl, wenn dieses Schicksal für etwas gut gewesen sein soll, dann, um mir ein Zeichen zu geben, anderen Menschen zu helfen und Mut zu machen«, fuhr Pröpper fort.

Thoelke drückte mit seinem Zeigefinger am Auge eine Träne weg, richtete seine Halskette und trank einen großen Schluck aus seinem Wasserglas, während Bernd, immer noch stehend, nicht wusste, wie er dies alles einzuordnen hatte.

»Aber Sie erwähnten gerade, dass eine weitere Tote aufgetaucht sei?«

Thoelke nickte bejahend und leerte sein Glas Wasser.

»Wer ist sie?«

»Andrea Böcker. Sie müssten sie kennen?«

»Andrea Böcker. Lassen Sie mich kurz … ah ja, ist das nicht eine von den jungen Aktivistinnen gewesen, die für den Mörder Tim Quast gekämpft haben?

Thoelke musste sich auf die Lippen beißen und schaute zu Bernd rüber, der versuchte ihn mit einer Handbewegung zu beruhigen. Nur nicht provozieren lassen, dachte sich Thoelke.

»Ja, genau. Eine von diesen Aktivistinnen.«

»Verstehe«, brummelte Pröpper. »Wissen Sie schon, wer sie erwürgt hat?«

»Wer sagt denn, dass sie erwürgt wurde?«, schoss es aus Bernd heraus, der sich nun ebenfalls setzte und Thoelke Zeit zum Runterfahren gab. »Und woher wussten Sie eigentlich, dass es sich um einen Frauenleichnam handelt?«

»Aber Sie sagten doch, dass eine weitere Leiche aufgetaucht sei.«

»Exakt.« Thoelke übernahm wieder das Steuer, während er unvermindert mit seiner Kette spielte. »Aber eine Leiche muss ja nicht weiblich sein.«

»Dann muss ich das irgendwo gelesen haben.« Pröpper setzte seine Brille auf, ging zum Flur und holte die Zeitungen der letzten drei Tage. Hastig blätterte er sich durch die Ausgaben. Dann entdeckte er die gesuchte Schlagzeile und präsentierte den beiden Beamten die Zeitung wie einen gewonnenen Wimbledon-Pokal nach einem Fünf-Satz-Sieg zwischen Federer und Nadal.

»Hier steht es doch … Andrea B., 28 Jahre alt, tot aufgefunden in einer Rahlstedter Wohnung.«

Zufrieden nahm er seine Brille ab und ließ sich wieder in die Kissen zurücksinken.

»Dann bliebe nur noch die Frage mit dem Erwürgen.«

»Was meinen Sie?«

»Sie fragten uns doch soeben, ob wir schon wüssten, wer sie erwürgt habe?«

»Nein, das habe ich nicht gefragt. Ich wollte nur wissen, ob es sich bei Andrea B. um die Aktivistin handelte.«

»Wo waren Sie vor drei Tagen?«

»Lassen Sie mich bitte nachschauen, bevor Sie mir wieder etwas in den Mund legen, was ich nicht gesagt habe, Herr Hauptkommissar.« Pröpper federte aus dem Sofa und holte sein Handy aus der Küche. Er scrollte sich durch seinen Kalender.

»Ich war im Kirchenkreis Lübeck-Lauenburg in der Bäckerstra-
ße, 23564 Lübeck und habe meinen Vortrag »Haltet zusammen!«
gehalten. Es waren bestimmt 60 Leute zugegen, die das bezeugen
können. Außerdem kenne ich mich in Rahlstedt ohnehin nicht
aus. Tut mir leid, meine Herren. Kann ich sonst noch etwas für Sie
tun? Noch ein Sprudelwasser vielleicht?«

* * *

Nach Feierabend legte Thoelke einen Zwischenstopp in seiner
Wohnung in Ottensen ein, zog sich um und rief Tanja an. Seit
Kurzem war man zum Du übergangen.

»Ich bin es. Alles gut bei dir?«

»Ja, bin gerade in die Küche gegangen, um etwas zu essen zu
machen.«

»Wollte vorbeikommen, um zu schauen, wie es dir geht. Passt
das?«

»Natürlich passt das. Ich könnte uns etwas zu Essen machen.
Fischstäbchen mit Gemüse oder mit Kartoffeln, wenn dir mehr
danach ist?«

»Ist mir egal. Mag beides. Entscheide du«, erwiderte Thoelke.

»Dann wäre mir eigentlich eher nach halben Hähnchen mit
Pommes, Ketchup und Mayo«, witzelte Tanja.

Thoelke lebte auf. Er freute sich, dass es Tanja wieder besser
ging. Appetit auf ein halbes Hähnchen rot/weiß war ein sicheres
Indiz dafür.

»Klingt auch viel gesünder. Geflügel soll ja reich an Vitamin B
sein.« Thoelke lachte. »Fahre gleich bei der Grillstation im Eppendorfer Weg vorbei und besorge zwei halbe Hähnchen mit Pommes.«

»Ketchup-Mayo nicht vergessen«, flehte Tanja in die Leitung. »Büdde.«

Keine Stunde später saßen Thoelke und Tanja am Küchentisch und machten sich über halb verbranntes Hähnchenfleisch mit lauwarmen Pommes her. Dazu gab es Bier. Ganz nach Thoelkes Geschmack. Er wischte sich mit dem Handrücken den Mund ab und lehnte sich zurück.

»Wieso trägst du eigentlich Andreas Kette?«, fragte Tanja und zeigte irritiert auf Thoelkes Hals.

Thoelke fasste sich an den Hals und bemerkte, dass er die Kette, auf die Carsten Pröpper bei seinem Besuch überhaupt nicht reagiert hatte, immer noch trug. Er nahm die Kette vorsichtig ab und legte sie auf den Tisch.

»Bist du sicher, dass diese Kette Andrea gehörte?«

»Aber natürlich. Sie trug sie jeden Tag. Ich kenne sie nur mit dieser Kette.« Tanja stand auf und ging nachdenklich zum Fenster rüber.

»Ich habe mir heute übrigens große Sorgen um dich gemacht, Tanja. Aber wie mir scheint – ganz umsonst.«

»Um mich? Warum?«

»Ich habe dir heute Morgen eine Nachricht geschrieben und du hast nicht geantwortet.«

»Du hattest Angst um mich?«, wiederholte Tanja verwundert und drehte sich zu Thoelke. »Warum hast du Angst um mich?«

»Warum hast du mir nicht geantwortet?«

»Wollte ich noch tun. Aber es war so viel los heute Morgen beim Marktstand ...«

»Du warst wieder beim Markt?«

»Ja. Wurde ja auch Zeit. Muss ja sehen, dass auch mal wieder Geld reinkommt.«

»Aber dann schreib doch nur kurz ein ›Alles ist gut‹ oder so.«

Tanja ging zurück zum Küchentisch und umarmte Thoelke von hinten. Dabei drückte sie sich ganz fest an ihn. Und auch jetzt wieder einen Hauch länger.

»Versprich mir bitte beim nächsten Mal gleich zu antworten. Will dich nicht auch noch verlieren.«

Tanja schluckte und löste abrupt die Umarmung. Dieser letzte Satz machte etwas mit ihr. Das konnte sie nicht leugnen. Sie konnte das Gefühl nur nicht recht einordnen, aber es war da. Sie zögerte kurz und spielte nervös mit dem Amulett-Anhänger.

»Magst du mich?«, fragte sie.

»Ja, natürlich«, Thoelke errötete in der Sekunde, als er es aussprach und versuchte das Gesagte zu relativieren. »Also irgendwie eben. Aber ja, natürlich. Deshalb mache ich mir doch Sorgen.«

»Ich weiß. Dass du mich magst und dass ich dir alles erzählen kann. Und ich bin froh darüber.«

Thoelke entschied sich, es dabei zu belassen und seine Idee, zumindest vorübergehend zu ihr zu ziehen, bis Pröpper dingfest gemacht wurde, nicht kundzutun. Noch nicht. Er sammelte die Plastik- und Hähnchen-Reste zusammen, verstaute diese in die Tüte und stand auf. Dann verabschiedete er sich mit einer Umarmung.

Im Treppenhaus versuchte er das soeben Erlebte zu verstehen. Er, der Einzelgänger, wurde sich seiner unerfüllten Bedürfnisse bewusst und versuchte seine Gefühle zu hinterfragen. Er kompensierte seine Einsamkeit mit einem Vatergefühl und begriff, dass ein Großteil seines Privatlebens aus unbeantworteten Fragen bestand und entdeckte Parallelen zu seinem Berufsleben. Doch er war Polizist. Und als solcher lebte er von beantworteten Fragen. So war das all die Jahre gewesen. Bis zu den ungeklärten Morden an Isabel Thoss und Nicole Pröpper. Seitdem wurden unbeantwortete Fragen zu seinem ständigen Begleiter. Das alles schien ihm mehr zu schaffen zu machen, als er zugeben wollte. Er brauchte geklärte Verhältnisse.

Unten auf der Straße angekommen, ging er um das Wohnhaus herum, schmiss die Hähnchen-Reste in die schwarze Hausmülltonne und fuhr auf dem kürzesten Weg in seine Wohnung. Dorthin, wo niemand auf ihn wartete.

ZWEITER TEIL

Mach dich von niemandem auf der Welt
abhängig. Sogar dein Schatten verlässt
dich in dunklen Zeiten.

DIENSTAG, 15. OKTOBER 2019

Für einen Moment erstarrte sie, bekam kaum noch Luft. Er durfte sie auf keinen Fall entdecken. Vor ein paar Wochen war es noch genau anders gewesen. Da sollte er sie und Andrea sehen. Möglichst oft und überall. Doch das war vorbei. Andrea war tot und bereits gestern im kleinsten Kreise in Delmenhorst bei Bremen beigesetzt worden. Und sie wollte sich nicht auch noch die Finger verbrennen.

Und mit der Sonnenbrille und dem Drei-Tage-Bart hätte Tanja ihn fast nicht erkannt. Doch sie überwand die Schockstarre und zwang sich langsam an Carsten Pröpper vorbeizugehen. Nur nicht auffallen. Als sie meinte, außer Sichtweite zu sein, begann sie zu rennen. Lange zu rennen. Die komplette Mönckebergstraße hoch bis zum Steintorwall vor der Wandelhalle. Völlig aufgelöst kam sie an der Fußgängerampel zum Stehen und zählte die Sekunden runter, die die Ampel anzeigte, bis es wieder grün wurde. Sie fischte ihr Handy aus der Tasche und rief Thoelke an. Er war für sie da. Immer.

»Ich bin's.«

»Was denn los, Tanja? Warum so außer Atem?«

»Weißt du, wen ich eben gesehen habe?« Und ohne die Antwort abzuwarten fuhr sie fort. »Pröpper. Carsten Pröpper.«

»Wo bist du?«

»Am Hauptbahnhof.«

»Will er wegfahren? Wohin? Was steht auf der Anzeige-Tafel?«

»Nein, will er nicht. Ich bin es, die am Hauptbahnhof steht. Der Scheißkerl ist vor einem kleinen Buchladen am Rathausmarkt. Wir müssen den endlich aus dem Verkehr ziehen.«

»Das machen wir. Also ich, Tanja, nicht du. Hast du mich verstanden?«

»Ja, habe ich. Ihr schnappt ihn euch.«

»Genau.«

»Da hätte ich jetzt nur noch eine letzte kleine beschissene Frage.«

»Ja?«

»Wann?«, schrie Tanja hysterisch durch das Telefon. »Wann schnappt ihr euch den Scheißkerl? Warum fahrt ihr nicht jetzt zum Rathausmarkt und schnappt ihn euch?«

Zur gleichen Zeit staunte Carsten Pröpper am Rathausmarkt über Tanjas Naivität und konnte sich ein Kopfschütteln nicht verkneifen, als er durch die Fensterspiegelung des Buchladens das ganze Trauerspiel beobachtet hatte. Beobachtet hatte, wie Tanja abrupt stehenblieb, dann betont unauffällig davontrabte, um an der Ecke zur Mönckebergstraße das Tempo Richtung Galopp zu erhöhen. Ja, die hübsche leckere Tanja. Die hatte er noch vor sich. Sollte sie ruhig weggaloppieren. Er würde sie einfangen, wenn die Zeit reif war. Jetzt wollte er sich erst mal ein Buch über Uruguay kaufen. Uruguay, ein wunderschönes Land – ohne Auslieferungsabkommen.

Kaum hatte Thoelke das Gespräch mit Tanja Schubert beendet, kam Bernd in sein Büro geeilt.

»Die Rolffs ist im Raum A023, Cheffe. Ziemlich biestig drauf. Nur mal so.«

Thoelke stand auf, griff sich schwungvoll zwei Flaschen Prosecco, die er in weiser Vorsicht gebunkert hatte, samt Aschenbecher und ging mit einem Lächeln in den Vernehmungsraum.

»Vielen Dank, Frau Rolffs, dass Sie das so schnell einrichten konnten.«

»Was soll das denn, Herr Hauptkommissar?«, pöbelte sie sich, sichtlich erregt, den Frust über die heutige Einladung auf das Kommissariat von der Seele.»Ich dachte, wir hätten alles besprochen. Ich habe das Verhältnis mit Carsten doch beendet. Reicht Ihnen das nicht? Ich habe ihn seitdem auch nicht mehr gesehen. Warum zitiert mich Ihr Assistent Bernd Knörr hierher?«

»Knorr.«

»Knorr?«

»Genau. Bernd Knorr nicht Knörr.«

»Wenn es denn hilft«, antwortete flapsig eine überforderte Dagmar Rolffs.

»Gnädigste, ich brauche Ihre Hilfe«, fing Thoelke charmant an und wusste sich zu steigern, indem er demonstrativ den Prosecco sowie den Aschenbecher auf den Tisch stellte.

»Ist das für mich?«, fragte sie überrascht und zeigte auf die zwei Flaschen Prosecco, was umgehend zur Aufheiterung ihrer Stimmung beitrug.

»Natürlich, meine liebe Frau Rolffs. Ich hoffe, er ist genügend gekühlt«, säuselte Thoelke und schenkte etwas Prosecco in einen Pappbecher.

»Ein Prosecco-Glas hätte Ihr Budget dann aber doch gesprengt, oder?!«

Thoelke musste schmunzeln, ignorierte aber die Frage.

»Konnten Sie sich noch mal Gedanken machen zu unserem letzten Gespräch?«

Dagmar nippte vorsichtig am Becher. Konnte das schmecken, fragte sie sich.

»Ich glaube, dass Sie Carsten Pröpper immer noch sehr mögen. Ist doch so, richtig?«

Nun war es an Dagmar Rolffs, die Frage zu ignorieren und sich stattdessen nippenderweise intensiv mit ihrem weißen 0,2-Liter-Pappbecher zu beschäftigen.

Thoelke erzählte von dem neuesten Leichenfund und der Verbindung Andrea Böckers zu Carsten Pröpper. Und dass sich die Polizei in einer Sackgasse befände, weil sie kein belastbares Material gegen ihn in der Hand habe, obwohl alle Indizien gegen ihn sprächen und er sich beim letzten Gespräch verplappert habe.«

»Verplappert?«

»Er wusste, dass die neueste Leiche erwürgt wurde, obwohl diese Information niemals an die Öffentlichkeit gegangen war. Carsten Pröpper ist ein Mörder und stellt, so lange er auf freiem Fuß ist, eine Gefahr dar.«

Unwillkürlich rann ein Schauer über ihren Rücken. Doch dann schüttelte sie den Kopf. Das war doch albern! Natürlich stimmte nichts von dem, was Thoelke sagte. Selbst die Zeitungen hatten schließlich ein anderes Bild von Carsten gezeichnet. Sie fragte:

»Aber warum verhaften Sie ihn dann nicht, wenn er sich schon verplappert. Bei mir hat er ja nie viele Worte gemacht.«

»Deswegen brauchen wir Sie, Gnädigste. Wir brauchen Beweise. Ganz egal welcher Couleur. Können Sie uns helfen?«

Dagmar Rolffs befummelte weiter ihren Pappbecher und genoss die Aufmerksamkeit, die ihr zuteilwurde. Es war schon lange her, dass sich ein Mann so um sie bemüht hatte und so viele Worte, ja ganze Sätze an sie richtete. Denn lange hatte sich Carsten nicht um sie bemühen müssen. Damals. So unsterblich war sie in ihn verliebt gewesen. Doch Restzweifel von Thoelkes Ausführungen blieben. Carsten war in der Tat manchmal sehr seltsam gewesen. War für mehrere Stunden verschwunden und nicht ans Handy gegangen. Sie nahm einen weiteren tiefen Zug von ihrer Zigarette.

»Ja, es ist wahr. Ich liebe einen Mörder«, Dagmar stockte, um das Gesprochene noch einmal zu realisieren. Sie war sich bewusst, dass sie keine Schuld traf, dennoch waren drei Menschen gestorben. Sie ging zur Tür, blieb stehen, kehrte um, setzte sich wieder auf ihren Stuhl und beugte sich zu Thoelke.

»Scheiße. Ich liebe diesen Mann immer noch. Trotz allem. Und ich fühle nur das Allerbeste für ihn«, sie strich sich durch die Haare, als sie bemerkte, wie geschockt Thoelke sie anstarrte. »Wissen Sie, Herr Hauptkommissar, ich glaube Ihnen. Jedes Wort glaube ich Ihnen.« Sie leerte den Becher. »Er hat wohl die Morde begangen, weil er es konnte«, sprach sie nachdenklich vor sich hin. »Das muss ein Ende haben.«

* * *

Auch Tanjas Angst musste ein Ende haben. Nie hatte Thoelke sie so ängstlich, panisch und aufgelöst erlebt, wie bei ihrem Anruf vom Hauptbahnhof. Wie konnte er es nur zulassen, dass Pröpper immer noch frei herumlief? Was, wenn auch Tanja Opfer des *Elbmörders* werden würde? Einen Augenblick überlegte er, dass er ihr dann folgen müsste. Wie Romeo seiner Julia. Doch das wäre natürlich Quatsch und keinem wäre geholfen.

Er schüttelte hektisch seinen Kopf und erinnerte sich an Krüger, seinen alten Ausbilder von der Polizeischule, der ihm immer vorgeworfen hatte, zu sehr mit seinen Opfern sympathisieren zu wollen und der seine sensible Ader verfluchte. Fehlte ihm wirklich die professionelle Distanz? Oder war er einfach nur hundemüde? Der Schlafmangel der letzten Wochen ließ seine Augen brennen. Furcht und Selbstzweifel überkamen ihn. Ein fremdes Gefühl, das er bisher nicht kannte. War er wirklich der Richtige für diesen Job? Carsten Pröpper war ihm immer einen Schritt voraus. Nun wollte er Tanja beschützen und ihr Geborgenheit geben. Selbst Cordt

Möller hatte ihn darum gebeten. Hoffentlich war er zumindest dafür der Richtige? Vielleicht wollte er auch nur mit falschen Vatergefühlen glänzen? Thoelke lehnte sich zurück und schloss seine Augen, bis ihn ein Türknallen vom Nachbarbüro weckte. Er richtete sich in seinem Sessel auf und schlug mit seiner rechten Faust auf die Schreibtischplatte. Natürlich war er der Richtige! Noch heute würde er zu Tanja ziehen. Platz war in der 4-Zimmer-Wohnung reichlich vorhanden. Heute Abend würde er es Tanja sagen. Er würde nicht fragen. Er würde es festlegen.

* * *

Einen Schlüssel zu vergeben, hatte für jeden Menschen etwas Symbolisches. So auch für Dagmar Rolffs, als sie letzten April mit Carsten ihre Schlüssel ausgetauscht hatte. Es war ein wunderschöner Abend gewesen, an dem alles gestimmt hatte. Erst hatten sie Berthold Brecht im Schauspielhaus angeschaut, um im Anschluss dann zur Außenalster rüberzugehen. Andere Pärchen hatten es ihnen gleichgetan und ebenfalls diesen lauen Frühlingsabend genossen, indem sie händchenhaltend ihre Zweisamkeit zur Schau getragen hatten.

Ja, sie hatte einen Schlüssel zu seiner Villa bekommen, so wie er einen für ihre Wohnung. Damit jeder schon mal rein kann, wenn der andere noch nicht da ist, hatte er ihr gesagt, als er ihr seinen Schlüssel, verpackt in einem kleinen grünen Kästchen, übergeben hatte.

Und diese Worte spiegelten in gewisser Weise ihre jetzige Marschroute wider. Sie wollte in sein Haus und sich umschauen, so lange er noch nicht da war. Die Andeutungen von Thoelke ließen ihr keine Ruhe. Sollte sie sich so in Carsten geirrt haben?

Sollte er wirklich hinter den Ermordungen stehen? Sie war verwirrt. Was sollte sie nur tun? Sie spielte die verschiedenen Varianten in Gedanken durch, bis sie schließlich wusste, wie sie es für sich rechtfertigen konnte. Sie würde es machen. Sie brauchte die Konfrontation, um Gewissheit zu bekommen. Sie würde es als Teil ihrer Selbstheilung sehen.

* * *

»Danke! Danke! Danke!«, rief Tanja und fiel Thoelke in die Arme, als dieser mit zwei Koffern und einer grünen Sporttasche am Abend vor ihrer Wohnungstür stand. Er hatte noch nicht einmal etwas festlegen müssen. Tanja sah, verstand und freute sich.

Thoelke lebte auf.

»Ist das alles, was du hast?«

»Nun ja«, Thoelke wollte jetzt bloß keine falsche Antwort geben. »Es sind alle meine Lieblingssachen.« Beide lachten. Tanja warf sich die Sporttasche über ihre Schulter und ging in das Schlafzimmer. Erleichtert folgte er ihr.

»Hier kannst du es dir bequem machen«, Tanja zeigte auf ihr Bett und stellte die Sporttasche auf den Boden. »Ich schlafe im Wohnzimmer.«

»Das ist doch tüddelig. Lass mich auf der Couch schlafen, Tanja. Das ist okay. Und auch viel näher zur Haustür, falls ich es mir doch noch anders überlege«, widersprach Thoelke augenzwinkernd und ging fest entschlossen zurück ins Wohnzimmer. Tanja zuckte mit ihren Schultern und trabte frohlockend in die Küche, um aus den Kühlschrankresten etwas Essbares zu zaubern. Einige Minuten später folgte ihr Thoelke, setzte sich an den großen Holztisch und beobachtete Tanja still. Sie hatte ihre blonden Haare zu einem

193

Knoten hochgesteckt, aus dem lässig gekonnt ein paar Strähnen raushingen. Und auch, wenn sie in den letzten Wochen aus seiner Sicht etwas zu mager geworden war, sie war ein wunderschönes Mädchen.

MITTWOCH, 16. OKTOBER 2019

Gegen Mittag klingelte Dagmar zaghaft an Carstens Tür. Laut Thoelkes Information war er nicht zu Hause, da er um 14 Uhr einen Vortrag in der Hamburger Uni beim Dammtor-Bahnhof hatte. Umso erleichterter war sie, als wirklich keiner die Tür öffnete. Auch von Bill war nichts zu hören. Dennoch zitterten ihre Hände, als sie versuchte mit ihrem Schlüssel das Schloss zu öffnen. Der Schlüssel passte noch. Die erste Hürde war genommen. Doch als sie die Tür geöffnet hatte, vernahm sie ein Geräusch und hielt inne, spürte, wie ihr Puls nach oben schoss.

»Carsten, bist du da?«

Keine Antwort.

Sie ging in den Flur, vorbei am Ibiza-Bild von Nicole und Carsten. Die Einrichtung hatte sich seit ihrem letzten Besuch nicht großartig verändert. Sie verharrte vor der Küche, unschlüssig, ob sie wirklich alleine das Haus durchsuchen sollte. Durchsuchen nach was eigentlich? Sie wusste es nicht. Das hatte ihr Thoelke nicht explizit sagen können. Ach egal, dachte sie, der Weg ist das Ziel. Sie sprach sich Mut zu.

Nachdem sie ein Glas Leitungswasser getrunken hatte, schlich sie auf Zehenspitzen nach oben ins Schlafzimmer. Dabei lotete sie jeden Schritt so aus, dass die Holzstufen möglichst wenig Geräusche abgaben. Dann stand sie vor der Schlafzimmertür. Ihr Herzschlag raste mittlerweile, genauso wie ihre Gedanken. Was würde sie eigentlich tun, wenn Carsten jetzt nach Hause käme? Nackt ausziehen und sich als Präsent ins Bett legen? Ihr fiel auf, dass sie keinen Plan B hatte. Sie schloss die Augen, sammelte sich und merkte, wie sich jede einzelne Faser ihres Körpers zusammenzog. Sie atmete tief ein und öffnete auch diese Tür.

Das Schlafzimmer war wie immer penibel aufgeräumt. Selbst die drei Kopfkissen waren perfekt drapiert. Dann öffnete Dagmar wahllos Schränke und Schubladen, deren Inhalt sie sorgsam durchforstete. Es folgten Arbeitszimmer, Badezimmer und Gästezimmer. Und obwohl sie nichts Belastendes finden konnte, schrie ihr die ganze Einrichtung der Villa zu, dass etwas nicht stimmte. Alles wirkte steril. Kein Wunder, dass Carsten fast immer nur bei ihr zu Besuch gewesen war. Selbst, als sich Nicole aufgrund ihrer Depression drei Monate auf Kur befunden hatte.

Sie war mit ihrem Rundgang im Obergeschoss fast durch, als plötzlich ein grelles Geräusch die Stille durchbrach. Sie schreckte auf und ging angespannt zur Treppe. Es war niemand zu sehen, doch sie hatte genug. Sie wollte raus. Jetzt. Sie rannte die knirschende Holztreppe herunter und verließ panikartig das Haus. Erst als sie in ihrem Auto saß, traute sie sich wieder normal zu atmen.

Was hatte sie sich bloß dabei gedacht, allein in das große Haus zu gehen? Warum rief sie ihn nicht einfach an und versuchte sich mit ihm zu verabreden. Das täte ihren Nerven besser und sie war guten Mutes, dass er zusagen würde. Doch vor diesem Anruf brauchte sie einen Prosecco. Oder zwei.

* * *

Es stand direkt im Treppenhaus. Ein großes Paket, etwa einen Meter hoch und einen halben Meter breit mit einer beigen Schleife verziert. Eigentlich zu auffällig, um es zu übersehen, dennoch wäre Béatrice dieses Kunststück fast gelungen. Zu sehr war sie in Gedanken versunken. Sie begutachtete das gelbe Monstrum auf der Suche nach einem Absender. Doch sie fand keinen, was ihrer Freude keinen Abbruch tat. Das Paket war für sie: Béatrice Lagarde.

Sie hob das Paket an. Schwer, aber nicht zu schwer, um es bis zur zweiten Etage hochzutragen. Sie hatte keine Ahnung, von welchem Verehrer das Geschenk sein konnte, aber sie war sich sicher, dass sich der Absender in den nächsten 24 Stunden melden würde. Das taten sie immer. Die Jungs wollten schließlich ihre Saat ernten.

Béatrice kramte ihren Schlüssel aus der Handtasche, schloss die Haustür auf und ging in ihre geräumige Wohnung. Kaum hatte sie sich ihres Mantels entledigt, riss sie das Paketpapier ab und nahm den Deckel vom Karton. Eine Bodenvase kam zum Vorschein. Rot, elegant, schön. Wer um Herrgottsnamen war so aufmerksam und machte ihr so eine Aufwartung? Und traf dabei noch mitten ins Herz? Gut gelaunt ging sie zurück in den Flur, hing ihren Mantel an die Garderobe und wartete auf den erlösenden Anruf. Ansonsten würde es ihr unmöglich sein, schlafen zu können. Glücklicherweise sollte die Erlösung nicht lange auf sich warten lassen. In der Sekunde, als sie ihr Abendessen fertig gekocht hatte, klingelte es an der Tür. Sie zog die Pumps mit den höchsten Absätzen an und öffnete die Tür.

»Wer einem Menschen seine Bewunderung zeigen möchte, der greift zu Callas«, flötete Carsten Pröpper und präsentierte 30 langstielige weiße Callas in seinem Arm. »Hast du zufällig irgendein Gefäß, wo wir die reinstellen könnten?«

Béatrice war sichtlich bemüht, nicht überrascht zu wirken.

»Komm doch erst mal rein, Carsten. Im Wohnzimmer müsste ich eine schöne rote Bodenvase haben. Die würde von der Farbgebung perfekt zu deinen Blumen passen.«

Carsten lachte und folgte ihr ins Wohnzimmer.

»Trinkst du ein Gläschen Weißwein mit mir?«, fragte Béatrice.

»Gern. Hatte eben einen Vortrag und nun ist meine Kehle trocken.«

Béatrices Hunger war verflogen. Sie holte die versprochene Flasche Wein aus der Küche und setzte sich zu ihm auf die breite cognacfarbene Couch.

»Nun erzähl mal, Carsten, womit habe ich das verdient? Erst die Bodenvase und nun noch die schönen Callas.«

»Ich bin dir sehr dankbar, Béatrice«, sprach Carsten, während er beide Weingläser mit Weißwein füllte. »Auch wenn das mit Nicole nicht so geklappt hatte wie erhofft.«

»Du musst verstehen«, begann Béatrice und versuchte die richtigen Worte zu finden, »doch als ich an jenem Abend deine Frau auf der Straße ansprach und sie mir so hilfsbereit gegenübertrat und mich noch zu allem Überfluss zum Essen einlud, übrigens nur, weil du gerade bei deiner Geliebten Dagmar warst, konnte ich es einfach nicht mehr tun.«

Béatrice nahm sich ein Glas, erhob es zur Begrüßung und trank einen großen Schluck.

»Ich habe auch beim Italiener so gut wie kein Wort mit ihr gewechselt, um die Distanz zu wahren. Aber da war so viel Lebensfreude in ihrem Gesichtsausdruck. So viel Kraft und Aufbruchsstimmung. Ich konnte nicht. Bitte verzeih.«

»Aber das habe ich doch schon längst.« Carsten rückte zu ihr auf und küsste sie freundschaftlich auf die Wange. »Nicht zuletzt durch deine Brillanz im Falle Andrea Böcker.«

Béatrice lächelte verlegen.

»Wie hast du das eigentlich gemacht?«

»Bei Andrea Böcker war das einfach, chéri«, wiegelte sie bescheiden ab. »Die war völlig durch den Wind. Das reinste Nervenbündel. Die wäre auch ohne mein Zutun in ein paar Tagen umgekippt.«

»Aber sie dann in der Wohnung von Isabel Thoss zu inszenieren. Einfach brillant.«

Béatrice schwieg, genoss und griff erneut zu ihrem Glas. Sie merkte, dass ihr der Alkohol guttat – und Carsten.

»Wie hast du sie eigentlich transportiert? Oder hast du sie gleich in die Wohnung gelockt und sie dort getötet?«, hakte Carsten nach.

»Ganz ehrlich, Carsten, das ist und bleibt mein Geheimnis und war im Preis inkludiert.«

»Auf jeden Fall war es großartig!«, erwiderte Carsten, während er zufrieden beide Beine von sich streckte.

Beide genossen die Ruhe, den Wein und die Zweisamkeit, bis sich einige Zeit später Béatrice zu Carsten drehte:

»An was denkst du?«

»An Sonne, an Strand, an Südamerika.«

»Südamerika?«, staunte Béatrice.

»Ja«, Carsten nickte verträumt. »Habe mir vor einigen Tagen in der Innenstadt ein Buch über Uruguay gekauft.«

»Uruguay?«

»Ein großartiges Land, tolles Klima, viele Sonnenstunden mit sicherlich ähnlich eleganten Gewächsen wie den Callas hier in deiner Vase.« Béatrice musste schmunzeln. »Und in den Hochsommermonaten, also Dezember bis Februar, Treffpunkt der mondänen südamerikanischen Welt. Ich liebe diese Vorstellung. Ein lang gehegter Traum von mir. Aber mit Nicoles TV-Karriere unmöglich zu vereinbaren.«

»Und das willst du jetzt nachholen?«

»Vielleicht.« Carsten zuckte mit seinen Schultern und schaute vielsagend.

»Ich habe Hunger«, Carstens Magen brummte. »Darf ich dich zum Essen einladen?«

»Hältst du das für eine gute Idee, wenn man uns zu zweit sieht?«

»Warum nicht?«

»Naja ... denk mal nach.«

»Weil du in meinem Auftrag die Böcker liquidiert hast?«

»Eher, weil du erst vor wenigen Wochen Witwer geworden bist, mon chéri«, erwiderte Béatrice leichtzüngig. »Aber kurz bevor du geklingelt hast, hatte ich gerade eine leckere Gemüsesuppe gekocht. Wenn das für dich okay ist, wärme ich die für uns auf.«

»Ach nee, das ist ja jetzt 'ne Überraschung, Dagmar. Mit deinem Anruf habe ich nicht so schnell gerechnet«, sagte ein an Arroganz und Überheblichkeit kaum zu überbietender Carsten. »Stehe gerade in der Küche. Was gibt's denn?«

»Nichts, wollte nur mal hören, wie es geht.« Dagmar sprach mit einer feinen, fast zerbrechlichen Stimme. »Was kochst du?«

»Du rufst nach Wochen an, um mich zu fragen, was ich koche?«

»Nun mache es mir doch nicht so schwer, Carsten.«

»Ich? Dir? Schwermachen?« Carsten musste ungläubig lachen und überlegte, das Gespräch umgehend zu beenden.

»Also, was gibt es?«

»Wirklich nichts. Wollte nur mal ›Hallo‹ sagen.«

»Erst stellst du dich tot und ignorierst meine Anrufe und jetzt rufst du einfach so an.«

»Nicht einfach so. Es tut mir leid. Die ganze Geschichte. Die Polizei. Alles war etwas viel für mich. Ich war durcheinander. Wusste nicht, was ich glauben sollte.«

»Und jetzt bist du wieder klar geworden?«

»Ich denke schon. Ja. Verzeihst du mir? Ich mag dich, das weißt du.«

»Ich mag dich auch, Dagmar«, Carstens Herzschlag wurde schneller, sein Ton moderater. »Und wenn du reden willst, kannst du mich jederzeit anrufen. Vergiss das nicht.«

»Danke.«

»Oder …?« Carsten überlegte kurz. »Oder du kommst einfach heute Abend vorbei und wir reden über alles.«

»Wenn ich ehrlich bin, stehe ich bereits vor deiner Tür.«

Carsten ging durch den großen Flur zur Haustür und öffnete

diese, wo ihn Dagmar bereits mit einem breiten Lächeln und einer Flasche Wein begrüßte.

»Neu?«, Dagmar zeigte auf den Drei-Tage-Bart. »Schaut verwegen aus. Gefällt mir.«

Carsten strich sich über sein Gesicht, während Dagmar eine Umarmung andeutete.

»Darf ich?«

Ihr lockiges blondes Haar hatte sie aus dem Gesicht gekämmt, und ihre Wangen glühten. Er sah sofort, dass sie sich nicht geschminkt hatte. Er liebte die Frische ihres schönen Gesichts mit den hohen Wangenknochen. Carsten erwiderte die Umarmung und führte sie in das Wohnzimmer.

»Das nenn ich mal spontan.«

»Schlimm?«

»Überhaupt nicht. Setz dich doch. Hast du auch Hunger mitgebracht?«

»Nein. Aber einen Schluck Wein hätte ich gern. Ist dein Lieblingswein.« Ihre Stimme war nun warm und einladend.

Carsten schmunzelte und ging zum Entkorken in die Küche. Er spürte mehr als deutlich, warum er sich vor drei Jahren in Dagmar verliebt hatte. Damals, als er sie beim Einkaufen fast umgerannt und sie zur Entschuldigung dann spontan auf einen Kaffee eingeladen hatte. Er erinnerte sich, wie ein Kaffee zum nächsten Kaffee und später zum ersten und zweiten Cocktail führte. Wie sich damals zum ersten Mal ihre Hände berührt hatten. Spätestens da war es um ihn geschehen gewesen. Dagmar versprühte aus jeder einzelnen Pore ihrer zarten Haut pure Leidenschaft. Selbst beim schnöden Trinken eines Kaffees. Es fühlte sich nach Freiheit an. Nichts Aufgesetztes. Nur Aufregendes. Und warum sie ihn bei Thoelke hatte so im Regen stehen lassen, würde sie ihm noch erklären. Zumindest hatte sie ihren Fehler eingesehen. Nur das war wichtig. Carsten kehrte zufrieden zurück ins Wohnzimmer und reichte ihr ein halbvolles Weinglas.

»Wohl bekomm's.«

»Oh wie schön, du trinkst auch ein Gläschen mit. Dann auf dich.«

»Auf uns«, korrigierte Carsten und trank von seinem Glas.

Schneller als gedacht schien die vertraute Atmosphäre zwischen den beiden wiederhergestellt und Dagmar begann ihre Sicht der Dinge zu erzählen und bat währenddessen zig Mal um Entschuldigung. Sie sei einfach überfordert gewesen mit der Situation und heilfroh, dass ihre Aussage bei Thoelke zu keinem Nachteil für Carsten geführt habe. Denn das hätte sie sich niemals verzeihen können.

Dennoch blieb sie misstrauisch, ob Carsten ihr Spiel wohl durchschaute. Abwartend beobachtete sie seine Gestik und Mimik. Doch die schienen unauffällig zu sein. Nur, wenn er ihr tief in die Augen schaute, hatte sie das Gefühl, er würde in ihre Seele blicken und sie entlarven können. Dann hob sie jedes Mal ihr Kinn, lächelte und wollte seinem Blick standhalten. Zumindest jetzt und heute, damit sich weitere Treffen ergeben würden. Sie war sich sicher, dass er bei einem weiteren Treffen sämtliche Masken würde fallen lassen. Und unattraktiver hat ihn der Drei-Tage-Bart auch nicht gemacht. Sie sah ihn unbefangen und fragend an, trank ein weiteres Glas und setzte alles auf eine Karte. Sie wollte die Nacht mit ihm verbringen.

Carsten hingegen gefiel es anfangs nicht, dass Dagmar ihren Polizei-Besuch so schwammig darstellte und er spürte, dass sie etwas unausgesprochen ließ. Aber es gefiel ihm, dass sie da war. Er wollte es noch mal mit ihr versuchen, was gleichzeitig seiner Reputation bei Thoelke guttun würde. Auch wenn dieser ihn zurzeit in Ruhe ließ. Und auch er wollte die Nacht mit ihr verbringen.

* * *

»Ich mache mir solche Vorwürfe.«

»Warum denn«, erkundigte sich Thoelke, als er nach Feierabend Tanjas Wohnung betrat.

»Ich war es doch, die Andrea überredet hatte, mit mir zusammen diesen idiotischen Plan umzusetzen.« Tanja kamen Tränen, mehr der Wut statt der Trauer. »Dabei gab es noch nicht einmal einen Plan. Ich hatte nur das Gefühl etwas für Tims Unschuld tun zu müssen.«

Thoelke schloss die Haustür, ging einen Schritt auf Tanja zu und nahm sie in den Arm.

»Ich bin da ohne Sinn und Verstand rangegangen«, fuhr sie fort. »Alles so Banane von mir.« Ihr Schluchzen wurde lauter. »Und dabei fragte sie mich noch, was wir beiden überhaupt ausrichten könnten und dass es für solche Situationen ja extra die Polizei geben würde, die dafür ausgebildet sei. Und ob wir durch solche Aktionen nicht selbst zur Zielscheibe würden.« Tanja löste sich aus der Umarmung und lief unruhig umher. »Ich war egoistisch und wollte nur, dass Pröpper Schritte hört, die nicht da sind. Ich wollte, dass er sich ständig umdrehen muss, weil er meint, verfolgt zu werden. Ich wollte, dass er in ständiger Angst lebt, jede Sekunde von der Polizei abgeführt zu werden. Ich wollte, dass er verrückt wird.« Tanja zog ein Taschentuch aus der hinteren Hosentasche hervor und wischte ihre Tränen weg. »Und eigentlich will ich das noch immer.«

Sekundenlanges Schweigen umhüllte sie. Die Stille im Raum war fast greifbar, so drückend wirkte sie. Thoelke schaute in ihr Gesicht. Tanja gehörte zu den Menschen, die danach strebten von ausgetretenen Pfaden abzuweichen. Die Herausforderungen akzeptierten, von denen die meisten Menschen großen Abstand nahmen. Vom ersten Augenblick des Kennenlernens an zog Thoelke diese unkonventionelle und beeindruckende Art in seinen Bann. Sie erinnerte ihn an sich. Auch wenn sie aufgrund ihres jungen Alters nicht immer alles richtig einschätzte. Wie könnte sie auch? Erfahrungen musste man erfahren, die konnte man sich nicht als App herunterladen. Auch er hatte sich jede einzelne Falte hart erarbeiten müssen. Dann bemerkte Tanja Thoelkes Blick und begann zu lächeln. Sie ging auf ihn zu und sagte:

»Ich habe übrigens mein Gästezimmer heute entrümpelt und wenn du magst, kannst du dort schlafen. Ist bequemer als die Couch und weiter weg von der Haustür.«

Thoelke lächelte zurück und merkte, wie sie sich immer tiefer in sein raues Vaterherz grub.

»Aber nun mal zu dir.« Tanja wollte sich auf andere Gedanken bringen und setzte sich mit Thoelke ins Wohnzimmer. »Du weißt nahezu alles von mir, wahrscheinlich gibt es in deinem Büro bereits eine eigene Akte von mir. Und ich? Ich weiß gar nichts. Wie sieht denn deine Wohnung aus? Bist du verheiratet? Hast du Kinder?«

Thoelke war irritiert. Eigentlich war er es, der die Fragen stellte. Ihm wurden solche Fragen schon seit Jahren nicht mehr gestellt. Die letzte Frau, die dies alles wissen hatte wollen, war Annika gewesen, die ihn zehn Monate nach ihrem ersten Date zum Vater gemacht und ihn weitere sechs oder sieben Monate später geheiratet hatte. Doch das war Ewigkeiten her.

»Ich nehme mir noch eins.« Thoelke stand auf und holte sich ein Bier aus dem Kühlschrank, während er krampfhaft überlegte, was genau Tanja in ihm sehen könnte. Freund? Bekannter? Beschützer? Mitbewohner? Oder mehr?

Zurück im Wohnzimmer begann er von seiner großen Leidenschaft – neben der Polizeiarbeit – zu erzählen. Der H0-Modelleisenbahn von Märklin. Seit er im zarten Kindesalter von acht oder neun zu Weihnachten eine Dampf-Lokomotive von seinem Vater geschenkt bekommen hatte, war es um ihn geschehen gewesen. Sozusagen seine erste Liebe. Er war fasziniert von dem ganzen Blinken und den verschiedenen Signalen. Auch hätte er damals noch versucht alte Gebäude und schneebedeckte Tunnel aus dem Katalog im Eigenbau anzufertigen, was mehr schlecht als recht geglückt war. Doch leider sei seine derzeitige Wohnung viel zu klein. – Leider!

Tanja lauschte und versuchte sich Thoelke als kleinen Steppke im blauen Schaffner-Outfit beim Pfeifen vorzustellen.

»Und was ist mit einer zweiten Liebe? Gab es die auch?«

Doch Thoelke schwelgte noch in seiner Modelleisenbahn-Erinnerung.

»Und? Gibt es eine Frau in deinem Leben?«

»Eine Frau, fragst du? Ja, die gab es auch.«

Und so setzte er die Erzählstunde fort, indem er von Annika, mit der er acht Jahre verheiratet gewesen und mit der alles in einer unschönen Scheidung auseinandergegangen war, sprach. Einziger Lichtblick damals und jetzt sei die gemeinsame Tochter Alina, die er viel zu wenig sähe. Dennoch sei sie sein ganzer Stolz und das einzig Richtige, was er je gemacht habe.

Annika hingegen behaupte seit der Trennung, dass er ihr die besten Jahre ihres Lebens geklaut und sie ihre Liebe an ihn verschwendet habe. Und nun wäre sie zu alt, um einen neuen Partner zu finden. Und er müsse ihr teilweise Recht geben. Er sei bereits mit 19 Jahren Vater geworden. Habe damals gerade mit der Polizeischule begonnen. Und sei die nächsten acht Jahre mehr mit der Polizei als mit Annika verheiratet gewesen. Die Scheidung sei so gesehen nur konsequent gewesen. Auch wenn er sie damals nicht eingereicht hätte. Nach der Trennung habe er sich zurückgezogen in seine kleine, aber gemütliche Wohnung in Altona, in der er bis heute wohne. Und irgendwie sei er ja immer noch verheiratet. Nur eben mit der Polizei.

»Und was bin ich für dich? Deine zukünftige heimliche Geliebte?«

Thoelke errötete erneut. Soviel Direktheit war er nicht gewohnt und zog es vor diese Frage unbeantwortet zu lassen. Stattdessen leerte er seine Flasche Bier.

»Ja, trink' dir nur Mut an.« Tanja musste lachen und genoss die unbeschwerten Stunden zu zweit.

»Was meintest du, Tanja?«

»So schüchtern?!« Tanja kam aus dem Grinsen gar nicht mehr heraus. »Ich wollte wissen, ob ich deine Geliebte in spe bin?«

»Nun ja. Ich bin gern hier. Hier mit dir zusammen. Aber nein, Geliebte? Wie soll das gehen? Ohne wirkliche Ehefrau?«

»Du sagtest doch eben, du seist mit der Polizei verheiratet«, flötete Tanja keck und spielte mit dem Amulett an ihrer Kette.

»Tanja«, Thoelke nahm Tanjas Hand. »Du weißt, wie es meine, oder? Außerdem bin ich doch viel zu alt für dich.«

»Guter Punkt, alter weißer Mann. Wie alt bist du eigentlich?«

»Im März werde ich schon 46.«

»Ist doch erst nächstes Jahr.«

Nun musste auch Thoelke grinsen.

»Hast du auch so einen Hunger wie ich, Tanja?«

»Netter Versuch, aber okay.« Tanja erhob sich und ging in die Küche. »Wollen wir was zusammen kochen?«

FREITAG, 18. OKTOBER 2019

Am nächsten Tag war es Pröppers Tür, die von einem Paket geschmückt wurde. Gut, es war eher ein kleines Päckchen, aber er war von Béatrice schneller Antwort gerührt und nahm das Geschenk gut gelaunt ins Haus, wo bereits der Hund auf ihn wartete. Carsten legte das Päckchen auf dem Beistelltisch ab, zog sich um und ging mit Bill eine Runde um die Alster laufen. Auf halber Strecke klingelte sein Handy. Es war Béatrice, die er wegdrückte, da er das Päckchen noch nicht geöffnet hatte. Er würde sie später zurückrufen, um sich zu bedanken. Als nach weiteren zehn Minuten erneut sein Handy klingelte, gab er sich von Béatrices Neugier geschlagen und drückte direkt den grünen Knopf.

»Sorry, habe es noch nicht geschafft. Bin gerade mit dem Hund laufen.«

»Was hast du noch nicht geschafft?«

Carsten erkannte Dagmars Stimme am anderen Ende der Leitung. Er schaute irritiert auf sein Display und schaltete gedanklich um.

»Äh … mich für den gestrigen Abend zu bedanken.«

»Du meinst hoffentlich die Nacht? Es war wundervoll.«

»Ja, das meinte ich damit. Würde ich gern wiederholen.«

»Heute?«

»Gib mir eine Stunde. Dann bin ich wieder vorzeigbar.«

Carsten erinnerte sich noch gut an Dagmars Pünktlichkeit und lief zusammen mit Bill auf dem kürzesten Weg nach Hause. Dort angekommen, hatte er gerade noch Zeit, Bill Futter hinzustellen und kurz unter die Dusche zu hüpfen. Dann klingelte sie bereits. Er öffnete mit nassen Haaren die Tür. Kaum im Flur erspähte sie Béatrices Päckchen.

»Hast du etwa noch weitere Verehrerinnen?«, fragte sie mit leicht zittriger Stimme.

Tja, Dagmar war eben nicht nur extrem pünktlich, sie war auch extrem eifersüchtig. Gelassen fragte er:

»Was meinst du?«

»Naja, dieses kleine komische Päckchen hier.« Dagmar zeigte auf den Beistelltisch. »So ganz ohne Absender.«

»Ohne Absender«, Carsten kam zurück in den Flur und nahm das Päckchen in die Hand, um es zu begutachteten. »War mir noch gar nicht aufgefallen.«

»Willst du es nicht aufmachen, Carsten?«

Carsten überlegte kurz, was Béatrice Kompromittierendes als Antwort auf seine rote Bodenvase in dieses Päckchen hätte reinlegen können. Und entschied sich, das Päckchen besser nicht in Gesellschaft von Dagmar zu öffnen.

»Keine Ahnung. Egal. Lass uns reingehen. Habe uns einen Smoothie gemixt.«

Dagmar folgte. Wohlwissend, dass über das Päckchen noch nicht das letzte Wort gesprochen war. Sie hätte sich natürlich auch ihrem Alter entsprechend verhalten können und darüber hinwegsehen. Das hatte immer ihre Mutter von ihr verlangt. Damals, als sie zur Frau heranwuchs und die Jungs Schlange standen.

Aber das war keine Option mehr. Sie hatte eine Mission. Und so dauerte es auch nicht lang, dass Dagmar, nachdem Carsten ausführlich von seiner Vortragsreihe »Haltet zusammen! – Zivilcourage im 21. Jahrhundert« erzählt hatte, auf das kleine Päckchen im Flur zu sprechen kam.

»Dort hast du also deine neue Verehrerin kennengelernt?«

»Fängst du schon wieder an?!«

Dagmar hob ihre Stimme und formte ihre Lippen zu einem

Schmollmund. »Ich will nur einfach wissen, was dir Frauen alles nach Hause schicken.«

Carsten schüttelte verzweifelt den Kopf. Er wusste, er würde es bereuen. Doch er war zu verliebt und wollte, dass Dagmar auch diese Nacht blieb. Er wusste, er musste das Päckchen hier und jetzt öffnen.

»Woher weiß die überhaupt, wo du wohnst?«, hakte Dagmar naiv-unschuldig nach. Dagmar gefiel sich in ihrer Rolle und lief zur Höchstform auf.

Carsten stand auf und holte das Päckchen vom Beistelltisch.

»Darf ich?«, fragte Dagmar und reichte Carsten beide Hände entgegen.

Gut, dann eben volles Risiko, dachte sich Carsten und überließ es ihr.

Schnell war das Päckchen geöffnet und es präsentierte sich Dagmar ein schwarzer Kasten, den sie vorsichtig herausnahm. Es raschelte kurz und dann öffnete sie auch diesen Kasten. Carstens Gesicht schwamm mittlerweile völlig in Schweiß und seine Augen blinzelten nervös, während er sich zwischendurch immer wieder auf seine Lippen biss. Dagmar schaute in den kleinen Kasten und nahm ein Foto in einem Silberrahmen heraus.

»Hübsch«, kommentierte Dagmar kurz. »Die ist wirklich hübsch, Carsten. Aber doch viel zu jung.« Und reichte Carsten den Bilderrahmen.

So jung war Béatrice nun auch nicht mehr. Zumindest nicht im direkten Vergleich zu Dagmar. Die waren ziemlich gleiches Baujahr, schoss es Carsten durch den Kopf und ahnte nichts Gutes, als er den Silberrahmen aus Dagmars Hand entgegennahm.

Und sein Gesicht versteinerte sich, als er das Foto erblickte. Es wurde aschfahl. Seine rechte Hand krampfte sich um den

Rahmen. Das Foto im Rahmen zeigte nicht Béatrice. Es war ein Porträtfoto von Andrea Böcker mit Halskette. Lächelnd, hübsch, glücklich.

»Das ist zu viel«, kam es über seine trocken gewordenen Lippen. Dann legte er es wortlos beiseite.

Dagmar erinnerte sich, dass Hauptkommissar Thoelke ihr in seinem Büro ein Foto von Andrea Böcker zeigte und durchbrach nach einer halben Ewigkeit das Schweigen:

»Ist das nicht das tote Mädchen?«

Abrupt sank die Temperatur im Raum in den Gefrierbereich. Carsten wurde hellhörig und es ratterte in seinem Kopf. Woher sollte Dagmar die Böcker kennen? Carsten starrte Dagmar regungslos an. Die Sekunden vergingen und die Anspannung im Wohnzimmer war kaum auszuhalten. Keiner sagte etwas. Wie zwei wilde Tiere im Überlebensmodus warteten sie auf eine Reaktion des Gegenübers. Carsten fühlte sich in die Falle gelockt. Er taumelte und war sichtlich nervös. Doch auch Dagmars Nervosität war nicht zu übersehen. Auch ihr schossen die Gedanken durch den Kopf, ob sie sich mit ihrer Frage endgültig ins Aus geschossen habe. In den Medien war nie ein Foto von Andrea Böcker veröffentlicht worden – das wussten beide.

Carsten stand auf und ging in die Küche, während Dagmar wie versteinert auf der Couch sitzen blieb. Sie hatte Angst und überlegte zu fliehen. Nach Hause. Rennen. Sofort. Doch ihre Beine verweigerten den Dienst. Sollte sie das nächste Opfer sein? Jetzt?

Carsten kam aus der Küche zurück, bewaffnet mit zwei Flaschen Bier und 2 Gläsern.

»Möchtest du auch ein Bier?«

Die Erleichterung über diese Frage war Dagmar deutlich anzusehen. Ihre Herzfrequenz pendelte sich auf Normalmaß ein und das Blut strömte zurück in ihr hübsches ebenmäßiges Gesicht. Selbst ein flüchtiges Lächeln war zu erkennen.

»Gute Idee.«

Carsten schenkte ihnen beiden Bier ein. Dann fragte er:

»Wie kommst du darauf?«

»Worauf?«

»Dass es sich bei dieser Frau«, Carsten wedelte mit dem Silberrahmen, »um das tote Mädchen handelt?«

Da war sie wieder zurück, die Anspannung in Dagmars Gesicht und ganzem Körper. Und sie fühlte die durchbohrenden Blicke. Aber sie war entschlossen nicht unter seinen Blicken nachzugeben. Sie wollte kämpfen. Sie musste kämpfen.

»Aus den Medien. Irgendwo habe ich wohl ein Foto gesehen. Also, ich denke, dass sie das sein könnte. Ich bin mir nicht sicher. Deshalb die Frage.«

Am nächsten Morgen fuhr Dagmar Rolffs direkt von Carsten zu Thoelke ins Kommissariat nach Alsterdorf und hoffte, er würde auch an einem Samstag dort sein. Mehr denn je war sie entschlossen, Carstens Ruf zu ruinieren und ihn zu vernichten. Oder umgedreht. Kein Auge hatte sie gestern Nacht zugetan und war ohnehin nur geblieben, um kein Misstrauen aufkommen zu lassen. Nun war schnelles Handeln geboten, doch sie hatte Angst.

»Ich könnte mich ohrfeigen, dass ich Ihnen das zugemutet habe. Bitte verzeihen Sie mir, Frau Rolffs«, entgegnete Thoelke, als Dagmar Rolffs von der letzten Nacht berichtet hatte. »Sie werden natürlich jeglichen Kontakt zu Carsten Pröpper umgehend einstellen. Keinen Anruf, keinen Besuch mehr. Schluss. Aus. Vorbei.«

»Nein, nein. Er wird mir nichts tun. Aber ich würde mich sicherer fühlen, wenn ich irgendetwas … naja …«, Dagmar suchte nach den richtigen Worten.

»Ich werde Ihnen auf keinen Fall eine Waffe geben, Frau Rolffs.«

»Nein, das meinte ich nicht. Mit so einem Ding könnte ich auch gar nicht umgehen. Ich dachte eher an so eine Art … naja … Alarmknopf. Irgendetwas, was ich zur Not drücken kann und sie kommen gleich. Ich habe ja seinen Haustürschlüssel. Den könnten sie sich nachmachen lassen, damit sie im Notfall schneller reinkommen.«

»Das dürfen wir nicht.«

»Herr Hauptkommissar!« Dagmar reichte ihm den Schlüssel.

»Bitte nehmen Sie ihn und beschützen Sie mich.«

* * *

Entspannt lehnte sich Béatrice auf ihrem Sofa zurück und ließ den Mittwochabend noch mal Revue passieren. Erst die Bodenvase, später die wunderschönen Callas und das gemeinsame Essen. Es war ein schöner Abend mit Carsten gewesen. *Carsten!* Wie konnte sie das nur vergessen. Ihr schoss seine Textnachricht vom gestrigen Tage in den Kopf, die sie noch nicht beantwortet hatte.

Danke für den schönen Abend.
Bis hoffentlich bald.
Carsten
19:02 h

Doch was antwortete man als Grande Dame von Welt auf solch' eine Nachricht?
»Danke, dir auch. Und hoffe ich auch.« Auf keinen Fall. Das ginge gar nicht. »Der Abend war wirklich schön. Fand ich auch.« War irgendwie langweilig. Am besten, sie würde ihn einfach anrufen. Andererseits signalisierte das Ungeduld.
Hörte das denn nie auf? Wer hätte gedacht, dass man sich noch in gesetztem Alter Gedanken über eine schlichte Antwort machen würde? Dabei hatte sie immer gedacht, wenn man erst mal erwachsen war, wäre alles unkomplizierter. Das Gegenteil war der Fall. Mittlerweile waren weitere 20 Minuten auf der Suche nach den richtigen Worten vergangen, sodass sich Béatrice kurzentschlossen für folgenden – neutralen – Entwurf entschied.

Hallo Carsten,

fand den Abend auch sehr schön. Danke für die Blumen und bis zum nächsten Mal.

LG Béatrice

10:12 h

Das war dem Anlass entsprechend. Immerhin war Carsten in erster Linie ein Auftraggeber, auch wenn sie seine Andeutungen mit Uruguay, dem tollen Klima und den vielen Sonnenstunden nicht ganz hatte deuten können. War das ein Angebot gewesen? Zusammen nach Südamerika? Jetzt, wo Nicole nicht mehr da war? Carsten hatte noch nie Anstalten in diese Richtung gemacht …

Béatrice wischte die Gedanken beiseite und ging in die Küche, als ihr Handy klingelte. Es war Carsten. Sie schlug sich die Hand vors Gesicht und musste lachen. Frauen dachten stundenlang über jede Silbe nach und wann sie was wie schrieben, während die Kerle einfach machten. Wenn es keine Männer gäbe, würden wir wohl alle noch in einer Höhle vorm Lagerfeuer sitzen. Allerdings ohne Handys und Textnachrichten. Mit einem kecken »Hallo!« startete sie das Gespräch.

»Gut drauf?«

»Ja, das bin ich.«

»Was machst du am Donnerstag?«

»Donnerstag? Ganz normal arbeiten. Könnte aber früher Feierabend machen. Willst du vorbeikommen?«

»Würde gern mit dir nach Lübeck fahren. Ich habe dort etwas zu erledigen und würde mich freuen, wenn du mitkommen könntest.«

»Lübeck klingt großartig. Könnte ab 12 Uhr dabei sein.«

»Dann hole ich dich um 12 Uhr ab. Freue mich.«

* * *

Währenddessen schaute Thoelke auf seinen Schreibtisch und sah Pröppers Haustürschlüssel. Angerührt hatte er ihn nicht, obgleich er immer wieder an Dagmars Worte denken musste: »Bitte nehmen Sie ihn.«

Carsten Pröpper war ein Scheißkerl und der gesuchte *Elbmörder*, da war er sich sicher. Aber wollte er jetzt seinetwegen den schmalen Grat zwischen Illegalität und amtlichem Diensteifer überschreiten und einen Schlüssel nachmachen lassen? Ohne richterlichen Beschluss, den er aufgrund der Beweislage niemals bekommen würde? Im Gegenteil: Carsten Pröpper war für die Medien unverändert ein Held der Zivilcourage. Er sammelte aus seiner Schublade 1,10 Euro, zog sich eine Coke und stiefelte zu Bernd ins Großraumbüro.

»Das nenne ich mal gutes Timing, Cheffe«, wurde er empfangen. »Wollte gerade zu Ihnen.«

»Was denn los, Bernd?«

»Habe mir die Steuerunterlagen von Pröpper der letzten fünf Jahre kommen lassen.«

»Und?«

»Die SUNVINXX AG hat Steuerschulden. Trotz Mahnungen, Bußgeldbescheiden und Androhungen von Pfändungsmaßnahmen wurden diese nicht beglichen.«

»Und?«

»Laut Heike Schroer vom Finanzamt Hamburg-Mitte steht Pröppers Firma kurz vor der Insolvenz. Sozusagen ein Pleitegeier-Held«, Bernd verdrehte seine Augen und gestikulierte mit der rechten Hand vor seinem Gesicht. »Und wir kleinen Leute sind immer so blöd und zahlen pünktlich.«

»Solche Leute sind nie pleite, Bernd. Die haben immer was zur Seite geschafft. Die Frage ist nur, wie viel und wo?«, Thoelke nippte an seiner Flasche, drehte sich um und wollte das Büro verlassen.

217

»Ich dachte nur wegen Motiv? Vielleicht hatte seine Frau eine Lebensversicherung?«

»Das wurde bereits geprüft. Gibt keine Lebensversicherung. Und seine Insolvenz kann uns egal sein. Wir sind von der Mordkommission. Insolvenzverschleppung, Veruntreuung oder was auch immer sind nicht unser Thema.«

»Okay, Cheffe. Aber was wollten Sie eigentlich?«

»Ich?«

»Sie sind doch zu mir gekommen.«

»Ach so. Ja. Richtig.« Thoelke drehte sich um, nahm einen weiteren Schluck. »Hat sich erledigt.« Er hatte sich mittlerweile überlegt, die Schlüsselproblematik mit Grenzüberschreitung besser nicht mit einem Untergebenen zu besprechen, sondern sich gleich ein inoffizielles Go vom Chef abzuholen. Er leerte seine Coke und machte sich auf den Weg zu Möller.

* * *

Dagmar schenkte sich noch etwas Piccolo in ihr Glas und drehte sich zu Carsten:

»Ich habe dir gestern nicht die ganze Wahrheit gesagt.« Dagmar und Carsten picknickten im Alsterpark an der Außenalster und sahen zwei Jugendmannschaften beim Fußball-Training zu.

»Weißt du eigentlich, dass ich immer Profi-Fußballer werden wollte? Jeden Tag habe ich direkt nach der Schule trainiert, aber mein Vater war strikt dagegen. Sagte immer, ich solle erst etwas Anständiges lernen, dann könnte ich selbst entscheiden. Doch nach einer Lehre ist man zu alt fürs Fußballspielen. Das war ihm klar gewesen. Mir nicht.« Wehmütig schaute er zur Alster, dann wechselte er zu Dagmars Thema:

»Du meinst das Foto im Silberrahmen?«

»Ja.«

»Was ist damit?«

»Ich sagte dir doch, dass ich das Foto des jungen Mädchens irgendwo in den Medien gesehen hätte. Das war gelogen. Hauptkommissar Thoelke hatte es mir bei der Befragung gezeigt.«

Carsten sagte nichts, strich sich eine Strähne aus dem Gesicht und widmete sich wieder dem Training der Jugendmannschaften.

»Aber im Nachhinein bin ich nicht sauer auf meinen Vater. Er wusste es einfach nicht besser, denn damals hat man im Profifußball nur einen Bruchteil dessen verdient, was die Jungs heutzutage verdienen. Und wer weiß, ob ich es zu den Profis geschafft hätte?«

Carsten zuckte mit den Schultern.

»Hast du mir überhaupt zugehört, Carsten? Hast du gehört, was ich dir gerade gebeichtet habe?« Dagmar nahm erneut einen Anlauf zu ihm durchzudringen. »Ich habe dich gestern angelogen und das tut mir aufrichtig leid.«

»Warum hast du mich angelogen?«

»Ich weiß es nicht«, Dagmar lehnte sich an Carstens Schulter. »Ich denke, weil du gestern beim Päckchen so komisch reagiert hattest. Verzeihst du mir?«

»Und warum beichtest du es mir jetzt?«

»Weil ich dich nicht anlügen möchte. Und weil ich gern mit dir zusammen bin.«

Carsten nahm Dagmars Hand.

»Dann ist doch alles gut.«

Dagmar war erleichtert und gewann Oberwasser. Sie fischte sich eine Zigarette aus der Tasche und zündete sie an. Nachdem die Hälfte der Zigarette geraucht war, drehte sie sich erneut zu Carsten.

»Warum aber schickt dir jemand ein Bild von diesem toten Mädchen?«

»Das weiß ich auch nicht.« Carsten drückte nun fester, fast hilfesuchend Dagmars Hand. »Ich zermartere mir schon die ganze Zeit den Kopf darüber.«

»Ich muss dir jetzt diese Frage stellen, aber du brauchst sie nicht zu beantworten, wenn du nicht magst, Carsten.« Doch wie soll ich es am besten ausdrücken, überlegte Dagmar und nahm einen weiteren tiefen Zug.

»Hast du das Mädchen umgebracht?«

Carsten ließ erschrocken ihre Hand los und schaute sie an.

»Nein«, Carsten gab ihr einen Kuss auf die Schläfe. »Aber ich kannte sie. Flüchtig.«

»Du kanntest sie? Doch eine Verehrerin?«

»Sie und ihre Freundin hatten mal bei mir geklingelt. Die beiden waren Bekannte von diesem Tim Quast. Das ist der Kerl, der Nicole im Flur getötet hatte. Sie waren wütend und wollten die Tatsache nicht akzeptieren, dass ihr Freund ein zweifacher Mörder sein soll. Es kam zu einer lautstarken Diskussion, sodass ich beide vom Grundstück warf. Das war es.«

»Bis zu dem Päckchen mit dem Foto.«

»Genau.«

»Was wollen wir jetzt tun? Was können wir jetzt tun?«

Carsten freute sich über das Wir und nahm sie in den Arm.

Er liebte sie wirklich. Sie stellte sich als beste Partnerin von allen heraus. Er war froh, dass sie wieder bei ihm war.

»Lassen wir die Polizei einfach ihre Arbeit machen, würde ich vorschlagen.«

* * *

Mittlerweile war es kurz vor fünf, als Thoelke auf dem Rückweg von Möller überlegte, ob er Dagmar Rolffs ruhigen Gewissens weiter mit Carsten Pröpper anbändeln lassen konnte. Denn auch wenn Möller ihm einen Freifahrtschein gegeben hatte, tat er sich schwer, diesen Schritt zu gehen. Andererseits brauchte er Beweise, um Pröpper aus dem Verkehr zu ziehen und die konnte Rolffs beschaffen. Das war zumindest seine Hoffnung. Er bediente die Freisprechanlage im Auto und wählte Dagmar Rolffs Nummer. Er lauschte dem monotonen Freizeichen bis sie sich am anderen Ende meldete.

»Hallo Frau Rolffs. Passt es gerade?«

»Alles gut. War vorhin mit Carsten an der Alster spazieren, nun bin ich etwas einkaufen. Allein. Passt also perfekt. Was kann ich für Sie tun?«

»Sind Sie sicher, dass Sie das tun wollen?«

»Was tun wollen, Herr Hauptkommissar?«

»Nun ja. Wir sprachen doch darüber«, begann Thoelke verwundert. »Ich meine, den Lockvogel zu spielen.«

»Nein, das werde ich sicher nicht.«

»Nein?«, Thoelke lockerte seine Krawatte. Er stand noch unter Strom vom Möller-Besuch, blieb aber ruhig.

»Ich werde den Lockvogel ganz sicher nicht für Sie spielen.«

Thoelke spürte ein leichtes Unwohlsein aufkommen, während Dagmar Rolffs fortfuhr:

»Verdeckte Ermittlungen.« Dagmar Rolffs machte eine kurze Kunstpause. »Ich würde es verdeckte Ermittlungen nennen. Ich als eine Art Miss Marple, verstehen Sie?«

Thoelkes Unwohlsein wich grundsätzlichen Zweifeln: Konnte diese deutsche Miss Marple mit Hang zum Sektchen wirklich seine

Lösung sein? Doch Rolffs sprach weiter, sie hatte ihre Ausführungen noch nicht beendet.

»Und Sie, lieber Herr Hauptkommissar, geben mir einen Alarmknopf und sind, sobald ich im Rondeel eintreffe, in Schlagweite. Bestückt mit einer geladenen Waffe und einem Haustürschlüssel, sodass ich in Ruhe schnüffeln kann.«

»Nun ja«, knurrte Thoelke.

»Ist dieser Lockvogel genug für Sie, Herr Hauptkommissar?«

Da gab es nicht viel zu überlegen. Schließlich ließ Pröpper sie in seine Villa und sein Herz.

»Aber nur schnüffeln!«

»Ja.«

»Sie gehen kein weiteres Risiko ein.«

»Nein.«

»Und Sie sagen mir stets im Vorwege Bescheid, wenn Sie zum Rondeel fahren.«

»Ja.«

»Gut, dann kommen Sie bitte die Tage nach Alsterdorf, damit wir Sie mit der Technik vertraut machen können.«

SONNTAG, 20. OKTOBER 2019

Kaum hatte Dagmar am nächsten Morgen die Villa Richtung Othmarschen verlassen, um sich mit einer Freundin an der Elbe zu treffen, sammelte Carsten die restlichen Gegenstände vom Frühstückstisch zusammen, stellte Aufschnitt und Butter zurück in den Kühlschrank und den Honig zum Müsli in den Hängeschrank. Seit Nicoles Ableben hielt er es mit der Ordnung nicht mehr so genau. Es kümmerte ihn einfach nicht mehr. Er hatte kaum die Grundordnung hergestellt, da klingelte es an der Tür. Es war Knut, sein alter Schulfreund und sein jetziger Finanzvorstand bei der SUNVINXX AG. Carsten riss die Tür auf und empfing ihn mit trauernder Gestik.

»Guten Morgen, Knut. Hast die Post dabei?«

»Natürlich.«

»Komm bitte rein.«

Knut folgte Pröpper ins Wohnzimmer.

»Setzt dich irgendwohin und schmeiß die Illustrierten einfach auf den Boden. Ich komme einfach nicht zum Aufräumen.«

Knut schob einen Stapel Zeitschriften beiseite und setzte sich auf die Couch. Carsten blieb am Panoramafenster stehen und genoss den Ausblick.

»Was gibt es Neues im Unternehmen?«

»Am Freitag hat es zwischen Wehmeier und der ollen Olsen geknallt. Dicke Luft herrscht bei den beiden ja schon seit Ewigkeiten. Aber nun ist es regelrecht eskaliert. Deswegen musste ich auch unseren Termin auf heute verschieben.«

»Irgendetwas was ich wissen müsste?«

Knut verneinte.

»Gut. Was Wichtiges in der Post?«

»Ja, Carsten. Wir haben ein Problem.« Knuts Miene verdüsterte sich. »Steuerschulden.«

»Steuerschulden? Was ist da los? Über was reden wir?«, fragte Pröpper geschockt und setzte sich nun ebenfalls auf die Couch.

Knut holte ein Schreiben vom Finanzamt Hamburg-Mitte aus seiner Aktentasche. Es sind 2.352.876,74 Euro.« Knut reichte Carsten das Schreiben herüber. »Einiges können wir zwar der Summe gegenrechnen. Aber so Pi mal Daumen fehlen aus den Büchern 1,5 Millionen Euro.«

»1,5 Millionen Euro«, echote Carsten Pröpper. »Warum erfahre ich erst jetzt davon?«

»Ich habe dich stets per Mail informiert. Genau, wie du es wolltest. Und ich habe versucht, mit dir zu sprechen. Aber du hattest so viel im Kopf: erst Nicoles Depression und nun der Mord.«

Carsten stimmte verständnisvoll zu.

»Doch nun sind wir an einem Punkt angekommen, wo ich dieses Thema nicht mehr guten Gewissens vor dir fernhalten kann.« Knut kam näher und tätschelte Carstens Schulter. »Tut mir leid, alter Freund.«

Nach kurzer Überlegung fand Carsten zurück in seine Spur.

»Stimmt schon. Ich ahnte schon immer etwas. Wollte mich aber nicht damit auseinandersetzen.« Carsten räusperte sich und setzte sich aufrecht hin. »Also, was können wir tun?«

»Wenn es für dich okay ist, würde ich morgen früh Heike Schroer anrufen und einen persönlichen Termin vereinbaren.« Knut wedelte mit seinem Handy. »Dann wird sie dir diese Fragen sicherlich alle beantworten können.«

»Wie hoch sind unsere Reserven?«

Knut zog einen Zettel hervor.

»498.789,56 Euro.«

Carstens Gesichtsausdruck versteinerte sich, während Knut versuchte Perspektiven aufzuzeigen.

»Wir haben vieles, was für den Fortbestand deines Lebenswerkes spricht«, versuchte Knut zu besänftigen.

»Und das wäre?«

»Das Wichtigste ist, dass unsere Auftragsbücher voll sind, dass du gerade als Held gefeiert wirst und somit eine Art Vorbild bist und dass wir, last but not least, sofort ... sagen wir mal ... zehn Prozent der offenen Schuld als Zeichen unseres Kooperationswillens überweisen könnten.«

»235.000 Euro«, flüsterte Carsten vor sich hin.

»Richtig.«

»Und das wird uns Zeit bei der Schroer verschaffen?«

»Auf jeden Fall.« Knut machte eine kurze Pause, denn es war wichtig, Carsten erneut von seinen Fähigkeiten als Krisenmanager zu überzeugen. Er wollte ihm beweisen, dass es kein Fehler gewesen war, ihn nach nur zwei Jahren direkt in den Vorstand berufen zu haben. Auch wenn er durch seine defensive Informationspolitik dieses Schreiben vom Finanzamt mitzuverantworten hatte. Er hatte auch jetzt noch alles im Griff. »Und vor allem die Tatsache, dass wir 122 Vollzeit-Angestellte haben, wird uns Zeit verschaffen.«

»Du meinst, ich muss eine Arbeitsplatz-Garantie für alle abgeben?«

»Das solltest du anbieten. Proaktiv anbieten.«

»Auch für den Idioten aus der Personalabteilung? Den habe ich schon länger auf dem Kicker.«

Knut musste grinsen. »Ja, ich denke, diese bittere Pille mit dem Langweiler wirst du wohl schlucken müssen.«

Carsten erhob sich von der Couch und ging in die Küche. »Auch ein Bier?« Und ohne die Antwort abzuwarten, kam er mit zwei Flaschen zurück.

»Okay, Knut. Rufe die Schroer an. Und wenn die Kuh vom Eis ist, erklärst du mir, wie das passieren konnte. Infomails hin oder her. Du hast Prokura und ich habe Fragen.«

Knut leerte sein Bier und verabschiedete sich kurze Zeit später, während Carsten im Wohnzimmer blieb und tief durchatmete. Das ging schneller als geahnt, dachte er. Er leerte sein Bier und ging in den Keller zu seinem Safe, der sich hinter einem Bücherschrank verbarg. Er drehte ein paar Mal an dem kleinen Rädchen, bis die Tür lautlos aufsprang. Carsten brauchte die Gewissheit, dass die in zwei Cartier-Tüten verpackten 1,5-SUNVINXX-Millionen noch unversehrt Scheinchen für Scheinchen dort lagen, als er hörte, wie oben die Haustür aufgeschlossen wurde. Dagmar war offensichtlich zurückgekommen. Er schaute in beide Cartier-Tüten, als er oben plötzlich zusätzlich eine männliche Stimme vernahm. Es war Thoelke. Hastig stopfte er die vollen Tüten zurück in seinen Safe, schloss die Tür und eilte die Kellertreppe hinauf.

»Sie arbeiten ja auch jeden Tag, Herr Hauptkommissar«, wurde Thoelke von Dagmar Rolffs an der Tür begrüßt.

»Was soll ich sagen, Gnädigste? Wat mutt, dat mutt.«

»So ist es wohl.«

»Ist Herr Pröpper auch daheim? Würde ihn gern sprechen. Also, wenn es passt. Schließlich ist heute Sonntag und wir haben keinen Termin.«

»Ich komme auch erst gerade rein. Muss schauen, wo er steckt.« Dagmar ging Richtung Küche, als Carsten aus dem Keller kam. Nach einer kurzen Begrüßung schritt Pröpper unverzüglich zum Eingangsbereich und begrüßte den Hauptkommissar.

»Auch einen Cappuccino?«

»Gern. Mit einem Löffel Schlagsahne dazu. Bin etwas unterzuckert.«

Verliebt warf Carsten Dagmar einen Blick zu, die den Wink verstanden hatte und wenig später zwei Cappuccinos mit einem Extra-Schälchen Sahne in das Wohnzimmer brachte.

»Schön haben Sie es hier. So ruhig.«

»Was kann ich für Sie tun, Herr Hauptkommissar?«

»Die Fälle türmen sich auf meinem Schreibtisch und ich komme nicht weiter. Überhaupt nicht.« Thoelke schaute auf den Stapel Zeitschriften neben der Couch und seufzte. »Alles entwickelt sich zu einer Zeitschrift ... äh ... zu einem Buch mit sieben Siegeln, das täglich dicker wird.« Er füllte sich Sahne auf, nahm die Tasse Cappuccino in die Hand und setzte zum Trinken an. »Ich brauche Ihre Hilfe, Herr Pröpper, bitte!«

Thoelke beobachtete ihn über den Tassenrand.

»Aber gern«, sprudelte es aus Pröpper selbstherrlich heraus, beglückt vor Erleichterung über diese scheinbare Trendwende des Beamten, »ich tue, was ich kann.«

»Können Sie mir noch irgendetwas sagen? Ist Ihnen noch etwas eingefallen zu dem Tag, als Tim Quast hier unverhofft auftauchte? Irgendein Detail? Alles kann wichtig sein.«

»Lassen Sie mich überlegen.« Nach einer Schweigeminute schüttelte Pröpper den Kopf. »Tut mir leid. Ich habe Ihnen alles gesagt, was ich weiß.«

»Was ist das mit Frau Rolffs?«, Thoelke beugte sich im Sessel vor und zeigte zur Küche. »Ihre Frau ist erst vor wenigen Tagen beerdigt worden ...«

»Frau Rolffs hilft mir im Haushalt und gibt mir Trost in dieser doch sehr schweren Zeit, Herr Hauptkommissar. Ist doch nicht illegal, oder?«

»Nein, nein. Ich war nur neugierig. Verzeihen Sie. Berufskrankheit.«

»Neugier ist wichtig, Herr Hauptkommissar. Das sollten Sie sich beibehalten.«

»Es ist nur so, dass mein Gefühl mir sagt, dass die Ermordungen von Ihrer geliebten Frau, Tim Quast, Andrea Böcker sowie Isabel Thoss zusammenhängen.« Thoelke runzelte die Stirn, leerte seinen Cappuccino und rückte nun mit dem gesamten Sessel näher an Pröpper heran.

»Hören Sie mir gut zu«, sprach Thoelke und wechselte abrupt seine Tonart. »Alle Angehörigen leiden Ihretwegen. Und wenn die Welt gerecht wäre, würden Sie auch leiden.«

»Das tue ich«, erwiderte Pröpper vollends irritiert. »Mehr als Sie denken.«

Nachdem Pröpper Thoelke hinausgeleitet hatte, ließ er sich erschöpft in die Kissen zurückfallen. Thoelke war ihm dichter auf den Fersen, als er sich eingestehen wollte. Thoelke versuchte sogar mit ihm zu spielen. Er hatte nicht mehr viel Zeit.

Das Wohnzimmer um ihn begann sich zu drehen. Er spürte eine gewisse Kurzatmigkeit, als würde man dem Raum den Sauerstoff entziehen. Er spürte Angst. Angst, die Kontrolle zu verlieren. Er spürte eine Panikattacke in sich aufsteigen und versuchte diese zu beherrschen. Versuchte sich gedanklich abzulenken, aber nichts tauchte auf, kein klarer Gedanke kristallisierte sich heraus. Nur das Wort P-A-N-I-K in großen Lettern erschien immer wieder vor seinem geistigen Auge. Dieses Wort, das ihm seit einiger Zeit immer vertrauter wurde. Fast wie ein lästiger Freund aus der Kindheit, den er einfach nicht loswurde. Sein Puls fing an zu rasen, während kalter und heißer Schweiß aus ihm herausbrach und sich ihm die Kehle zuschnürte. Dann schlief er ein.

Stunden später, als er von ganz weit weg meinte Hundebellen wahrzunehmen, erwachte er.

Mittlerweile war es Abend geworden. Er öffnete seine Augen und sah Dagmar mit Bill neben sich sitzen.

»Geht es dir wieder besser?«, fragte Dagmar. Pröpper wischte sich über sein Gesicht und setzte sich gerade hin.

»Warst du mit dem Hund draußen?«, fragte er, während er in den Flur schaute.

»Ja, aber nur kurz. Mir war nach Bewegung, nachdem mich meine Freundin vorhin versetzt hatte – und du hattest geschlafen.«

Dagmar beugte sich zu Carsten und gab ihm einen Kuss.

»Wie war es mit Thoelke?«

»Er ist verzweifelt.«

MONTAG, 21. OKTOBER 2019

Am nächsten Morgen regnete es ununterbrochen. Typisches Hamburger Schietwetter. Alles wirkte grau und düster, was genau zu Carstens Stimmung passte. Der Silberrahmen und der erneute Besuch von Thoelke setzten ihm zu. Krampfhaft versuchte er an etwas anderes zu denken, doch seine Gedanken gehorchten ihm nicht. Er brauchte etwas zum Abreagieren, einen Plan. Er brauchte Béatrice. Er schaute auf seine Uhr. Kurz nach halb zwölf. Gleich Mittagszeit. Das könnte passen. Kurzentschlossen entschied er die paar Straßen zu ihr zu fahren und erklomm die Stufen hinauf zu dem zweiten Stock, wo Béatrice ihn mit viel Lippenstift und viel Verständnis empfing.

»Welche Laus ist dir denn über die Leber gelaufen? Du siehst furchtbar aus, Carsten!«

Carsten nahm sie in den Arm und überreichte ihr einen Strauß weißer Callas.

»Ich dachte, deine Bodenvase könnte frischen Nachschub gebrauchen.«

»Wie aufmerksam von dir. Komm rein.« Und während Béatrice die Blumen entgegennahm, in der Küche beschnitt und sie in der roten Bodenvase drapierte, begann Carsten im Zimmer auf und ab zu gehen, von Wand zu Wand und wieder zurück. Er setzte sich auf den Sessel und horchte in sich hinein. Stille. Dann erhob er sich und begann erneut ungeduldig auf und ab zu gehen.

»Also Carsten. Was ist mit dir los? Du machst mich ganz nervös mit deiner Unruhe.«

Béatrice ging zu Carsten und zog ihn am Arm.

»Stopp jetzt«, flehte sie ihn an. »Warum bist du hier?«

»Wollte mich bei dir entschuldigen.«

»Entschuldigen?«

»Dafür, dass ich unseren Lübeck-Ausflug canceln musste. Aber ich habe das Finanzamt am Hals. Die drohen mir, den Laden dicht zu machen.«

»Carsten. Das hast du mir doch alles schon erzählt.«

»Aber nur unpersönlich am Telefon.«

»Nun sag schon. Warum bist du wirklich hier?«

»Hab ich doch gesagt, mich entschuldigen und bei diesem trostlosen Wetter einfach mal ›Hallo‹ sagen.« Carsten versuchte ein Lächeln aufzusetzen, was aber misslang.

»Hör' auf mit dem Quatsch. Du bist völlig durch den Wind. Deine Hände zittern und du schreist mehr, als dass du sprichst.«

Carsten setzte sich und erzählte von seiner Begegnung am Rathausmarkt, wo ihn Tanja vor dem Buchladen entdeckt hatte und weggerannt war, und von dem Silberrahmen mit Andreas Foto im Päckchen, das nur wenige Tage später vor seiner Haustür gelegen hatte.

»Das ist alles zu viel für mich. Das macht mich alles ganz irre.« Carsten nahm Béatrices Hände, schaute ihr tief ins Gesicht und ergänzte in gedämpfter Stimme. »Du musst eine Sache für mich erledigen.«

»Ich habe bereits alles getan, was du wolltest, Carsten.«

»Aber es fehlt noch etwas.«

»Was fehlt noch?«

Zum wiederholten Male rekapitulierte er seinen Plan. Es war kein großer Wurf, aber mit ein wenig Glück konnte es klappen. Er holte nochmal Luft und fuhr fort:

»Tanja. Tanja Schubert fehlt noch.«

Ohne Umschweife war Carsten auf den Punkt gekommen. Das war sein Plan gewesen. Seine Erlösung. Das auszusprechen, beruhigte ihn sofort. Er wollte Béatrice Zeit geben, das Gehörte zu verdauen. Er stand auf und ging auf den Balkon.

Irgendwann folgte Béatrice mit zwei Tassen Tee und setzte sich zu ihm.

»Zieh mich da nicht rein«, bat Béatrice. Ihre Stimme klang dumpf und ohne Verständnis.

»Du bist doch schon mittendrin.«

»Das war ein einmaliger Gefallen – und ein großer Fehler.«

»Der dir ordentlich etwas eingebracht hat. Ich gebe dir noch mal die gleiche Summe.«

»Ich möchte, dass du jetzt gehst, Carsten.«

»Und ich möchte mich mit dir unterhalten.« Carsten setzte sich aufrecht hin. »Überlege es dir zumindest. Versprichst du mir das?«

»Carsten!«

»Versprich es mir und ich gehe. Bitte.«

»Einverstanden. Ich verspreche es dir. Komme aber nicht noch mal vorbei. Ich melde mich.«

»Wann?« Carsten stand auf und machte eine ungeduldige Handbewegung. »Wann meldest du dich?«

»Geh jetzt.«

* * *

Carsten Pröpper hatte am heutigen Tage keine weiteren Termine und da Dagmar erneut in Othmarschen verabredet war, fuhr er spontan bei seiner Firma vorbei. Er wollte sich bei der Belegschaft blicken lassen und mit Knut sprechen. Doch auf dem Weg zur SUNVINXX AG konnte er an nichts anderes denken, als daran, den Deal mit Béatrice einzutüten. Er würde sie in spätestens zwei

Stunden anrufen, dachte er, als Knut ihn am Parkplatz entdeckte und in Empfang nahm.

»Schön, dass du da bist, Carsten. Habe gute Nachrichten. Lass uns in dein Büro raufgehen.«

Oben angekommen, informierte Knut ihn, dass er nach diversen Telefongesprächen mit Kunden und Frau Schroer vom Finanzamt einen Zahlungsaufschub gewährt bekommen habe. Und nicht nur das. Frau Schroer habe sich ausdrücklich für die Blitz-Überweisung der zehn Prozent sowie für die Arbeitsplatz-Garantie bedankt.

»Zahlungsaufschub klingt gut. Wie lange denn?«

»Sechs Monate. Und wenn es sieben werden, wird auch kein Hahn danach krähen. Das sind doch wirklich gute Nachrichten.«

»Sechs bis sieben Monate«, wiederholte Carsten leise und lächelte.

»Und wie gesagt: Durch unterschiedliche Auffassungen steueraufschiebender Veräußerungen können wir auch einige angemahnte Posten gegenrechnen. Es bleiben allerdings 1,5 Millionen Euro, die aus den Büchern fehlen.«

»1,5 Millionen …«, wiederholte Carsten leise und signalisierte Knut, dass das Gespräch nun beendet war. Er wolle allein sein. Sichtlich erleichtert, dieses Gespräch unbeschadet überstanden zu haben, verschwand Knut aus seinem Büro.

Carsten hingegen schaute ungeduldig auf seine Uhr. Erst eine Stunde vergangen. Er war nervös und litt wie ein Hund, was ihn kurz abschweifen ließ, um dem Gedanken hinterherzuhängen, warum ausgerechnet ein *Hund* als Symbol für großes Leid genommen wurde. Ob Bill auch litt, wenn sein Herrchen nicht zu Hause war?

Er zuckte mit seinen Schultern, studierte die interne Telefonliste und ließ als nächstes seine Assistenten Philipp und die stets verliebte Maja antanzen. Doch auch auf die beiden Turteltäubchen konnte er sich nicht wirklich konzentrieren, sodass er während der Einzelvorträge aus dem Fenster schaute und überlegte, ob er von hier oben erkennen könnte, wie sich am Horizont die Erde bewegen würde. Doch nichts geschah. Nichts bewegte sich. So hing er seinen Gedanken nach, als es plötzlich still wurde im Büro. Carsten drehte sich überrascht zurück und schaute in zwei fragende Gesichter. Jedes weitere Wort schien überflüssig. Er räusperte sich kurz und bedankte sich bei beiden für das eben Gesagte. Doch auch Philipp und Maja hatten ihm die Wartezeit nur wenig verkürzen können. Er konnte und wollte nicht länger warten. Er musste Béatrice anrufen und wählte ihre Nummer.

Freizeichen. Dann nahm sie ab:

»Du bist ungeduldig!«

»Machst du's?«

»Schreib mir die Adresse von diesem Mädchen auf und alles, was du noch so weißt.«

»Sonst noch was?«

»Lege die Hälfte in bar dazu. C'est tout. Mon chéri.« Béatrice beendete das Gespräch, während Carsten nach einem Stück Papier und einem Stift suchte.

DIENSTAG, 22. OKTOBER 2019

Er hatte vor Aufregung nur kurz geschlafen. Und die Fahrt auf der vollen A1 nach Lübeck war hektisch und anstrengend gewesen. Doch kaum hatten sie das Holstentor passiert, war er bester Dinge und summte vor sich hin. In Lübeck fühlte er sich unbeobachtet und glücklich.

»Dagmar, ist es okay, wenn wir erst frühstücken gehen und später zur Wohnung fahren?«

»Kannst du Gedanken lesen?«

»Ich versuche zumindest, dir jeden Wunsch von den Lippen abzulesen.« Und so fuhren sie nicht auf dem kürzesten, sondern auf dem schönsten Wege, vorbei an der Marienkirche und am Buddenbrookhaus Richtung Ecke Kohlmarkt/Breite Straße im Herzen Lübecks. Carsten fuhr rechts ran.

»Hier würde ich dich rauslassen, Dagmar. Lass uns da vorne bei Niederegger treffen, dort können wir frühstücken. Ich suche einen Parkplatz und bin gleich bei dir.«

Kaum hatte Dagmar den SUV verlassen, versuchte er Béatrice zu erreichen. Doch sie nahm nicht ab, was aber seiner jetzigen Stimmung keinen Abbruch tat. Er hatte noch viel vor und freute sich auf die zwei Tage mit Dagmar in seinem Refugium. Weit weg von allem.

Währenddessen gelang es Dagmar, einen letzten freien Platz am Fenster zu ergattern und bestellte das Niederegger-Frühstück für zwei Personen, das wenig später von zwei netten Damen gebracht wurde. Es bestand aus einem Körbchen mit leckeren Brötchen und Croissants, sowie einem Omelett, feinster Konfitüre, Honig, Quark und einer Auswahl von Wurst- und Käsespezialitäten. Zu trinken gab es neben einem Kännchen Kaffee noch zwei Gläser frisch gepressten Orangensaft. Dagmar strahlte über das ganze Gesicht, als zeitgleich Carsten die Stufen heraufgetrabt kam und sich zufrieden zu ihr setzte. Das wird mein Tag, dachte Dagmar und sollte damit recht behalten.

Gesättigt und verliebt verließen sie anderthalb Stunden später das Niederegger-Café und fuhren zur Wohnung, wo sich Carsten einen Anzug anzog, während Dagmar die Reisetaschen leerte.

»Hast du noch einen Termin? Ist doch viel zu warm.«

»Kein Termin, mir ist heute danach«, antwortete Carsten und drückte sie fest an sich. »Sag einfach, wenn du fertig bist.«

* * *

Die Luft roch nach Sonne, Salzwasser und Strand, als Carsten und Dagmar um kurz nach vier am Timmendorfer-Strand aus dem Auto stiegen. Sie hatten hinter dem Rathaus geparkt und schlenderten über die Promenade zum Wasser. Die Herbstsonne beschien den hellen Sandstrand, hinter dem sich das Grün alter Bäume erhob.

»Schön, dass du wieder da bist. Bei mir bist.«

Dagmar lächelte in ihrem gelben luftigen Sommerkleid und sah bezaubernd aus.

»Das finde ich auch. Aber hättest du dein Sakko nicht besser im Wagen gelassen?«

»No way«, summte Carsten. »Den brauch ich noch.«

»Gehen wir ins SEA LIFE?«

»Gedulde dich noch etwas«, antwortete Carsten, während er am Strand einen kleinen flachen Stein aufsammelte.

»Willst du den für mich hüpfen lassen?«, wollte Dagmar wissen und deutete eine Wurfbewegung an.

»Ich will es auf jeden Fall versuchen.« Carsten beugte sich zur Seite, holte weit mit seinem rechten Arm aus und warf den Stein, der ganze sieben Mal auf der Wasseroberfläche tanzte, bis er für immer in der Tiefe verschwand. Dagmar war beeindruckt und wollte nun auch ihrerseits ihre Wurftechnik unter Beweis stellen, während Carsten sie stets mit immer neuen Tanz-Steinen versorgte.

»Danke, Carsten. Danke, danke, danke«, sagte Dagmar, die längst von der Idylle der Ostsee eingefangen war und stehen blieb.

»Weil ich dir gezeigt habe, wie lässig man Steine hüpfen lassen kann?«

»Nein, du Spinner«, Dagmar lächelte sanft. »Weil wir hier sind. Zusammen hier sind.«

Nun blieb auch Carsten stehen, drehte sich um und ging zwei Schritte zurück.

»Nicht da ist man daheim, wo man seinen Wohnsitz hat, sondern wo man verstanden wird.« Er kniete sich hin. Doch dieses Mal wollte er keinen weiteren Stein aufsammeln. Stattdessen zauberte er eine kleine in Samt eingeschlagene Schachtel aus seiner Sakkotasche und öffnete sie.

»Dagmar, möchtest du meine Frau werden?«

»Was?« Dagmar errötete und konnte ihren Blick nicht vom Brillantring lösen. Mindestens drei Karat, dachte sie, als Carsten erneut auf sich aufmerksam machte.

»Dagmar? Möchtest du meine Frau werden?«

Dagmar Rolffs, unverheiratet und mit Ausnahme von wenigen Wochen seit drei Jahren an Carstens Seite, kullerten Tränen über die Wange.

»Du möchtest mich heiraten?«, fragte sie verwundert.

»Wollte ich schon immer.«

»Warum möchtest du mich heiraten?«

»Du gabst mir das größte Geschenk – deine Liebe. Und ich möchte mein Leben mit dir teilen. Die gesamte Fülle dieses Lebens mit dir gemeinsam genießen.«

Carsten stand wieder auf, wischte sich den Sand vom Knie und hob mit seinem Zeigefinger Dagmars Kinn.

»Und?«

Sie schaute in Carstens Augen und sah bedingungslose Liebe, während sie sich die Tränen wegwischte.

»Ja, ich will.«

»Dagmar Rolffs. Einen kurzen Moment hatte ich schon leicht gezweifelt«, sagte Carsten erleichtert und streifte ihr behutsam den Verlobungsring über den Finger.

DONNERSTAG, 24. OKTOBER 2019
BIS FREITAG, 25. OKTOBER 2019

Zurück in Hamburg fiel Pröppers Freude über den zweiten unangemeldeten Besuch Thoelkes innerhalb weniger Tage deutlich verhaltener aus.

»Sie schon wieder! Es ist gerade mal 10 Uhr.«

»Viertel nach zehn«, korrigierte der Hauptkommissar. »Wollen Sie lieber heute Nachmittag aufs Kommissariat kommen?«

»Kommen Sie schon rein«, wiegelte Pröpper müde ab.

»Am besten wir setzen uns. Ich habe da etwas gehört, was ich gern verifiziert wissen möchte«, gab sich Thoelke geheimnisvoll.

Carsten Pröpper ging in das Wohnzimmer, setzte sich auf die Couch und sah den Hauptkommissar erwartungsvoll an. Diffuse Gedanken umkreisten ihn. Doch Thoelke verharrte im Flur.

»Haben Sie Ihre Frau Nicole bereits aus Ihrem Herzen verbannt?« Thoelke zeigte auf das fehlende Ibiza-Bild im Eingangsbereich. Erst dann folgte er durch die Doppeltür in das Wohnzimmer, schaute sich um und zeigte schließlich auf die Kommode rechts vom großen Panoramafenster. »Auch hier stand doch noch vor wenigen Tagen ein Foto ihrer Frau. Zusammen mit dem süßen Border-Collie Bill, glaube ich.«

Pröpper antworte nicht gleich und wunderte sich über Thoelkes' Beobachtungsgabe. Er ertappte sich bei dem Gedanken ihn bloß nicht noch mehr zu unterschätzen.

»Die Erinnerung macht mich kaputt. Vielleicht stelle ich die Bilder später wieder hin. Aber jetzt ertrage ich es einfach nicht.«

»Verstehe.« Thoelke zog seinen Mantel aus, legte ihn über eine Stuhllehne und setzte sich zu Pröpper.

»Wo waren Sie die letzten zwei Tage?«

»In Lübeck.«

»Wieder Vorträge gehalten?«

»Nein, ich war mit Frau Rolffs dort«, Pröpper strich sich durch die Haare. »Aber Sie wollten mir doch etwas sagen?! Gibt es etwas Neues? Haben Sie das Motiv von Tim Quast gefunden?«

»Motiv ist ein gutes Stichwort.« Thoelke kramte sein Notizbuch und einen Kugelschreiber aus seiner Tasche, legte beides auf den Tisch und ordnete es sorgfältig nebeneinander an. Dann hob er seinen Kopf und sprach:

»Sie sind pleite, Herr Pröpper!«

»Wer behauptet denn sowas?«

»Sie schulden dem Finanzamt 2,35 Millionen Euro.«

»Sie können einem echt auf den Zeiger gehen, Herr Hauptkommissar«, entwich es Pröpper spontan. »Ermitteln Sie gegen mich? Brauche ich jetzt einen Anwalt?«

»Es ist nur ein Gespräch. Eine einfache Frage unter Männern.«

»Nein, da muss ich Sie enttäuschen. Ich bin nicht pleite. Wir sind diesbezüglich bereits mit dem Finanzamt Hamburg-Mitte in einem engen Austausch. Es wird sich alles regeln.«

»Verstehe. Das klingt gut. Vielen Dank.« Thoelke klappte sein Notizbuch zu, nahm seinen Kugelschreiber und war zum Aufbruch bereit. Ein weiterer Nadelstich war gesetzt. Er nahm seinen Mantel von der Stuhllehne, lächelte zufrieden und verließ die Villa.

Thoelke wollte noch nicht zurück nach Alsterdorf, er hatte vor einigen Tagen einen Bericht über Work-Life-Balance gelesen und war schwer beeindruckt. Er wollte nun diese Balance neu justieren und das war kein Pipikram, den man mal so nebenbei erledigte, dachte er. Er kramte in seinem abgewetzten braunen Portemonnaie, ob er die Karte dabeihatte – er hatte. Und so fuhr er über die Sierichstraße und Lange Reihe direkt in die Hamburger Speicherstadt. Und da stand er nun im Kehrwieder vor dem Miniatur Wunderland. Zum ersten Mal in diesem Jahr – trotz Jahreskarte. Aufgrund von Parkplatz- und Zeitmangel hatte er seinen Dienstwagen im Halteverbot abgestellt und sprang durch das Treppenhaus hinauf zum Eintritt, zeigte seine Jahreskarte und die Entspannung konnte beginnen. Er schlenderte genüsslich durch die USA, Hamburg und Skandinavien, gefolgt von Mitteldeutschland und der Schweiz – begleitet von Blinklichtern, Signalen und schneebedeckten Tunneln …

* * *

»Wo sind nur meine Sachen geblieben?«, seufzte Thoelke Stunden später, als er abends bei Tanja aufschlug. Tanja schlief bereits. Gequält blickte er durch das Gästezimmer. Lediglich das Bett, der Nachttisch, zwei blaue Stühle und das leere Aquarium, in dem vor Urzeiten wohl Gubbys und was auch immer geschwommen waren, standen dort. Doch von seinen Sachen keine Spur. Nicht eine Socke war ihm geblieben. Sofort musste Thoelke an den gestrigen Abend denken. Sie hatten mal wieder über die Vorgehensweise in Sachen Carsten Pröpper gesprochen. Auch ein wenig heftiger gesprochen. Meinungsverschiedenheit ja, aber von Streit oder drohendem Auszug konnte keine Rede gewesen sein. Zumindest aus seiner Sicht. Er war nur der Meinung gewesen, Tanja solle sich komplett aus seinem Fall heraushalten. Vor allen Dingen fand er die Idee, Andreas Foto im Silberrahmen zu Pröpper zu bringen, alles andere als glücklich. Geradezu dumm empfand er diese Aktion und hatte es auch in dieser Deutlichkeit gesagt:

»Bist Du denn von allen guten Geistern verlassen? Wie kann man nur so töricht sein und einem Serienkiller ein Päckchen Provokation schicken?«

Vielleicht war das der berühmte Tropfen gewesen und er hatte sie verletzt, obwohl er sie nur beschützen wollte? Und ihre Antwort, er sei doch nicht ihr Vater, war auch unmissverständlich. Aber ihn gleich vor die Tür zu setzen? Das empfand Thoelke überzogen. Doch eigentlich war er ja selbst schuld. Er hätte nie in dieser Intensität mit ihr über den Fall sprechen dürfen. Er hatte professionelle Grenzen überschritten. Das war ein Fehler gewesen. Ebenso sein Einzug. Zerknirscht ging er in die Küche, nahm sich ein Bier und machte es sich auf dem Sofa gemütlich. Diesen Schlafplatz kannte er und dieser würde ihm auch für eine weitere Nacht seinen Dienst erweisen. Nach Hause wollte er nicht. Er hatte Redebedarf. Er stand erneut auf, schrieb Tanja einen Zettel mit der Bitte, ihn morgen früh zu wecken und ihn aufzuklären. Dann legte er sich wieder auf das Sofa und schloss die Augen … bis er wenige Stunden später Schritte auf sich zukommen hörte.

»Ich soll dich aufklären?«, flüsterte Tanja, als sie das Wohnzimmer im Nachthemd bekleidet betrat. »Gerne. Wo haben wir denn Nachholbedarf?«

Thoelke war nun wieder wach und setzte sich kerzengerade hin. Hatte er überhaupt richtig geschlafen?

»Komm in die Küche. Dein Kaffee wird kalt.«

Thoelke, nicht nur beruflich immer am Ermitteln, versuchte die Worte, die Gestik und die Tonlage zu interpretieren. Im ersten Augenblick schien alles friedlich zu sein. Seltsam. Er resümierte, dass die morgendliche Begrüßung, der frisch zubereitete Kaffee und allen voran der Guten-Morgen-Kuss als gutes Zeichen zu werten war. Die dunklen Regenwolken hatten sich wohl über Nacht verzogen. Thoelke schaute zur Uhr. Kurz vor 4 Uhr in der Früh. Er setzte sich zu ihr an den großen Holztisch. Tanja merkte, wie sein Blick fragend auf ihr ruhte.

»Warum hast du auf dem Sofa geschlafen?«, fragte Tanja verwundert.

»Hätte ich besser direkt nach Hause fahren sollen?«

»Wieso das denn?«

»Wieso? Kannst du dich erinnern, dass du gestern mein Gästezimmer leergeräumt hast?«

»Achso das!«, Tanja musste lachen und verschluckte sich fast am Kaffee.

»Ich fand das gestern Abend nicht so lustig, Tanja. Wo sind meine Sachen?«

»Die habe ich für dich zusammengeräumt. Alles noch da. Bis zur letzten Socke.«

»Aber warum?«

»Komm mit, ich zeig dir was.« Tanja stellte die Tasse ab, nahm Thoelkes Hand und ging mit ihm in ihr Zimmer. »Ich fand, es wäre Zeit, dass du bei mir schläfst.«

»Bei dir?« fragte er erstaunt. »Ich dachte, ich wäre gestern zu weit gegangen und hätte dich verletzt.«

»Im Gegenteil. Mir wurde spätestens gestern klar, dass es keinen Besseren gibt, der auf mich aufpasst. Und du weißt ja: Frauen lieben große starke Männer.«

* * *

Nachdem seine Work-Life-Balance wiederhergestellt worden war, fuhr Thoelke bestens gelaunt gegen 6 Uhr ins Kommissariat. So früh wie nie zuvor. Doch es hätte keinen Sinn gemacht, sich nochmal hinzulegen. Stattdessen wollte er sich seinen Akten widmen. Spontan musste er an Dagmar Rolffs denken, um die es in letzter Zeit ruhig geworden war. Zu ruhig, wie er fand. Er war sich nicht mehr sicher, ob er noch auf seine Miss Marple zählen konnte. Die letzten beiden von ihm initiierten Gespräche waren ergebnislos verlaufen. Sie hatte ihn mit Nebensächlichkeiten abgespeist. Nebensächlichkeiten wie, dass Carsten Pröpper in letzter Zeit zwei Mal in der Firma war und sich gesünder ernähren wolle. Strafrechtlich verwertbare Infos waren nicht dabei gewesen. Auch ihren zweitägigen Ausflug ins Liebesnest nach Lübeck, welches ganz offensichtlich in seiner Funktion reaktiviert worden war, war mit keinem Wort von ihr erwähnt worden. Weder im Vorwege, noch im Nachhinein. Alarmknopf hin oder her. Hatte es überhaupt noch Sinn, auf sie zu zählen? Um halb neun rief Thoelke sie an und bat sie aufs Kommissariat:

»Und es wäre schön, wenn ich dafür keine Vorladung aussprechen müsste, Gnädigste«, ließ Thoelke am Ende des kurzen Telefonates seine Ernsthaftigkeit aufblitzen.

»Natürlich komme ich zu Ihnen, Herr Hauptkommissar. Geben Sie mir zwei Stunden.«

Und in der Tat. Zweieinhalb Stunden später präsentierte sich Dagmar Rolffs glitzernd in Thoelkes Büro.

»Was ist denn los, Herr Hauptkommissar? Warum auf einmal so streng? Habe ich etwas falsch gemacht?«

»Sie haben gar nichts gemacht.« Thoelke stand auf und nahm ihr den Mantel ab. »Aber setzen Sie sich bitte.«

Dagmar Rolffs war verunsichert und spielte nervös mit ihrem Ring, der nicht nur deshalb Thoelkes Aufmerksamkeit erregte.

»Was ist das denn für ein Ding?«

»Was meinen Sie?«, fragte Dagmar Rolffs unschuldig und strich sich durch ihr blondes lockiges Haar.

Thoelke zeigte auf ihre linke Hand.

»Neu?«

»Von Carsten.« Dabei streckte sie ihre Hand in Richtung Thoelke.

»Von Carsten?«, wiederholte Thoelke. »Und das bedeutet was?«

Dagmar Rolffs zog ihre Hand wieder zurück. »Was der Ring bedeutet?«

»Ja.« Thoelke wurde dünnhäutiger und ungeduldiger. Er sah seine Felle davonschwimmen. »Heißt das, dass er Ihnen vertraut und Sie ihm vertrauen?«

»Das ist ein Verlobungsring, Darling.«

»Darf ich Sie beglückwünschen?«

»Aber unbedingt. Danke. Sehr lieb von Ihnen.«

Thoelke spürte Sodbrennen aufkommen und stand unmittelbar vor einer Explosion.

War das jetzt ein Stück perfekt inszenierter Maskerade oder hatte Carsten Pröpper sie tatsächlich umgedreht? Was bedeutete dieses glitzerndes Etwas für die weitere Zusammenarbeit? Gab es überhaupt noch eine? Andererseits konnte er sich die Frage auch selbst beantworten. Ein Blick in ihr strahlendes Gesicht genügte und er wusste, dass er sie als verdeckte Ermittlerin verloren hatte. Doch das wollte er persönlich hören.

»Frau Rolffs. Haben wir noch einen Deal?«

»Aber natürlich, Herr Hauptkommissar.«

Thoelke schien erleichtert, konnte aber das Gehörte nicht mit dem in Einklang bringen, was er sah und bohrte tiefer.

»Was gibt es denn Neues von Ihrem Verlobten? Haben Sie irgendetwas Belastbares ausfindig machen können?«

»Da muss ich Sie enttäuschen. Ich habe mit ihm gesprochen. Mehrmals. Auch über Andrea Böcker. Habe ihn auch direkt gefragt, ob er etwas mit dem Mord zu tun gehabt habe. Aber er ist unschuldig und hat ein Alibi. Er war in Lübeck bei einem Vortrag. Er hat mit der ganzen Sache nicht das Geringste zu tun. Und das glaube ich ihm mittlerweile auch. Er ist ein so liebevoller Mann – mit sehr guten Manieren. Auch seine Vorträge sind immer gut besucht. Ich war selber zweimal anwesend. Sollten Sie auch mal tun. Carsten hilft damit den Menschen. Ein, wie ich finde, wichtiger Beitrag zum gesellschaftlichen Miteinander.«

Thoelke musste sich zusammenreißen, um nicht direkt hier auf den Schreibtisch zu kotzen. Das war kein Weichkochen gewesen, das war eine Gehirnwäsche in Reinnatur, der sie unterzogen worden war. Miss Marple war ganz offensichtlich nicht mehr anwesend, sondern zurück in ihrer englischen Grafschaft. Und damit weit weg von Hamburg.

* * *

Weit weg war auch Carsten, als er von einer völlig überdrehten Béatrice aus seiner Uruguay-Lektüre gerissen wurde.

»Die sind ja ein Paar!«, rief sie durch das Handy. »Da läuft was.«

»Was läuft wo?«

»Stehe gerade schräg gegenüber von Tanja Schuberts Marktstand und auf einmal kommt der Hauptkommissar vorbei und redet mit der Schubert.«

»Thoelke? Was will der denn bei der Schubert?«

»Was er bei ihr will? Das versuch’ ich dir doch gerade zu erzählen.«

Carsten Pröpper verstand nur Bahnhof und ärgerte sich, dass er mit Dagmar nicht einfach noch ein paar Tage länger in Lübeck geblieben war. Immer und überall tauchte dieser unbequeme Thoelke auf. Erst bei ihm und nun bei der Schubert. Die reinste Plage.

»Die sind ein Paar, Carsten«, schrie Béatrice hysterisch in den Hörer. »Die haben sich zum Abschied geküsst.«

»Hauptkommissar Thoelke? Bist du sicher?«

»Bien sûr, je suis sûr. Habe den doch bei der Pressekonferenz gesehen.«

»Und die Schubert? Was hat sie gemacht?«

»Sie hat ihm zum Abschied noch einen Apfel mitgegeben.«

»Einen Apfel?«

Nach kurzer Gedankenpause fuhr Carsten in selbstsicherem Ton fort: »Na und?! Ist doch egal. Ändert nichts.«

»Mon Dieu, Carsten! Das ändert alles. Wenn die jetzt mit einem Bullen zusammen ist, erschwert das meine Arbeit. Ich lege mich doch nicht mit der Polizei an.«

Carsten dachte an seine Panikattacken und versuchte gleichzeitig ihre Gedanken zu verstehen. Vergebens.

»Béatrice, seit Andrea Böcker hast du dich bereits mit der Polizei angelegt.«

Béatrice sah das jedoch komplett anders. Nicht sie hätte sich mit der Polizei angelegt, sondern ausschließlich Carsten. Sie hätte ihm nur einen Gefallen getan. Mit der Zeit dämmerte es Carsten, worauf sie abzielte. Kopfschüttelnd musste er schmunzeln.

»Okay, okay. Verstehe. Ich lege nochmal zehn Prozent oben drauf. Sozusagen als Bullen-Gefahrenzulagen.«

»Einverstanden. Und nun musst du mir noch einen Gefallen tun, mon chéri«, setzte sie in entspanntem Ton fort.

»Noch einen?«, wunderte sich Carsten.

»Naja, eigentlich nicht mir, sondern dir: Du musst Thoelke im Kommissariat aufsuchen und ihn mindestens eine Stunde beschäftigen. Und zwar Montag um drei. Dann fahre ich zu Tanja Schubert.«

Carstens Herzschlag überschlug sich fast. Er war für den Moment zufrieden. Er hatte alles im Griff. Solche Fehleinschätzungen wie Knut mit seinen aufschiebbaren Steuervorteilen dürften ihm nicht passieren. Und das würde es auch nicht. Pröpper hinterfragte nicht, was er tat. Er handelte stets nach Instinkt. Voller Vorfreude lehnte er sich zurück und las weiter in seinem Buch und träumte von Uruguay.

MONTAG, 28. OKTOBER 2019

Die Klingel läutete ohne Unterbrechung, als Carsten Pröpper Viertel vor sechs zur Tür ging.

»Haben Sie Sehnsucht? Bin doch gerade bei Ihnen raus.«

»Schluss mit den Spielchen.« Thoelke schubste Pröpper wie von Sinnen gegen die Wand und umgriff mit beiden Händen seinen Hals. »Schluss damit, Sie widerwärtiges Monster!«

»Hören Sie auf mit dem Quatsch! Was ist denn mit Ihnen los? Ich werde Sie anzeigen wegen Körperverletzung und Beleidigung.«

»Sie wollen mich anzeigen?! Ausgerechnet Sie?«

»Wer sich so benimmt!! Sie sind ja gemeingefährlich.«

Thoelke realisierte auf einen Schlag, was er da tat und was er mit diesem Verhalten alles aufs Spiel setzte. Er ließ ruckartig von Pröpper ab.

»Sie haben keine Zeugen für eine Anzeige«, stellte Thoelke trocken fest. »Es geht Ihnen ähnlich wie uns: Wir haben auch keine Zeugen für Ihre Taten. Noch nicht.«

»Was ist denn passiert? Sie sind ja völlig überdreht.«

»Ich weiß nicht, wie Sie es angestellt haben, aber Sie haben es gemacht.«

»Was meinen Sie?«

»Das wissen Sie genau. Tanja Schubert wurde heute Nachmittag ermordet.«

»Tanja Schubert? Ist das nicht die Freundin von Tim Quast gewesen?«

Pröpper machte eine kurze Pause und strich sich über den Drei-Tage-Bart. »Ach nein. Mein Irrtum«, korrigierte sich Pröpper feixend und schlug sich gegen die Stirn: »Tanja Schubert war ja neuerdings Ihre Freundin.«

Das war zu viel. Thoelke zog seine Waffe und hielt sie an Pröppers Kopf, den Finger am Abzug. Jetzt musste er nur noch abdrücken. Dann hatte es ein Ende.

Carsten Pröpper drehte sein Gesicht und konnte nun Thoelke tief in die Augen schauen. Nicht mitleidserregend. Nicht bettelnd. Im Gegenteil. Es war der Blick eines Mannes, der ihn aufforderte: Tu es! Drück endlich ab, wenn du dich traust! Thoelke schien zu verstehen und entsicherte seine Dienstwaffe, als Dagmar Rolffs in just diesem Moment im Eingangsflur auftauchte.

»Nein! Um Gottes Willen, tun Sie das nicht!«, schrie sie und vergaß kurzzeitig ihre Contenance.

Der Hauptkommissar erschrak, steckte ruckartig seine Pistole zurück in seinen Holster und richtete seine Jacke.

»Du kommst gerade rechtzeitig«, wimmerte Pröpper. »Der Typ dreht durch und will mich umbringen. Wir müssen den anzeigen. Der ist wahnsinnig geworden.«

Thoelke ging zwei Schritte zurück, lehnte sich gegen die Wand und schrie sich sämtlich aufgestauten Frust von der Seele. Dann stiegen ihm Tränen in die Augen. Dagmar Rolffs und Pröpper beobachteten das Schauspiel.

Nach einem kurzen Moment kam Thoelke einen Schritt auf Pröpper zu und beugte sich ganz nah zu ihm.

»Wissen Sie, Pröpper. Ich bin Ihnen auf den Fersen. Ganz dicht. Das Schlimme ist nur«, ergänzte er, »ausgerechnet ich bin diesmal Ihr Alibi.«

* * *

Kaum war Tanja in Thoelkes Leben geschlichen, als was auch immer, kaum hatte er sich auf etwas eingelassen, auf was auch immer, kaum hatte er etwas Lebensfreude entdeckt, war sie wieder gegangen. Es schmerzte zutiefst und er trauerte. Er trauerte um Tanja, um seine gescheiterte Ehe, um seine nicht erreichten Karriereziele und letztlich um sein nun wieder einsames Leben. Er ging langsam zum Auto zurück und versuchte zu verarbeiten, was heute Nachmittag geschehen war.

Nur Minuten, nachdem Carsten Pröpper vorhin sein Büro verlassen hatte, war sein Assistent Bernd hereingestürmt und hatte ihn informierte über den um 16.13 Uhr anonym eingegangenen Notruf bezüglich eines Leichenfundes in Tanjas Wohnung. Thoelke hatte ihn daraufhin gebeten, allein in die Maria-Louisen-Straße vorzufahren und alles zu veranlassen. Absperren des Tatortes, Nachbarn befragen, Spusi holen und so weiter. Er selbst verfolge gerade eine andere Spur und wolle die weitere Vorgehensweise aus dem Büro koordinieren. Eine schlechte – und wie sich später herausstellen sollte auch dumme – Ausrede, aber Bernd hatte sie geschluckt oder es als Vertrauensvorschuss verstanden.

Natürlich wollte er Tanja sehen und sich, falls sich sein Verdacht bestätigte, von ihr verabschieden. Aber nicht an einem Tatort und nicht im Beisammensein hunderter Kollegen. Als 35 Minuten später Tanjas Leichenfund bestätigt worden war, war er auf dem kürzesten Weg zu Pröpper gefahren mit dem festen Vorhaben, ihn kaltzustellen. Doch dann war ja Dagmar Rolffs gekommen.

Einen Moment verharrte er noch im Auto, dann fuhr er in seine Wohnung nach Altona. Das, was er jetzt am dringendsten brauchte, waren sicherlich Abstand und Schlaf. Ähnlich wie mit dem Termin am Tatort wollte er morgen früh mit der Rechtsmedizin verfahren. Statt hinzufahren und beim Anblick der toten Tanja in einer sterilen, weißgekachelten Halle auf einer Trage liegend erneut in eine emotionale Achterbahn zu geraten, wollte er Frau Dr. Kylau besser anrufen.

DIENSTAG, 29. OKTOBER 2019

»Können Sie mir schon etwas sagen, Frau Dr. Kylau?«, fragte der Hauptkommissar nach einer kurzen Nacht, in der er höchstens drei Stunden in Summe geschlafen hatte.

Am anderen Ende der Leitung war Frau Dr. Kylau unschlüssig, was sie Thoelke antworten sollte und schwieg.

»Oder bin ich wieder zu früh?«

»Nein, nein. Der Leichnam liegt mir seit gestern Abend vor.«

»Also!?«

»Es ist nur so, dass …«

»Was ist nur so, Frau Dr. Kylau?«, fragte Thoelke, der spürte, dass sie etwas unausgesprochen ließ.

»Wie lange kennen wir uns, Thoelke?«

»Müssen bald an die 20 Jahre sein.«

»Das denke ich auch. Eine lange Zeit, in der wir so einige spektakuläre Fälle gemeinsam gelöst haben.«

»Sozusagen, Frau Dr. Kylau.« Thoelke verstand immer noch nicht. »Und deshalb lassen Sie uns auch diesen Fall gemeinsam lösen. Ich bitte Sie. Was haben Sie herausgefunden?«

»Also: Aufgrund der Temperaturmessung und der Totenstarre des Leichnams würde ich sagen, dass der Tod so zwischen 14 und 16 Uhr eingetreten ist.«

»Und wie?«

»Durch stumpfe Gewalteinwirkung mittels eines gezielten Schlages auf den Kehlkopf. Daraufhin ist sie erstickt. Wahrlich kein schöner Tod.«

Thoelke saß regungslos an seinem Handy.

»Darüber hinaus konnte ich Rückstände von Lorazepam im Blut nachweisen.«

»Lorazepam?« Thoelke zerriss es das Herz. Tränen schossen erneut in seine Augen, wobei er verwundert war, dass sein Körper überhaupt noch Tränenflüssigkeit übrig hatte nach dieser Nacht. Dann besann er sich wieder auf Frau Dr. Kylau und fuhr fort:

»Aber das hatten wir doch schon.«

»Richtig. Im Sommer bei Isabel Thoss. Die Leiche aus Rahlstedt.«

»Interessant.«

»Wie man es sieht.«

»Aber das ist doch mehr als nur ein Indiz. Sie stimmen sicher mit mir überein, dass man nun davon ausgehen kann, dass es sich um denselben Täter bei den beiden Frauen handelt und somit Tim Quast als Mörder von Isabel Thoss wegfällt.«

»Da bin ich ganz bei Ihnen.«

»Gibt es weitere Parallelen?«

»Fundort ist ebenfalls der Tatort. War bei Isabel Thoss so, während Andrea Böckers Leiche vom Tatort zum Fundort in einer Kiste transportiert wurde.«

Thoelke knurrte zustimmend durch die Leitung.

»Und?«

»Sie wurde nicht vergewaltigt.«

»Gott sei Dank.« Thoelke fiel ein Stein vom Herzen.

»Was ist mit Spuren?«, fragte er mit zittriger Stimme.

»Nichts, außer …«

»Was meinen Sie? Konnten Sie Spuren sicherstellen oder nicht?«

»Nicht nur ich – auch die Kollegen der Spusi haben sich gemeldet. Die konnten in der gesamten Wohnung Fingerabdrücke sicherstellen.«

Natürlich konnten die Kollegen der Spusi das, dachte Thoelke und ärgerte sich unglaublich, warum er spontan Bernd hat hinfahren lassen, statt es selbst zu übernehmen und seine Spuren zu entfernen. – Zumindest seine Klamotten. Und natürlich kannte er die Antwort auf seine nächste Frage.

»Was sagt die Datenbank?«

»Treffer.«

»Frau Dr. Kylau, so lassen Sie sich doch nicht alles aus der Nase ziehen.« Thoelkes Stimme zitterte immer noch. »Wen hat die Datenbank ausgespuckt?«

»Sie. – Die Wohnung war übersät mit Ihren Fingerabdrücken, Thoelke. Selbst am Bettrahmen. Eigentlich dürfte ich Ihnen das gar nicht sagen und eigentlich sollten Sie es besser wissen.« Frau Dr. Kylau räusperte sich. »Den kriminaltechnischen Bericht muss ich dieses Mal auch an Cordt Möller schicken. Ich gebe Ihnen somit 24 Stunden Vorsprung.«

Die Tür zu Möllers Büro in der 5. Etage stand einen Spalt offen, als Thoelke am nächsten Morgen aus dem Fahrstuhl trat. Er öffnete diesen und sah zu seiner Überraschung seinen Assistenten Bernd am Besprechungstisch sitzen, der, als er Thoelke erblickte, unsicher zu Boden schaute. Möller hingegen stand voller Tatendrang auf und wedelte mit dem Untersuchungsbericht.

»Ich schlage vor, Sie erzählen uns jetzt alles. Ohne Wenn und Aber«, kam er direkt auf den Punkt. »Ansonsten ziehen wir Sie nicht nur von dem Fall ab, sondern Sie ziehen ins Gefängnis! Und zwar noch heute. Bernd Knorr wurde bereits instruiert und übernimmt.«

»Bitte tun Sie das nicht, Herr Polizeipräsident.«

Doch die Reaktion Möllers war eindeutig. Sein Kopfschütteln verkündete ein klares Nein.

»Bitte, Herr Polizeipräsident«, flehte Thoelke erneut, »tun Sie das nicht.«

Möller setzte sich zurück an den Besprechungstisch und nahm einen erneuten Anlauf:

»Wissen Sie, Thoelke, wie sich das anhand des Berichts alles liest?«

»Ich ahne es, aber ich versichere Ihnen: Sie irren sich.«

»Sie meinen, die kriminaltechnischen Ermittlungen und Analysen irren sich?«

»Nein.«

»Sehen Sie. Die sind nämlich hieb- und stichfest.«

»Aber Ihre Interpretation dessen ist falsch.«

»Wann haben Sie das letzte Mal Frau Schubert gesehen?«

»Das war gestern Morgen gegen 8 Uhr in der Früh.«

Möller schaute überrascht auf und fragte sich, was denn jetzt für eine neue Hiobsbotschaft um die Ecke kommen würde.

»Was, verdammt noch mal, haben Sie so früh dort gemacht?«

Thoelke schluckte und öffnete seinen obersten Hemdknopf, dann fuhr er fort: »Ich habe dort übernachtet.«

»Sie haben was?!«, fragte Möller und wandte sich entsetzt an Bernd.

»Nun bringen Sie sich doch auch mal ein, Kollege.«

Das war es wohl, dachte sich Thoelke. In dieser Sekunde hatte der Polizeipräsident seinen Assi in den Adelsstand berufen, indem er ihn »Kollege« nannte. Resigniert schaute Thoelke aus dem Fenster. Es konnte sich nur noch um Minuten handeln, bis er vom Hof gejagt werden würde.

»Also Cheffe«, Bernd sprach leise, »nun erzählen Sie mal von Anfang an. Bitte.«

Thoelke informierte Möller und Bernd in den nächsten 40 Minuten über seine seit längerem bestehende Befürchtung, Tanja Schubert könne nach Andrea Böcker das nächste Opfer des *Elbmörders* werden. Was sich furchtbarerweise nun mutmaßlich bestätigt habe. Diese Angst sei der Grund gewesen, warum er vor ein paar Tagen bei ihr eingezogen sei. Um sie zumindest nachts beschützen zu können. Von daher sei es nur zu verständlich, dass seine Fingerabdrücke überall in der Wohnung zu finden seien. Das wiederum spräche dann aber wiederum eher für seine Unschuld, denn, verdammt noch mal, welcher Täter, zumal, wenn er hypothetisch gesehen von der Polizei stamme, würde so dumm sein und seine Fingerabdrücke hinterlassen?

Doch bei Möller blieben Restzweifel.

»Wo waren Sie zur Tatzeit?«

»In meinem Büro. Zusammen mit Carsten Pröpper, der von halb drei bis zehn nach vier bei mir war.«

»Was wiederum für einen erfahrenen Polizisten als Täter spricht, der sich ein wasserfestes Alibi für die Tatzeit besorgt«, flötete Möller und schaute bestätigend zu Bernd. Davon unbeeindruckt versuchte Thoelke weiter seine Unschuld aufzuzeigen.

»Keine fünf Minuten später hatte mich mein Assistent Bernd Knorr über den anonymen Notruf mit dem Inhalt, in der Wohnung in der Maria-Louisen–Straße 51 läge eine Leiche, informiert.«

»Zu der Sie dann den Kollegen allein hingeschickt haben.«

»Richtig.«

»Warum? Schicken Sie immer Ihren Assistenten allein zu einem Tatort?« Und ohne die Antwort abzuwarten wandte sich Möller an Bernd.

»Herr Knorr, werden Sie üblicherweise immer alleine zu den Tatorten geschickt?«

»Nein, Herr Polizeipräsident. Das war das erste Mal.«

»Weil sich Herr Knorr das durch seine gute Arbeit in den letzten Wochen verdient hatte«, versuchte Thoelke sich Gehör zu verschaffen. »Bernd Knorr wollte und sollte mehr Verantwortung übernehmen.«

»Oder war es nicht eher so, Hauptkommissar Thoelke, dass sich nicht mitfahren brauchten, weil Sie ohnehin schon wussten, was Sie dort erwarten würde?«

»Nein, das ist abwegig, Herr Polizeipräsident. Der Tod ist laut Frau Dr. Kylau zwischen 14 und 16 Uhr eingetreten. Das kann unmöglich ich gewesen sein.«

Möller stand erneut auf und ging in seinem Büro auf und ab, während Thoelke hilfesuchend zu Bernd schaute. Doch der konnte oder wollte nichts Erhellendes beisteuern.

»Wie auch immer, Thoelke.« Möller raufte sich die Haare. »Wir müssen Sie für eine Weile aus der Schusslinie nehmen. Schon allein wegen der Presse.«

Thoelke zuckte zusammen und wusste, was jetzt kommen würde. Dafür war er lange genug bei der Polizei. Er kannte die Spielregeln. Dennoch fragte er:

»Was meinen Sie mit »aus der Schusslinie« nehmen? Für welchen Zeitraum?«

»Herr Thoelke.« Möllers Schultern hingen mittlerweile und seine Wangen auch. »Das Problem ist, dass die Interne Bescheid weiß und ich handeln muss. Sonst stehen die übermorgen vor meiner Tür. Somit sind Sie ab sofort vom Dienst suspendiert und Herr Knorr übernimmt. Bitte händigen Sie mir jetzt Ihre Dienstmarke sowie Dienstwaffe aus.« Im Anschluss ging er auf den Balkon und zündete sich eine Zigarette an. Er schaute zurück und machte ein Zeichen, dass beide ihm folgen sollten.

Auf dem Balkon fuhr Möller fort.

»Wenn Sie, Thoelke, natürlich ohne Dienstmarke und Dienstwaffe einfach mal so täglich kurz ins Büro kämen, um sich, natürlich ohne, dass ich davon Kenntnis hätte, mit Bernd Knorr auszutauschen, denke ich, dass das für Herrn Knorr in Ordnung sein könnte. Und Sie würden den Kontakt nicht ganz verlieren. Oder was meinen Sie, Herr Kollege?«

Bernd nickte erleichtert.

»Na sehen Sie, meine Herren. Geht doch.« Möller zog genüsslich von seiner Zigarette. »Und nun gehen Sie mit Gott, aber gehen Sie!«

* * *

Zurück im Kommissariat saßen Thoelke und Bernd Knorr in Thoelkes Büro zusammen.

»Schön, dass Sie weiter mit an Bord sind, Cheffe!«

»Danke, Bernd!«

»Wie wollen wir das mit den Büros machen?«

Thoelke versuchte sich von der Verwunderung über diese Frage nichts anmerken zu lassen. Es war einerseits nachvollziehbar, dass der soeben geadelte Bernd jede Chance ergreifen wollte, dem Großraumbüro zu entfliehen, um allen zu zeigen, dass irgendetwas Gutes mit ihm passiert war. Andererseits war Thoelke durch diese Frage alarmiert. Er empfand dringend die Notwendigkeit, Bernd unmissverständlich klar zu machen, dass immer noch er der Chef im Ring war und sein Büro für ihn bis zu seiner Pension oder Versetzung tabu sei.

»Ich hoffe, Sie nehmen mir das nicht übel. Aber als der Polizeipräsident mich gestern Abend bat, zu ihm zu kommen, da wusste ich nicht, dass es um Sie geht.«

Thoelke stand auf, ging auf Bernd zu und legte väterlich seine Hand auf Bernds Schulter.

»Passt schon.«

»Und wenn Sie jetzt suspendiert sind, ist es doch nur folgerichtig, dass ich in Ihr Büro wechsle. Also für die Zeit Ihrer Suspendierung, oder?« Thoelkes Hand auf seiner Schulter verunsicherte Bernd zunehmend. Thoelke entschied, sie noch ein Weilchen dort zu belassen.

»Du hast nichts Falsches gemacht, Bernd. Und die Suspendierung ist bei der aktuellen Beweislage nachvollziehbar. Leider. Aber, wenn ich dich unterstützen soll, und so habe ich den Polizeipräsidenten vorhin verstanden, dann kann ich das nur in meinem dafür eingerichteten Umfeld. Sprich in meinem Büro. Es liegt also an dir, Bernd, zu entscheiden, ob ich in dieser Causa weiterhelfen soll.«

Bernd schluckte und fühlte wie jedes weitere Wort seines Monologs mehr an Verantwortung bedeutete. Das Gewicht wurde unerträglich.

»Wissen Sie was, Cheffe. Sie bleiben in Ihrem Büro. Und ich in meinem.«

Thoelke lächelte zufrieden, erlöste ihn von seiner Hand und setzte sich zurück auf seinen Drehstuhl.

»Dann lass uns Pröpper schnappen, umso schneller bin ich rehabilitiert.«

»Wie denn nur? Carsten Pröpper ist kein Tatverdächtiger, das heißt, wir bekommen weder einen Durchsuchungsbefehl noch Personal für eine Observierung abgestellt. Geschweige denn eine Erlaubnis zur Überwachung von Handy und Mails.«

Und in der Tat hatte Carsten Pröpper bisher sehr gut gearbeitet. Thoelke hatte nur das gefunden, was er finden sollte. In erster Linie die Leichen Isabel Thoss, Tim Quast, Nicole Pröpper, Andrea Böcker und Tanja Schubert. Und eine Pistole, aus der drei Schüsse abgegeben wurden, die aber nichts einbrachte. Dann drei Halsketten, jeweils eine von Isabel, Andrea und gestern Abend die Kette mit dem Amulett von Tanja. Fundort war stets die gekennzeichnete Stelle im Jenischpark an der Elbe gewesen. Und zuletzt seine eigenen Fingerabdrücke in Tanjas Wohnung samt Suspendierung. Noch schlimmer war die Liste, was sie nicht gefunden hatten. Thoelke drehte sich im Kreis, dessen Mittelpunkt Pröpper war.

»Eigentlich sollte das Miss Marple erledigen.«

»Miss Marple?«, fragte Bernd unglaubwürdig.

»Dagmar Rolffs. Sie wurde ursprünglich von mir als verdeckte Ermittlerin eingesetzt. Deshalb Miss Marple.«

»Die hat vorhin angerufen.«

»Miss Marple … äh … Dagmar Rolffs?«

»Ja, als wir beim Polizeipräsidenten waren. Sie bittet um Rückruf. Wollte vorbeikommen.«

Thoelke machte eine ausladende Handbewegung.

»Ich rufe sie an. Hole mir bitte einen Prosecco von EDEKA, aber subito. Ansonsten möchte ich bis auf Weiteres nicht gestört werden.«

Die alte Ordnung war wiederhergestellt.

* * *

Er konnte schon von Weitem ihre aufgeregte Stimme durch den Flur hallen hören, bis sie schließlich an seinem Büro zum Stehen kam.

»Da bin ich«, sprach und präsentierte sich Dagmar Rolffs ungewöhnlich casual von der stylischen Brille bis zu den Chucks mit rosa Pünktchen. Der suspendierte Hauptkommissar sprang auf und dienerte sich an ihr ab. Erst die Tür aufhalten, dann den Mantel abnehmen und schließlich einen Bürostuhl von seinen Altlasten befreien.

»Was kann ich für Sie tun, Gnädigste?«

»Wir müssen uns unterhalten. Von Miss Marple zu Hauptkommissar«, zischte Dagmar Rolffs.

»Wegen meines letzten Auftritts bei Herrn Pröpper?«

»Ach, papperlapapp. Hätten Sie mal abgedrückt.« Dagmar Rolffs nahm ihre Brille ab und legte sie auf Thoelkes Schreibtisch ab. »Nein, ich meine so richtig unterhalten.«

»Das höre ich gern. Ich hatte nur beim letzten Mal das Gefühl bekommen, Sie wollten nicht mehr.«

»Genau deshalb wollte ich heute mit Ihnen sprechen. Ich hoffe, Sie sind mir nicht mehr böse, Herr Hauptkommissar.«

»Nicht im Geringsten. Wie auch? Ist doch schön, wenn Amors Pfeil ins Herz trifft«, sagte Thoelke und musste unweigerlich an Tanja denken. Er vermisste ihr Lächeln, ihre Stimme und ihre eine Sekunde zu langen Umarmungen.

Doch Thoelke musste sich zusammenreißen. Er selbst war vorhin suspendiert worden und sein letzter Strohhalm war eine wankelmütige Miss Marple. Ein ziemlich zerbrechliches Konstrukt, wie er fand. Und der heutige Besuch war möglicherweise nur ein weiteres Stück des perfiden Pröpper-Spiels, der weiter die Fäden, an deren Ende die Rolffs wie eine Marionette hing, fest in seinen Händen hielt? Oder hatte Miss Marple die Fäden gekappt? Er musste versuchen, zwischen den Zeilen zu lesen, um Fehlendes zu ergänzen. Sein Gefühl sagte ihm, dass sie zu einem Menschenschlag gehörte, der ihm wohlgesonnen war.

»Wissen Sie, Herr Hauptkommissar. Man verliebt sich nicht nur in einen Menschen, sondern auch in das andere Leben, was dazu gehört. Es ist wie eine neue Welt. Man muss nur eintreten. Und erst dann, nach einigen Metern sieht man, ob es einem gefällt.«

»Und?«

»Nun ja, um an Ihre schöne Bildsprache anzuknüpfen, die Wirkung von Amors Pfeil war nicht von langer Dauer.«

»Weil?«

»Weil ich vermute, dass weitere Pfeile losgeschossen wurden und sich Carsten neben mir noch mit einer anderen Frau trifft.«

»Wer ist sie?«

»Das weiß ich nicht. Ich weiß nur, dass sie Ärztin ist und Carsten mit Medikamenten versorgt. – Mindestens.«

»Medikamenten?«

»Carsten leidet so ziemlich unter allem, was man haben kann.«

»So, so«, murmelte Thoelke, während Dagmar Rolffs ihren Blick durch das Büro wandern ließ. Akten, vertrocknete Blumen in einer hellblauen Vase, eine Glasvitrine mit einer Schreibmaschine – drapiert als Trophäe, Waschbecken, Spiegel, alte graue Jalousien. Sie sah sich dem Beamten-Büro-Charme der späten 1990er-Jahre ausgeliefert. Mit Ausnahme einer kleinen grünen Flasche am Fenster hinter der halb zugezogenen Jalousie. Sie kniff ihre Augen zusammen.

»Steht da hinten etwa ein Fläschchen für mich?«

»Oh, verzeihen Sie mir, Gnädigste. Hatte ich extra für Sie besorgen lassen und zum Kühlen ans Fenster gestellt.« Thoelke ging zum Fenster und griff hinter die Jalousie. Er öffnete den Prosecco und schenkte ihr ein.

»Wohl bekomm's.«

»Wie aufmerksam, Herr Hauptkommissar. Dieses Mal sogar mit einem Sektglas.«

»Aber den Brilli tragen Sie noch?!« Thoelke zeigte auf ihre linke Hand.

»Natürlich. Will ja nicht unangenehm auffallen.« Dagmar Rolffs wedelte traurig mit ihrer Hand. »Das ist quasi eine Art Schmerzensgeld.«

Thoelke, ohnehin kein großer Könner des Smalltalks, verzichtete auf einen weiteren Kommentar und wollte stattdessen den wahren Grund des Besuches ermitteln.

»Zurück zu der unbekannten Ärztin. Ist auf den Rezepten für verschreibungspflichtige Medikamente nicht immer ein Praxis-Absender gedruckt?«, murmelte Thoelke.

»Nicht, dass ich wüsste. Aber ich könnte nach den Rezepten schauen. Er ist privatversichert und bewahrt diese für die Krankenkasse auf.«

»Tun Sie das bitte. So erhalten wir vielleicht die Identität der Ärztin. Was gibt es sonst? Halten Sie das Doppelspiel noch durch?«

»Aufgeben ist keine Option, Herr Hauptkommissar. Jetzt erst recht nicht. Weder für Miss Jane Marple in Milchester noch für Frau Dagmar Rolffs in Hamburg.« Sie schmunzelte siegesgewiss. »Möchten Sie auch einen Schluck?«

»Nein, danke«, wiegelte Thoelke ab.

»Oder hätten Sie vielleicht sogar noch ein Fläschchen für mich? Für unterwegs?«

»Frau Rolffs, Sie sind sicherlich mit dem Auto hier«, sagte Thoelke streng.

»Jup. Aber Sie könnten mich nach Hause fahren, Darling.«

»Fühlen Sie sich jetzt noch im Stand zu fahren?«

»Noch ja.«

»Gut. Dann bewahre ich die zweite Flasche für Ihren hoffentlich nächsten Besuch auf.« Thoelke stand auf, half ihr in den Mantel und brachte die Rolffs zum Ausgang.

»Und bitte denken Sie an die Rezepte.«

Schon interessant, was Eifersucht mit Menschen macht, dachte sich Thoelke und ging einigermaßen gut gelaunt in Bernds Büro.

»Bernd, ich bat dich doch in unserem Verdächtigenkreis nach Medizinern zu suchen?«

»Ja, das war nach dem Leichenfund in Rahlstedt.«

»Genau. Isabel Thoss.« Thoelke streckte Bernd demonstrativ seine Hand entgegen. »Gibst du mir mal bitte die Liste?!«

»Es gibt keine Liste, Cheffe. Wir konnten keinen Arzt im direkten Umfeld ausmachen.«

Thoelke zog seine leere Hand zurück.

»Jetzt gibt es einen Anfangsverdacht. Pröpper arbeitet nicht allein. Wir suchen eine Ärztin. Checke bitte alle Hamburger Apotheken, die in den letzten sechs Monaten Lorazepam-Rezepte entgegengenommen haben. Sollten die jeweiligen Apotheken über Kameras verfügen, brauche ich im zweiten Step die Bewegtbilder.

»Alles klar, Cheffe.«

»Aber subito.«

Thoelke brauchte Abstand von seinen Kollegen und machte Feierabend. Für heute hatte er Bernd genug unter die Arme gegriffen. Und außerdem wollte er noch etwas erledigen. Er setzte sich in sein Privatfahrzeug und drängelte sich durch den Berufsverkehr nach Teufelsbrück zur Elbe. Dort angekommen, stieg er aus und ließ mit tiefen Atemzügen seine beiden Lungenflügel von frischer Luft durchströmen, bevor er – ganz altmodisch – zwei Fotos aus seinem Portemonnaie zog. Das erste Foto zeigte seine Frau Annika beim gemeinsamen Flitter-Urlaub in Warnemünde, das zweite Foto Tanja beim Kochen. Seine Augen füllten sich beim Anblick mit Tränen – Momente später ließ er beide, vom Wind getragen, aus seinen Händen gleiten. Ohne diese Andenken, so seine Hoffnung, würde er schneller vergessen und sich mehr um sich und seine Tochter kümmern können. Er ging zurück zum Auto.

FREITAG, 1. NOVEMBER 2019

Lange blonde Zöpfe, kesse Zahnlücke, etwa 30 Jahre alt. So kam sie in großen Schritten auf ihn zu. Kurz vor seinem Schreibtisch stoppte sie:

»Entschuldigen Sie, Herr Polizeipräsident?!«

Cordt Möller wusste nicht, wo er hinschauen sollte. Sein Blick wanderte von der Zahnlücke zu den Zöpfen und wieder zurück. Schließlich blieb er an ihren dunklen Knopfaugen kleben.

»Was gibt es denn?«

»Ein gewisser Herr Carsten Pröpper ist im Besprechungsraum, Herr Polizeipräsident.«

»Pröpper?«, wunderte sich Möller. »Was will der denn hier?«

»Ich habe nicht gefragt«, antworte Patricia Stieg, die heute ihren ersten Tag als Assistenz bei Cordt Möller hatte. »Soll ich mich nach seinem Anliegen erkundigen?«

»Nein, nein. Bloß nicht.« Möller schenkte der neuen Mitarbeiterin ein sanftes Lächeln. »Geben Sie ihm bitte etwas zu trinken. Bin gleich da.«

Minuten später betrat Cordt Möller den Besprechungsraum, wobei sein Gesichtsausdruck voller Fragezeichen war. Carsten Pröpper erhob sich von dem Stuhl und reichte dem Polizeipräsidenten seine Hand und deutete ein leichtes Kopfnicken zur Begrüßung an.

»Mein Name ist Carsten Pröpper und ich habe einen Termin bei Ihnen.«

»Von einem Termin ist mir nichts bekannt, Herr Pröpper. Aber nun sind ja schon mal da, da dürfen Sie auch bleiben. Wo drückt denn der Schuh?«

Pröpper war von der warmen Begrüßung überwältigt und fing ohne Punkt und Komma an zu reden. Völlig konzeptlos erzählte er von seiner Verantwortung als Unternehmer und Arbeitgeber von 122 Vollzeit-Arbeitsplätzen für diese tolle Stadt bis zum tragischen Tag, als Tim Quast seine Frau in seiner Villa im Rondeel 29 getötet habe.

»Ich habe davon natürlich gehört, Herr Pröpper. Es tut mir wahnsinnig leid, was Ihnen Schlimmes zugestoßen ist«, gab sich Möller charmant, fürsorglich und interessiert. »Sie geben doch jetzt diesbezüglich Vorträge, richtig?«

»Ja, das ist richtig, Herr Polizeipräsident.« Pröpper zog einen Flyer aus seiner Jackentasche und reichte ihn stolz hinüber. »Schauen Sie doch mal vorbei. Würde mich freuen.«

»Das mache ich gern.« Möller schaute auf den Flyer, dann zur Uhr. »Aber, was kann ich für Sie tun?«

Pröpper tat diese Anteilnahme von höchster Polizeistelle sichtlich gut, sodass er noch weiter ausholte und von seinen Angstzuständen sprach, um dann, fast nebensächlich, auf den eigentlichen Kern seines Besuches zu sprechen zu kommen. Den tätlichen Angriff mit Pistole durch Hauptkommissar Thoelke.

»Tätlicher Angriff? Mit einer Pistole? Vom Beamten Thoelke?« Nun hatte Pröpper seine ungeteilte Aufmerksamkeit.

»Ja. Aber es ist zum Glück nichts geschehen. Jedoch ist mir nun zu Ohren gekommen, dass er suspendiert wurde und dennoch weiter ermittelt.«

Möller zog seine Schultern hoch, stand auf, ging um den großen Besprechungstisch und setzte sich auf den Stuhl neben Pröpper.

»Lieben Sie die Wahrheit?«, fragte Möller. »Lieben Sie die Wahrheit, so wie ich es tue?«

»Natürlich. Die Wahrheit ist für uns Menschen auf Erden alles. Die Basis. Das Höchste aller Güter.«

»Das sehe ich ganz genauso, Herr Pröpper. Dann sollten doch auch Sie sich über jeden klugen Kopf, der uns in Sachen Ermordung Ihrer Frau unterstützt, glücklich schätzen.« Möller machte eine Kunstpause, um das Gesagte besser wirken zu lassen. »Oder wurden Sie in den letzten 48 Stunden von Hauptkommissar Thoelke befragt, wobei er seine Suspendierung verschwiegen hatte? Das wäre in der Tat eine Amtsanmaßung, die sanktioniert werden müsste.«

»Nein.«

»Darf ich Sie dann so verstehen, dass Sie von einer Beschwerde absehen?«

»Nein, ganz und gar nicht, Herr Polizeipräsident. Ich möchte, dass meine heutige Beschwerde gegenüber dieser Person aktenkundig gemacht wird.«

»Dann haben Sie etwas gegen die Wahrheitsfindung?«

»Ich denke, dass es in Hamburg noch andere gute Beamte geben sollte, die nicht unbescholtenen Bürgern gegenüber handgreiflich werden. Oder sollte ich mich irren? Möchte etwa heutzutage keiner mehr in Ihren Verein eintreten?«

»Natürlich, Herr Pröpper. War nur so ein Gedanke. Aber Sie haben natürlich recht.«

Möller stand auf, ging zurück zu seinem ursprünglichen Platz und klappte den festinstallierten Laptop auf. Er tippte einige Zeit, dann war der Drucker zu hören. Möller fischte zwei Blätter aus dem Drucker und überreichte diese Pröpper.

»Bitte lesen Sie diese Beschwerde bezüglich eines tätlichen Angriffs mit einer Pistole sorgsam durch und falls es keine Beanstandung Ihrerseits gibt, unterschreiben Sie an der gepunkteten Stelle auf Seite zwei. Dann kann ich Ihre Beschwerde umgehend weiterleiten.«

Pröpper tat, wie ihm aufgetragen wurde und verschwand. Ebenso wie die Beschwerde samt Flyer. In Möllers Papierkorb.

SONNTAG, 3. NOVEMBER 2019

Es war Sonntag und zwar einer von diesen Sonntagen, vor denen sich ein Single fürchtete. An denen einem klar wird, was für ein tödliches Gift das Gefühl von Einsamkeit sein kann. Alle Geschäfte hatten zu und die besten Freunde waren mit ihren Liebsten beschäftigt. So freute sich Béatrice, als sie beim Blick aus ihrem Küchenfenster tatsächlich ein bekanntes Gesicht entdeckte: Carsten, der gerade aus seinem Wagen ausstieg. Schnell rannte sie ins Bad, band ihre Haare zu einem Zopf zusammen und zog sich den Lidstrich nach. Da sie noch kein Klingeln vernahm, tauschte sie noch ihre Wochenend-Faulenzhose mit einem Bleistiftrock in Fischreiherblau. Das Shirt war vorzeigetauglich, passte zum Rock und blieb an. Dann klingelte es auch schon und Béatrice betätigte mit einem Gefühl der Vorfreude den Türöffner.

»Ich hoffe, es ist okay für dich, dass ich vorbeikomme?«, schallte es vom Erdgeschoss durch das Treppenhaus in den zweiten Stock. »Wegen letztem Mal. War mir nicht so sicher. Aber irgendwie ist mir der heutige Sonntag aufs Gemüt geschlagen und ich musste einfach raus.«

Pröpper war im zweiten Stock angekommen und strahlte sie an. »Hallo.«

»Das ist ja eine Überraschung, Carsten.«

»Schlimm?«

»Nein, ich freu' mich. Habe auch einen Sunday-Blues. Aber was ist mit deiner Verlobten?«

»Die ist mal wieder mit einer Freundin an der Elbe spazieren.«

»Na, dann komm mal rein.«

»Außerdem habe ich noch etwas für dich.« Carsten Pröpper zog seine Hände hinter dem Rücken hervor. In jeder Hand hielt er einen Strauß: einen mit weißen Callas in seiner rechten sowie einen mit lilafarbenen Geldscheinen in seiner linken Hand.

»Mensch Carsten, tu' das weg«, schimpfte Béatrice, riss ihm das Bündel Geld aus der Hand und ging in die Wohnung.

Carsten folgte ihr ins Wohnzimmer.

»War übrigens am Freitag bei der Polizei und habe mich über Thoelke beschwert.«

»Bei wem hast du dich beschwert? Bei seinem Assi?«

»Besser.«

»Bei Thoelke selbst? Geht das überhaupt?«

Mittlerweile hatte Béatrice das Geld in einer Schublade verstaut und Carsten die Callas abgenommen.

»Mal wieder ein gutes Timing, Carsten. Die Vase ist leer.«

»Du wirst es nicht glauben. Ich war ganz oben. Beim Polizeipräsidenten Cordt Möller himself.«

»Mon Dieu. Beim Präsidenten persönlich. Erzähl' mal.«

Pröpper erzählte von seinem, wie er es empfunden hatte, sehr offenen und ehrlichen Gespräch mit Cordt Möller, der sich umgehend seiner Sache angenommen habe. So hätte er nicht nur persönlich die Beschwerde aufgenommen, sondern habe diese auch unverzüglich weitergeleitet.«

Béatrice stockte kurz: »Wohin denn weitergeleitet? Er ist doch schon der Präsident, n'est-ce pas?«

Nun grübelte auch Carsten.

»Gute Frage. Jetzt, wo du es sagst.« Carsten strich sich verunsichert durch die Haare.

»Naja, wird schon passen. Aber dann muss es dir doch prächtig gehen?«

»Eigentlich schon. Fühlt sich nur nicht so an.«

»Was ist denn passiert?«

»Überlege die ganze Zeit, ob wir nicht noch Thoelke aus dem Rennen nehmen sollten?«

Béatrice traute ihren Ohren nicht.

»Der gibt sonst keine Ruhe.«

»Der ist doch schon erledigt, Carsten. Und nun kommt noch deine Beschwerde als weiterer Sargnagel hinzu.«

»Schon richtig. Ich dachte auch nur so aus Prinzip, weil er nervt. Und weil wir es können.«

»Nur so aus Prinzip?! Bist du jetzt komplett übergeschnappt?«

»Aber, aber!«

»Jetzt hörst Du mir mal zu, mon chéri.« Béatrice schaute tief in Carstens große blaue Augen. »Das entwickelt sich ja zu einer Sucht. Wie soll ich dir das nur erklären«, sie blickte zur Zimmerdecke hinauf, wo sie ein krabbelndes Ungeziefer entdeckte, das unwillkürlich ihre Aufmerksamkeit auf sich zog. »Kennst du diese Leute, die sich ein Tattoo stechen lassen wollen? Also nur eines, irgendetwas Kleines? Ein Datum, zwei Initialen, maximal einen Satz?«

»Ja. Ist so ein Modetrend.«

»Doch das reicht diesen Leuten irgendwann nicht mehr und sie wollen noch ein zweites, um kurze Zeit später zu sagen, aber das dritte wird definitiv das letzte sein.« Béatrice stockte und schaute erneut zur Decke. Das Tier zog ihre Aufmerksamkeit immer mehr auf sich. Es krabbelte nun mit seinen sechs Beinen fröhlich über ihrem Kopf hin und her. Das Tier nervte genauso wie Carstens Ausführungen. Sie holte aus der Essecke einen Stuhl, stellte sich rauf und entfernte das Krabbeltier.

»Ein kleiner Schuster. Wie eklig«, stellte sie fest und warf es vom Balkon aus in den Garten. Zu gern hätte sie auch Carsten hinterhergeworfen. Doch der war zu groß. Zu schwer. Zu fertig. Ihre Freude über den unverhofften Sonntagsbesuch war gänzlich verflogen. Sie schüttelte ihren Kopf und ging zurück zu Carsten, der andächtig ihrem Vortrag gelauscht und hochinteressiert den Ungeziefer-Rauswurf verfolgt hatte. »Da mache ich nicht mit. Da bin ich raus, Carsten.« »Wir könnten es als Selbstmord aussehen lassen, dann würde das als Eingeständnis für seinen Mord an seiner Freundin Tanja Schubert interpretiert werden. Mord aus Eifersucht. Da bin ich mir sicher.« Carsten lief gerade so richtig warm, vergessen waren seine trüben Sonntags-Gedanken, doch dann unterbrach er sich: »Da vorne!« Carsten zeigte an die ockerfarbene Seitenwand. »Da läuft noch so ein Exemplar. Noch ein Schuster.«

Béatrice bemühte erneut ihren Stuhl, ging zur Wand und entfernte auch dieses Tierchen. »Hast du wahrscheinlich mit deinen Blumen mitgebracht.«

»Zurück zum Thema«, setzte Carsten an. »Ich finde das schon eine sehr charmante Vorstellung.«

»Das finde ich ganz und gar nicht und komm bitte nicht auf die Idee, wieder mit einem Strauß Geld zu wedeln.«

Pröpper deutete eine Handbewegung an, die Richtung Jackentasche wanderte, um weitere Scheinchen herauszuzaubern.

»Wirklich nicht?« Carsten hob fragend seine Augenbraue.

Carsten Pröpper hatte immer nach dem Motto leben und leben lassen gelebt – und war stets gut damit gefahren. Doch nun war etwas in Bewegung geraten, was er zu Ende bringen musste. Egal, um welchen Preis. Er hatte sich die Maske der gelassenen Selbstsicherheit übergezogen und wollte zumindest noch einmal das Beil der Gerechtigkeit sprechen lassen. Doch im Moment war es Béatrice, die sprach. Sie wollte ihm den Kopf waschen, ihn zur Vernunft bringen. Irgendwann müsse man wissen, wann es genug sei. Das sei der Unterschied zwischen Erwachsensein und Kindsein.

Nach einer längeren Pause versuchte Béatrice das Gespräch wieder auf eine sachliche Ebene zu bringen, indem sie fragte: »Wie lange kennen wir uns?«

»Lange.«

»Ja, und du warst in dieser Zeit immer wie ein Bruder für mich. Ein Bruder, den ich so nie hatte.«

Carsten nickte zustimmend.

»Ich bin, wie du weißt, neun Jahre älter als mein eigener Bruder Sven. Ein großer Abstand, wenn man ein Kind ist und zusammen etwas unternehmen möchte. Ich dachte immer, wenn wir älter werden, würde sich dieser Abstand nivellieren und wir könnten diese Zeit nachholen. Im Falle von Sven ein Irrtum. Ich habe bis heute keine Verbindung zu ihm aufbauen können.«

Carsten verstand immer noch nicht, worauf sie hinauswollte.

»Du, Carsten, bist meine Familie. Du bist mein Bruder im Herzen, mein Freund, mein Vertrauter. Und in dieser Funktion bitte ich dich, Thoelke zu vergessen. Thoelke ist ohne Bedeutung und ohnehin erledigt. Ein erfolgloser Ermittler, der noch nicht mal auf seine Freundin aufpassen konnte, suspendiert wurde und seit heute eine Beschwerde wegen tätlichen Angriffs in seiner Akte vermerkt hat. Im Prinzip ist er doch schon tot.«

MONTAG, 4. NOVEMBER 2019

Buffalo Bill sah ihm liebevoll ins Gesicht und schleckte es nochmals ab, als Carsten seine Augen öffnete.

»Himmel!« Erschrocken starrte er direkt in Bills Gesicht, das von zwei hellen Löckchen umrundet war. »Lass das! Mach Platz. Geh weg.«

Pröpper richtete sich auf und wischte sich mit dem Handrücken den Schleim vom Gesicht. Dann spürte er die Kopfschmerzen. Sie hatten eindeutig zu viel getrunken. Krampfhaft bemühte er sich, den gestrigen Abend mit Béatrice noch mal Revue passieren zu lassen. Alkohol, Berührungen, Geld, Safe, Cartier-Tüten, Uruguay. Doch es waren vor allem zwei Namen, die sein Denken bestimmten, während er Richtung Dusche schlich und sich mit Mandelduschgel einseifte: Thoelke und Béatrice.

Umso mehr Béatrice versuchte hatte, ihn von Thoelke abzubringen, desto mehr musste er ihr recht geben. Nicht Thoelke war das Problem und musste beseitigt werden, sondern sie. Béatrice Lagarde war die einzige Verbindung zu ihm. Sie war Feigenblatt und Achillesferse in einem. Ihrer musste er sich entledigen. Und darum würde er sich höchstpersönlich kümmern. Er, der Held von Hamburg. Vergnügt genoss er noch ein Weilchen das Prickeln des warmen Wassers auf seiner Haut und musste zugeben, dass das mit den besten Ideen unter der Dusche wirklich stimmte.

Wie neugeboren stieg er im Anschluss aus der Kabine, putzte sich die Zähne und stutze seinen Drei-Tage-Bart. Dann ging er im kuscheligen Frottier-Bademantel die Treppen hinunter in die Küche, wo Dagmar bereits auf ihn wartete.

»Ist es spät geworden?«, fragte sie schnippisch.

»Äh … ja. Musste noch was erledigen. Aber nun ist alles gut.«

»Nichts ist gut«, erwiderte Dagmar sauer. »Es war kurz vor halb vier, als du nach Hause kamst. Sturzbetrunken. Und nach billigem Parfüm stinkend.«

»Liebes.«

»Nix Liebes. Ich dachte, du willst mich heiraten?«

»Das will ich auch.«

Pröpper trank eine halbe Flasche Mineralwasser in einem Zug und betätigte den Toaster.

»Möchtest du auch eine Scheibe?«

Dagmar schüttelte genervt den Kopf. »Habe bereits vor vier Stunden gefrühstückt. Mit Bill. War ja sonst keiner ansprechbar hier.«

»Es tut mir leid.«

In Dagmar brodelte es. Sie war zwischen zwei Polen gefangen. Einerseits die immer heftiger werdenden Andeutungen von Thoelke, deren Beweisführung er ihr allerdings bis heute schuldig blieb, und andererseits ihre Liebe zu Carsten, die allerdings nicht nur deshalb, sondern vor allem auch durch Aktionen wie heute Nacht immer wieder auf eine harte Probe gestellt wurden. Sie war sich sicher, dass er gestern bei der *Ärztin* war, doch sie traute sich nicht zu fragen, weil sie trotz allem die Wahrheit hätte nicht ertragen können. Sie entschied sich für den Mittelweg und streckte ihm beide Hände hin.

»Ich habe dich immer geliebt, Carsten. Das ist mir bei unserem Wiedersehen klar geworden. Seitdem du wieder bei mir bist, ist der Himmel ein Stück blauer geworden.« Sie lächelte ihn zärtlich an.

»Ich glaubte dich zu kennen. Doch die Warte, aus der ich dich sah, war durch die letzten drei Jahre – im Status einer Geliebten – verklärt. Ich hatte sie zu deinen Gunsten verklärt und wollte es mir nicht eingestehen. Die Erinnerung an jemanden, der ehrlich und verlässlich ist.« Sie nahm ihre Hände zurück, stand auf und ging zum Toaster, um ihm ein Sandwich zuzubereiten. »Doch du bist weder ehrlich noch ein guter Mensch. Du bist ein Monster.«

Stille breitete sich aus.

»Willst du es ernsthaft abstreiten?«, schrie Dagmar mittlerweile und klatschte ihm das fertige Sandwich auf den Tisch. »Du bist wirklich ein schlechter Mensch.«

»Ich weiß.« Carsten nickte zustimmend, wusste aber immer noch nicht genau, wohin die Reise gehen sollte. »Was soll ich machen?«

»Stelle dich. Wie lange willst du die Welt noch anlügen? Wie lange willst du dich noch anlügen?«

Carsten erschrak zum zweiten Mal an diesem Tag.

»Jeder weiß, dass du es warst. Und du hast es allen bewiesen. Die perfekten Morde. Aber nun ist es vorbei. Sage endlich die Wahrheit. Sonst werde ich es tun.«

Es hätte Carsten eigentlich klar sein müssen, dass Dagmar ihm irgendwann auf die Spur kommen würde. Irgendwie und irgendwann. Vielleicht hatte er es auch gewollt. Er wollte etwas sagen, irgendetwas, doch seine Kehle war wie zugeklebt. Er trank nun auch noch den Rest der Wasserflasche aus und biss vom Sandwich ab, kaute und zählte dabei die Bewegungen seines Unterkiefers. 21, 22, 23, 24 – dann schluckte er hinunter. Nun drehte er sich zu Dagmar.

»Nein, es ist *noch nicht zu Ende*.« Seine Stimme klang fest und überzeugt. Dagmar erschrak, doch Carstens Lächeln verriet ihr, dass *sie* keine Furcht haben musste. Carsten entschied intuitiv, das soeben Vorgetragene zu ignorieren.

»Wir wollten doch heiraten.« Carsten zeigte auf ihre linke Hand. »Und glücklich sein.«

»Aber so bin ich es nicht.« Dagmar fing an zu weinen. Carsten griff nach ihrer Hand. Er wollte sie um nichts in der Welt verlieren. Er wollte sie halten, wollte sie für immer bei sich haben. Ihr Gemüt war unschuldig. Sie war all das, was er nicht war.

Allmählich zeigte das Mineralwasser seine Wirkung und die Kopfschmerzen schwanden. Carsten konnte wieder klare Gedanken fassen. Ihm wurde bewusst, dass Dagmar gar nichts von den Morden wissen konnte. Es gab nichts Schriftliches, was sie hätte finden können. Es war alles in seinem Kopf und eben bei Béatrice. Thoelke musste sie gegen ihn aufgebracht haben und sie bluffte nur, weil sie – zu Recht – sauer und verwirrt war. Und er wäre fast darauf reingefallen. Carsten ging zu Dagmar und nahm sie fest in seine Arme.

»Ich möchte dich heiraten, hörst du? Ich möchte, dass wir glücklich sind.«

Dagmar erwiderte seine Umarmung. »Das möchte ich auch. Glücklich sein.« Um sie dann abrupt zu lösen und einen Schritt zurückzugehen.

»Du hast vorhin gesagt, dass es »*noch nicht zu Ende*« ist. Was ist *noch nicht zu Ende?*«

Carsten ging einen Schritt auf sie zu, nahm erneut ihre Hand und schaute ihr in die Augen, während er nach einer Erklärung, nach den richtigen Worten suchte. Er führte sie zum Küchentisch, sodass sie sich setzen konnte. Er setzte sich zu ihr. Er hatte die richtigen Worte gefunden und antwortete:

»Unsere Liebe.«

»Warum nicht in Südamerika?«, hatte Carsten gefragt. »Entlang der Küste am Atlantischen Ozean und des Rio de la Plata flittern und segeln?« Sie, die Wasserliebhaberin schlechthin.

»Ist das dein Ernst? Segeln, Schnorcheln oder einfach nur verliebt am Strand liegen.« Dagmars Augen funkelten mit ihrem Verlobungsring um die Wette. Sie geriet bei der Flitterwochenplanung regelrecht ins Schwärmen. »Meinst du, du könntest das auch firmentechnisch so einrichten, dass wir mindestens drei oder vier Wochen dortbleiben könnten?«

»Vier Wochen, fünf Wochen oder viel länger.« Carsten lächelte vielsagend. »Versprochen.«

Alles lief gut. In den vergangenen 48 Stunden hatte Carsten sämtliche Bedenken bei Dagmar zerstreuen und die Hochzeitsvorbereitungen vorantreiben können. Thoelke war suspendiert und der *Elbmörder* auf freiem Fuß. Um die Firma war es seit der Blitzüberweisung an die Schroer wieder ruhig geworden. Ebenso erging es seinen Panikattacken. Nun könnte er sich Béatrice widmen. Er ging in den Garten und schaute zum Himmel hinauf. Dagmar hatte recht: Er war wirklich ein Stück blauer geworden.

* * *

Béatrice hatte immer gesagt, wir wären nur Gast auf dieser Erde und sollten jeden Tag genießen, als wäre er unser letzter. Carsten hatte dem Gequatsche in all den Jahren nie etwas abgewinnen können. Nun wusste er, dass sie recht hatte und hoffte für sie, sie hatte den heutigen Tag ausgiebig genossen. Es wäre ihr zu gönnen.

Er hatte sich viele Gedanken gemacht, wie er ihren Mord aussehen lassen wollte, doch entschied sich letztlich für Improvisation. Kannte er so aus dem Geschäftsleben. Er fühlte sich gut, als er in sein Auto stieg und zu ihr fuhr.

»Was ist los, Carsten? Heute ohne Callas?«, begrüßte ihn Béatrice. »Komm' rein. Habe gerade Mittagspause.«
Carsten war nervöser als gedacht. Er schluckte, um nicht reden zu müssen.
»Was ist los mit dir? So still kenne ich dich gar nicht.«
Dann unterbrach er sein Schweigen.
»Entschuldige, Béatrice. Die Callas habe ich in der Tat vergessen. Ich werde dir aber noch welche besorgen. Einen großen wunderschönen Strauß.«
Béatrice ging derweil in die Küche, um zwei Espressi zu machen.
»Ich hoffe, du hast die Sache mit Thoelke endgültig ad acta gelegt, mon chéri.«
»Das habe ich. Du hast völlig recht gehabt. Thoelke ist nicht das Problem.« Nun hatte er seine Nervosität im Griff und ging ihr in die Küche hinterher. »Du bist es!«
Béatrice ließ die Espressi-Tassen zu Boden fallen.
»Ich bin es?!«, krächzte sie ungläubig. Doch da stand Carsten bereits hinter ihr. Er umfasste ihre Handgelenke und flüsterte ihr leise ins Ohr: »Ja, du bist es, Schwesterlein.«
Sie zitterte wie Espenlaub.
»Aber schau doch nur, was machst du für Sachen, Béatrice.«
Carsten kniete sich hin und sammelte die Scherben auf. »Kannst du mir bitte einen Handfeger bringen?«
Béatrice ging völlig überfordert aus der Küche in den Flur. Dann hörte er die Tür knallen. Béatrice war rausgerannt. Durch

das Treppenhaus auf die Straße. Carsten lief hinterher und konnte sie wenig später an der Ecke Hoheluftchaussee/Eppendorfer Weg einholen.

»Was soll das? Warum rennst du weg?«

Draußen in der Öffentlichkeit gewann Béatrice ihre Selbstsicherheit zurück und schrie ihn an:

»Sag mal, bist du bescheuert? Du willst mich umbringen?!«

Ihre gebrüllten Worte blieben nicht ungehört. Schnell bildeten sich immer größer werdende Trauben Neugieriger, die bereits ihre Handys gezückt hatten.

»Schluss jetzt mit dem Unsinn!«, schrie sie weiter.

Carsten fasste sich an den Kopf, der auseinanderzubrechen drohte – begriff, was er getan hatte.

»Béatrice, ich weiß nicht, wer ich bin und was ich hier mache.« Er ging einen Schritt zurück und steckte seine Hände demonstrativ in seine Hosentaschen. »Ich werde dir nichts tun. Natürlich werde ich dir nichts tun. Du bist doch wie ich. Du bist die Schwester, die ich nie hatte.«

Béatrice atmete tief durch, blieb aber misstrauisch. Abwartend beobachtete sie seine Mimik sowie die Schaulustigen auf der gegenüberliegenden Straßenseite, die ihr wohl soeben das Leben gerettet hatten.

Dann kramte sie mechanisch in ihren Jackentaschen auf der Suche nach dem Haustürschlüssel. Sie hatte das Gefühl irgendetwas tun zu müssen, beschäftigt zu wirken, um die Situation zu deeskalieren. Die Neugierigen von Gegenüber beobachteten dabei jede ihrer Bewegungen aufmerksam. Doch als sie schließlich einen Schlüsselbund in ihrer Hand sahen, bemerkten sie, dass die Show vorbei war und gingen ihrer Wege.

Carsten hingegen war am Ende. Zu viele Handys hatten ihn gefilmt. Ihn, den gefallenen Helden von Hamburg. Er nahm Béatrice vorsichtig in den Arm und begleitete sie anschließend zur Haustür. Dann verabschiedete er sich wortlos, ging zu seinem SUV und hoffte, niemand da draußen würde jemals hochladen, was er soeben gefilmt hatte.

Die morgendliche Besprechung in der Mordkommission begann verhalten.

»Ich brauchte Tanja Schuberts Ermordung, um Tim Quast als Mörder von Isabel Thoss definitiv entlasten zu können«, begann Thoelke.

Bernd wusste nicht, ob er ihn richtig verstanden hatte. »Was meinen Sie, Cheffe?«

»Habe gestern mit unserer Kriminal-Psychologin gesprochen und ihr den Hergang unserer offenen Frauen-Morde geschildert.«

»Thoss, Pröpper, Böcker und Schubert«, warf Azubi Tobias ein.

»Genau. Und sie konnte mich überzeugen, dass wir Tim Quast als Mörder von Isabel Thoss ausschließen können.«

»Weil jetzt auch Tanja Schubert durch dieses Lorazepam betäubt wurde?«

»Nicht nur.« Thoelke holte seine Notizen heraus. »Im Falle von Isabel Thoss haben wir eine Leiche vorgefunden, die mit 13 Einstichen übersät, aber nicht bedeckt war. Das spricht, laut unserer Psychologin, eindeutig gegen Quast als Mörder. Täter, die eine enge Beziehung zum Opfer haben, was zum damaligen Zeitpunkt Ende Juli zweifelsfrei bei Tim Quast der Fall gewesen war, decken den kompletten Körper bei solch' grausamen Taten ab. Vor allem aber wird das Gesicht abgedeckt. Den direkten Gesichtskontakt können die wenigsten ertragen.«

»Doch Isabel Thoss war nackt und ihr Gesicht war nicht abgedeckt«, resümierte Bernd.

Thoelke nickte zustimmend und ergänzte.

»Und ich habe mich geirrt.« Thoelke schaute von seinen Notizen hoch. »Wenn ich mich nicht geirrt und es nicht diese vorschnelle Pressekonferenz gegeben hätte, könnte Tim Quast vielleicht noch leben. Wir haben ihn in die Enge getrieben. Ich habe ihn in die Enge getrieben.«

»Ach Cheffe, wir sind doch auch nur Menschen.«

»Ich würde alles tun, um Tanja Schubert diese gute Nachricht persönlich mitteilen zu können.« Thoelke raufte sich seine Haare.

»Informierst du bitte Tim Quasts Brüder?«

»Mach' ich.«

»Gibt es schon Treffer bei den Apotheken?

»Ja. Wir haben fünf Ärztinnen, die sich in den letzten sechs Monaten Lorazepam in Apotheken geholt haben. Es ist nicht klar, für welche Patienten, da sie den Namen in ihren jeweiligen Rezepten nicht angeben mussten. Ein Rezept ausgestellt auf Carsten Pröpper gab es in diesem Zeitraum entsprechend nicht.« Bernd reichte Thoelke die Liste. In der linken Spalte das Datum mit Uhrzeit, in der mittleren Spalte Vor- und Nachnamen und in der rechten Spalte Medikation und Apotheke. Auf der Rückseite waren die jeweiligen Adressen der Praxen.

4.04.2019	12.13 Uhr	Dr. Andrea Pauli	Lorazepam	Wandsbek
7.04.2019	9.37 Uhr	Dr. Andrea Pauli	Lorazepam	Wandsbek
11.05.2019	14.58 Uhr	Dr. Emma Kern	Lorazepam	Altona
22.07.2019	20.13 Uhr	Dr. Béatrice Lagarde	Lorazepam	Hoheluft
4.09.2019	11.13 Uhr	Dr. Ellen Graf	Lorazepam	Bergedorf
25.09.2019	15.44 Uhr	Dr. Anett Schuh	Lorazepam	Volksdorf
4.10.2019	21.24 Uhr	Dr. Béatrice Lagarde	Lorazepam	Hoheluft

»Die Apotheken in Volksdorf, Bergedorf und Hoheluft haben zwar Kameras installiert, speichern die Aufnahmen allerdings nur 14 Tage. Tut mir leid, Cheffe.«

»Nicht schlimm. Wir haben die Adressen der jeweiligen Praxen. Jetzt müssen wir nur noch eine Verbindung zu Pröpper herstellen.« Thoelke kramte Kleingeld aus seiner Hosentasche zusammen. »Haben wir was im System über die fünf? Irgendwelche Delikte? Medikamentenmissbrauch?«

»Checken wir.«

Thoelke beendete die Besprechung und ging zum Cola-Automaten. Bernd folgte ihm.

»Allerdings ist mir etwas aufgefallen, Cheffe.«

»Willst auch 'ne Coke?«

Bernd schüttelte den Kopf.

»Frau Dr. Lagarde ist die Einzige, die das Lorazepam immer abends abholte.«

»Stimmt.« Thoelke nahm einen kräftigen Schluck. »Muss aber nichts heißen. Lass uns alle abklappern.«

»Wollen Sie mit, Cheffe?«

»Wenn ich dich alleine vorfahren lasse, wird mir das vom Möller wieder als Sonstirgendwas ausgelegt. Kein Bedarf. Fahr also schon mal den Wagen vor.«

* * *

Als Thoelke und Bernd zwei Stunden später in Altona erneut ins Auto stiegen, hatten sie bereits die Allgemeinärztinnen Frau Dr. Pauli und Frau Dr. Kern aufgesucht und jeweils ohne Einwände eine Kopie des aktuellen Patientenstammes erhalten. Nun fuhren sie weiter zur Hoheluftchaussee in die Praxis von Frau Dr. Lagarde, wo sie freundlich empfangen wurden.

»Einmal bitte Ihre Versichertenkarte.«

»Wir würden gern mit Frau Dr. Lagarde sprechen.«

»Das dachte ich mir. Deshalb benötige ich Ihre Versichertenkarte«, wiederholte tief durchatmend die Arzthelferin mit Nasenpiercing am Empfangstresen und fuhr sich durch ihr blau gefärbtes Haar. »Oder waren Sie in diesem Quartal schon bei uns?«

»Ich bin nicht krank. Ich muss Sie beruflich sprechen.«

»Haben Sie sich schon mal im Wartezimmer umgeschaut? Alle wollen mit Frau Dr. Lagarde sprechen, um im Anschluss beruflich einen gelben Zettel zu erhalten. Deshalb benötige ich auch Ihre Versichertenkarte. Alles klar?«

Nun mischte sich Thoelke ein. Er schob Bernd beiseite.

»Wir sind von der Polizei und müssen Frau Dr. Lagarde sprechen. Jetzt.«

Die Arzthelferin hielt kurz inne und musterte Thoelke.

»Gut, das ist etwas anderes. Dann möchte ich jetzt Ihre Dienstmarke sehen.«

Thoelke erblasste. Seine Dienstmarke lag immer noch in Möllers Schublade. Er schaute hilfesuchend zu Bernd und forderte ihn mit einer eindeutigen Handbewegung auf, zu handeln.

»Natürlich.« Bernd fischte seine Dienstmarke aus der Jackentasche und reichte sie der Arzthelferin, die sie aufmerksam zur Kenntnis nahm, um dann erneut Thoelke misstrauisch zu beäugen. Nach einem kurzen Moment rief sie ihre Chefin an.

»Entschuldigen Sie bitte die Störung, Frau Doktor. Hier stehen zwei, naja eigentlich nur ein Herr von der Polizei, der mit Ihnen sprechen möchte.«

Nachdem sie aufgelegt hatte, wies sie Bernd den Weg. »Herr Knorr, Frau Dr. Lagarde erwartet Sie im Behandlungszimmer 3.« An Thoelke gerichtet sagte sie nüchtern: »Und Sie warten bitte im Wartezimmer.«

Nach etwa 20 Minuten kam Bernd mit einer Liste des Patientenstammes heraus. Er schüttelte seinen Kopf, als er die Tür zum Wartezimmer öffnete.

»Fehlanzeige. Schon wieder kein Carsten Pröpper auf der Liste.« Beide verließen resigniert die Praxis.

»Schuh oder Graf? Von der Entfernung fast gleich weit weg.«

Thoelke zuckte mit seinen Schultern, setzte sich auf den Beifahrersitz und nahm sich Lagardes Patientenliste vor. Bernd startete das Auto. In Höhe Dammtor schlug sich Thoelke auf den Oberschenkel.

»Weinlein!!! Hier steht es doch!« Thoelke hob die Liste und zeigte sie Bernd, der sich krampfhaft auf den Verkehr konzentrierte. »Nicole Weinlein. Wohnhaft im Rondeel 29! Patientin seit Mai 2019. Das stinkt doch zum Himmel, Bernd. Die Weinlein heißt schon seit Jahren Pröpper. Die Lagarde ist es. Umdrehen. Aber subito.«

* * *

Die gesamte Fahrt war es mucksmäuschenstill gewesen, doch Bernd wusste, was er seinem suspendierten Cheffe schuldig war. Er stellte seinen Dienstwagen direkt vor dem Kommissariat ab und gönnte ihm den großen Auftritt. Er ließ ihm den Vortritt, als er mit Frau Dr. Lagarde gemeinsam das Gebäude betrat. Sie war ohne Widerspruch mitgekommen und wolle helfen, so sagte sie. Thoelke wies Bernd an, Frau Dr. Lagarde in den Verhörraum A023 zu bringen und ihn in 45 Minuten zum Verhör abzuholen. Er müsse noch etwas vorbereiten.

40 Minuten später stolperte Bernd in Thoelkes Büro:
»Die Verdächtige ist versorgt und die Dreiviertelstunde fast vorbei. Wollen wir los oder sollen wir sie noch etwas braten lassen?«

»Noch ein wenig«, erwiderte Thoelke in einem ruhigen Ton, der Entspannung und Zuversicht ausstrahlte. »Wir sollten die Zeit nutzen, unsere Strategie zu besprechen, denn ich möchte, dass du die Vernehmung weiter übernimmst.« Dabei nahm Thoelke eine staatstragende Geste in Form von zwei weit ausgebreitenden Armen ein.

»Was muss ich wissen?«

»Erst einmal muss ich dir sagen, dass ich sehr zufrieden mit deiner Entwicklung während der letzten Wochen und Monate bin. Du hast dich zu einem Top-Assistenten und Polizisten entwickelt. Trotzdem bleibt mein Büro natürlich mein Büro, alles klar?«

Bernd grinste und verstand.

»Nun aber zu der Lagarde. Ich habe die letzten 40 Minuten genutzt, um Infos über sie einzuholen. Béatrice Lagarde ist kein unbeschriebenes Blatt. Sie ist ein Kontrollfreak. Will immer die Kontrolle. Ganz gleich, um was es geht.«

»Okay, Cheffe. Dann gebe ich ihr keine.«

»Genau falsch.« Thoelke hob seinen Zeigefinger. »Gib ihr die Kontrolle, die sie braucht. Lass sie reden. Das lässt sie in Sicherheit wiegen.« Thoelke reichte Bernd die Akte samt Patientenliste.

»Und nun ab mit dir.«

»Was machen Sie?«

»Ich schaue zu.«

Bernd Knorr betrat den Vernehmungsraum A023, in dem bereits Béatrice Lagarde mit verschränkten Armen auf dem Stuhl saß. Auch nach einer Dreiviertelstunde des Wartens immer noch selbstsicher und grinsend.

»Wo ist denn Ihr Kollege? Der ohne Dienstausweis?«

»Er lässt sich entschuldigen. Er wurde aufgehalten. Deshalb bat er mich ihn zu vertreten. Also, wenn das überhaupt möglich ist.« Bernd schmunzelte. »Und, wenn das für Sie in Ordnung ist, Frau Dr. Lagarde?«

Thoelke schaute durch die einseitig beschichtete Scheibe und staunte. Er war stolz auf seinen Assistenten. Die Lagarde müsste jetzt nur noch *Ja* sagen, dann hätte er den Einstieg.

»Haben Sie einen Café Latte? Können Sie so etwas hier für mich organisieren, Monsieur …?«

»Bernd Knorr, die rechte und manchmal auch die linke Hand von Hauptkommissar Thoelke, wenn er wie heute verhindert ist.« Bernd schmunzelte erneut und versuchte das Eis in Rekordzeit zum Schmelzen zu bringen. »Und ja, das werden wir jetzt einfach mal für Sie möglich machen. Und wissen Sie was, ich nehme auch einen.« Bernd schaute auf den wachhabenden Beamten im Raum und signalisierte zwei Café Latte. Dann richtete er Akte, Patientenliste und Kugelschreiber exakt nebeneinander aus und spulte seine Einleitung bezüglich der obligatorischen Gesprächsaufnahme herunter.

Béatrice Lagarde war einverstanden. Bernd hatte sein *Ja* bekommen.

»Sie haben nichts gegen mich in der Hand, Monsieur Knorr. Rein gar nichts!«

»Was glauben Sie denn, sollten wir in der Hand haben, Frau Dr. Lagarde?«

»Wie ich schon sagte. Rien. Nichts.«

»Das ist nicht ganz richtig. Aber lassen Sie uns bei Ihrer Patientenliste starten. Was meinen Sie?«

»Was ist mit meiner Liste?«

»Kennen Sie Carsten Pröpper?«

»Carsten Pröpper?« Lagarde machte eine Handbewegung, die signalisierte, dass sie einen Blick in ihre Patientenliste werfen wolle.

Bernd reichte sie ihr rüber, während die zwei Café Latte gebracht wurden.

Sie studierte diese und als sie bei dem Buchstaben ›P‹ keinen Pröpper fand, antworte sie. »Nein, kenne ich nicht.«

»Sind Sie sich sicher?«

»Nun ja, was heißt schon sicher? Ich gebe jedes Jahr einen Haufen Geld für meine Software aus. Da sollte die Liste schon akkurat sein. Meinen Sie nicht?«

»Wie sieht es mit dem Patienten Weinlein aus?«

»Carsten Weinlein?

»Nein, ich meine Nicole Weinlein.«

»Die vom Fernsehen? Ja, die kenne ich. Wer nicht? Ist seit Kurzem bei mir.«

»Nicole Weinlein ist die Frau von Carsten Pröpper.«

»Verstehe.«

»Was sagen Sie dazu?«

»Ist sie nicht vor Kurzem ermordet worden?« Béatrice Lagarde trank einen Schluck aus ihrem Becher. »Von einem Einbrecher?«

»Na, das klappt ja schon ganz gut. Mit dem Erinnern.« Bernd merkte, wie er Oberwasser bekam und wollte wieder auf Tauschstation gehen. »Kennen Sie nun Carsten Pröpper? Den Mann von Nicole Weinlein?«

»No. Und mit der Ermordung der Nicole Weinlein habe ich nun wirklich nichts zu tun.«

»Das stimmt. Aber das war ja erst der Anfang.«

»Was meinen Sie?«

Bernd reichte ihr eine Kopie des Lorazepam-Rezeptes vom 22.07. Abgeholt von ihr um 20.13 Uhr in der Apotheke Hoheluft.

»Was ist damit?«

»Was wollten Sie mit dem Lorazepam?«

»Das kann ich Ihnen so aus dem Stegreif nicht sagen. Da müsste ich in meine Patientendatei schauen.«

»Kennen Sie eine Isabel Thoss?«

Béatrice Lagarde machte erneut eine Handbewegung bezüglich ihrer Patientenliste.

»Oder Andrea Böcker?«, schob Bernd fragend nach. »Beide Namen stehen übrigens nicht auf Ihrer Liste. Vielleicht kennen Sie sie dennoch? Isabel Thoss, gerade mal 24 Jahre jung, wohnte im Apostelweg in Rahlstedt. Andrea Böcker, mit 28 Jahren nur unwesentlich älter, in der Wentzelstraße an der Alster, tauchte aber auch im Apostelweg auf. Allerdings als Leiche. Beiden wurde Lorazepam zur Sedierung verabreicht.«

Thoelke auf der anderen Seite der Scheibe kam aus dem Staunen gar nicht mehr heraus. Wenn das Möller sehen würde, der würde ihn ja nie wieder aus seiner Suspendierung rausholen, dachte er und musste grinsen.

»Mon Dieu. Das ist furchtbar. Gerade, wenn man das gesamte Leben noch vor sich hat. Aber da kann ich Ihnen doch nicht helfen, Monsieur Knorr. Ich habe weder der einen noch der anderen irgendetwas verabreicht. Und dieses Betäubungsmittel erst recht nicht. Das Zeug ist gefährlich. Damit spielt man nicht.« Sie nahm einen weiteren Schluck aus ihrem Becher. »Sie haben nichts gegen mich in der Hand und ich würde jetzt gern gehen. Meine Patienten warten auf mich, d'accord?«

Bernd stand auf, ging durch den Vernehmungsraum und schaute durch die dunkle Scheibe zu Thoelke, ohne ihn sehen zu können. Dann setzte er sich zurück an den Tisch und antwortete:

»Nein, damit bin ich ganz und gar nicht einverstanden.« Bernd klappte die Akte auf. »Wir haben Sie, Frau Dr. Lagarde. Und wenn ich sage, wir haben Sie, dann meine ich das wörtlich.«

»Wörtlich?«

»Wir haben Ihren Lebenscode gefunden.«

»Meinen Lebenscode gefunden?«, hauchte Béatrice Lagarde.

»Exakt. Und zwar unter den Fingernägeln von Andrea Böcker. Dort wimmelte es nur so von Ihrer DNA.«

Béatrice schluckte. Sie brauchte ein paar Sekunden, um wieder zu funktionieren.

»Aber Sie haben doch gar keinen Abstrich von mir genommen?«

»Erinnern Sie sich, dass es Ermittlungen gegen Sie wegen Falschaussage und Anstiftung zur Falschaussage gab?«

»Geringfügig. Das ist Jahrzehnte her. Ich war Studentin. Aber ich erinnere mich sehr gut daran, dass sich alles geklärt hat. Zu meinen Gunsten.«

»Richtig, aber Ihre damalige Probe verjährt nicht und verändert sich nicht. Und gerade Sie als Ärztin wissen, dass die DNA selbst in kleinsten Hautpartikeln und Spritzern von getrocknetem Blut eindeutig nachweisbar ist.«

Béatrices Grinsen versteinerte. In diesem Moment platzte ein Beamter in den Vernehmungsraum und gab Bernd mit einer eindeutigen Handbewegung zu verstehen, er solle mitkommen. Widerwillig drückte Bernd auf die STOPP-Taste des Aufnahmegerätes.

»Ich komme gleich wieder, Frau Dr. Lagarde«, und gab beim Herausgehen dem wachhabenden Beamten den Auftrag, auf die Verdächtige aufzupassen.

Draußen stand Thoelke.

»Warum, Cheffe? Ich bin so nah dran. Geben Sie mir noch zehn Minuten.«

»Ihr Anwalt ist da«, antwortete Thoelke trocken. »Da können wir nichts tun.«

»Ihr Anwalt? Wer hat denn den gerufen?«

»Die blau gefärbte Arzthelferin war das wohl.«

»Fuck.« Bernd haute mit seiner Faust gegen die Wand, dann wandte er sich an Thoelke. Flehte ihn an. »Halten Sie ihn noch zehn Minuten hin. Fünf Minuten.«

»Da können wir nichts tun«, wiederholte Thoelke nüchtern. »Im Gegenteil, wir können froh sein, wenn er uns jetzt nicht plattmacht, da wir die Vernehmung ohne ihn angefangen haben.« Thoelke ging einen Schritt auf Bernd zu. »Du machst das gut. Wirklich gut. Aber lass' uns das Erreichte nicht durch Ungeduld gefährden. Geh' jetzt zum Eingang und bring den Anwalt zu der Lagarde.«

* * *

90 Minuten später klopfte Lagardes Anwalt an Thoelkes Bürotür. Der suspendierte Hauptkommissar war neugierig, mit was für einem Kuhhandel er wohl aufwarten würde. Denn bei einer Beschwerde hätte er keine anderthalb Stunden verstreichen lassen.

»Haben Sie eine Minute? Mein Name ist Kozak. Ich bin der Anwalt von Frau Dr. Lagarde.«

Thoelke winkte ihn rein und befreite den Bürostuhl vor seinem Schreibtisch von diversen Akten.

»Moin, Herr Kozak. Setzen Sie sich doch. Möchten Sie auch eine Cola?«

»Nein, danke. Hatte eben schon einen Café Latte. Muss schon sagen, Sie haben das recht nobel hier.«

»Nun, was kann ich für Sie tun?«

»Ich habe eben mit meiner Mandantin, der allseits geschätzten Frau Dr. Lagarde, gesprochen und den Untersuchungsbericht gelesen.«

»Das ist mir bekannt.« Thoelke fühlte sich bestätigt. Keine Beschwerde bezüglich der anwaltslosen Vernehmung.

»Die DNA-Spuren unter den Fingernägeln können wir erklären und entkräften.«

Thoelke schenkte ihm einen amüsierten Blick.

»Na denn man tau.« Die Vorstellung kann beginnen, dachte sich Thoelke und machte es sich auf seinem Drehstuhl bequem. Er nahm einen weiteren kräftigen Schluck aus seiner Flasche und dachte dabei, dass Möller wohl recht damit hatte, dass er einfach zu viel Cola trank. Das würde er ändern müssen. Spätestens im nächsten Leben.

»Aber das wollen wir gar nicht«, ergänzte Anwalt Kozak.

Thoelke verschluckte sich und hinterließ einen großen Colaflecken auf seinem Hemd, den er hastig versuchte mit einem Taschentuch wegzurubbeln.

»Das wollen Sie nicht?«, fragte Thoelke überrascht.

»Sie sollten nicht so über den Fleck reiben, sonst zieht er nur noch tiefer in die Fasern ein und sie können das Hemd wegschmeißen. Besser ist es, den Fleck vorsichtig mit Seifenlauge abzutupfen« erklärte, argumentierte, charmierte der Anwalt.

»Vergessen Sie mal meinen Fleck.« Thoelke warf sein braun gefärbtes Taschentuch in den Papierkorb. »Habe ich das richtig verstanden, dass Sie die DNA-Spuren Ihrer Mandantin unter den Fingernägeln der Ermordeten entkräften können, dieses aber nicht wollen?«

»Das ist korrekt.« Anwalt Kozak nickte bestätigend.«

»Aber was wollen Sie dann?«

»Helfen. Meine Mandantin möchte helfen. Ihnen helfen.«

»So selbstlos?«

»Ja. Das trifft es wohl am besten.« Kozak richtete seinen Kragen. »Wenn Sie Frau Dr. Lagarde kennen würden, würden Sie ihre Selbstlosigkeit nicht in Frage stellen, Herr ... Herr ... äh ... Thoelke.«

»Ich weiß bloß nicht, worin uns Ihre Mandantin helfen könnte. Sie ist die mutmaßliche Mörderin von Andrea Böcker. Mindestens. Und es würde mich nicht wundern, wenn auf ihrer Todes-Liste weitere Personen stünden. Denken Sie an die DNA-Spuren«, dozierte er und hob zur besseren Anschaulichkeit seine beiden Hände.

»Die wir entkräften können. Wie gesagt.«

»Es aber nicht wollen.«

»Weil meine Mandantin helfen möchte. Und zwar Ihnen.«

»So, jetzt reicht's aber, Herr Kozak. Wir drehen uns im Kreis.« Thoelke fuhr ruckartig hoch und stieß sich prompt das Knie an der offengelassen Schreibtischschublade. Er rieb sich fluchend über die schmerzende Stelle und schaute demonstrativ auf die Wanduhr, die über der Bürotür hing. »Und Ihre Minute scheint auch vorüber zu sein.«

»Setzen Sie sich bitte und legen Sie noch eine Minute oben drauf, Herr … Hauptkommissar.«

Probleme waren nun mal sein Job und so setzte sich Thoelke mit beflecktem Hemd und schmerzendem Knie zurück auf den Stuhl.

»Unser Angebot …«, Kozak räusperte sich gönnerhaft, »lautet: Wir liefern Ihnen Carsten Pröpper auf dem silbernen Tablett. Im Gegenzug lassen Sie meine Mandantin gehen.«

»Das kann ich nicht und das wissen Sie auch. Ich bin nicht die Staatsanwaltschaft.«

»Aber Sie haben beste Verbindungen zu Bodo Winkler von der Hamburger Staatsanwaltschaft. Sie sind der erfolgreiche Ermittler. Denken Sie nur an die nächste Pressekonferenz, wenn Sie der gesamten Nation von der Verhaftung Pröppers, dem gesuchten *Elbmörder*, berichten können.«

Thoelke verlor sich kurz in seinen Gedanken und malte sich seine rosige Zukunft aus. Sofortiges Ende der Suspendierung und später winkte die Nachfolge von Cordt Möller im fünften Stockwerk.

»Rufen Sie einfach Bodo Winkler an. Zwei Jahre auf Bewährung wegen Beihilfe. Und meine Mandantin liefert Ihnen Carsten Pröpper. Das Angebot gilt 24 Stunden. Genau die Zeit, die Sie meine Mandantin hier festhalten dürfen.«

Thoelke verzog sein Gesicht. Er griff zu seinem Rest Cola.

»Bevor ich diesen Anruf, rein hypothetisch gesprochen, tätigen würde, benötige ich eine detaillierte und widerspruchslose Aussage in schriftlicher Form. Und so lange bleibt Frau Dr. Lagarde ohnehin unser Gast.«

* * *

Während Thoelke die Aufklärung und somit seinen persönlichen Sieg vor Augen wähnte, kauerte Carsten Pröpper zu Hause hinter zugezogenen Vorhängen. Die gestrige Filmerei vor Béatrices Wohnung hatte alles geändert. Nun waren sie wieder zurück, die Attacken, die Schreie seiner Frau nach seinen Schüssen. Auch Dagmar schien ihm immer rätselhafter und distanzierter. Die ständigen Befragungen durch Thoelke machten etwas mit ihr. Wollte sie ihn wirklich heiraten oder nur ans Messer liefern? Er wusste es nicht mehr. Zu gern hätte er mit Thoelke getauscht. Einem schlichten Langweiler, der zufrieden war, wenn er tagsüber genügend Cola in sich hineinschütten konnte und abends wahrscheinlich glücklich war mit Bier und Pommes. Der nichts vom Leben erwartete und nicht enttäuscht werden konnte – und der nun bei vollen Bezügen suspendiert worden war.

Er war da anders. Er wollte fliegen. Schon als kleines Kind. Und er war verdammt noch mal hoch geflogen. Bis zum gefeierten Helden von ganz Hamburg hatte er es geschafft. Doch dabei hatte er außer Acht gelassen, dass Menschen nicht zum Fliegen bestimmt waren und alles nur ein Geschenk auf Zeit war.

Es war längst wieder hell geworden und die ersten Vöglein zwitscherten bereits, als Bernd stolz mit dem unterschriebenen Haftbefehl wedelte.

»Hier ist das Ding!«

Der Deal zwischen Staatsanwaltschaft und Frau Dr. Lagarde wurde um Punkt 8.23 Uhr in der Früh besiegelt und würde ausreichen, Carsten Pröpper für die nächsten 12 Jahre wegzusperren. Der Druck der Medien ließ diesen Deal überhaupt erst möglich werden und Béatrice Lagarde glimpflich davongekommen. Zwei Jahre auf Bewährung war nichts. Cordt Möller und Innensenator Bertie hatten es durchgewunken und im gleichem Atemzug Thoelkes Suspendierung aufgehoben.

Was für irre 24 Stunden, dachte Thoelke, als er den Schlüssel in das Zündschloss steckte und den Motor startete. Erst die Identität der unbekannten Lorazepam-Lieferantin in Person von Lagarde geklärt, dann das von Bernd geführte Verhör, gefolgt von dem schriftlichen Geständnis, dem Deal und jetzt als Krönung: der lang ersehnte Haftbefehl. Er schaute müde auf den Beifahrersitz zu Bernd und steuerte auf dem kürzesten Weg zu Pröppers Villa.

»Das können wir nicht machen, Cheffe?«

»Was?«

»Die Lagarde mit allem durchkommen lassen.«

»Möller, Bertie und Winkler haben es durchgewunken. Die Messe ist gelesen.«

»Sie ist eine Auftragskillerin und das als Ärztin.«

»Sie wäre nicht die erste Todesärztin, Bernd. Und ihre Approbation ist sie ohnehin los. Sie wird niemals mehr praktizieren dürfen.« Thoelke überlegt kurz, dann sprach er weiter.

»Aber ja. Du hast recht. Wir knöpfen sie uns noch mal vor. Aber mit Vorsicht und Fantasie. Und nicht jetzt!« Sie schlängelten sich durch den Verkehr und parkten den Wagen direkt vor Pröppers Villa.

»Der ist ausgeflogen, Cheffe.« Bernd zeigte auf den überfüllten Briefkasten, aus dem Zeitungen der letzten Tage herausschauten. »Der muss da sein. Es ist kurz vor neun.« Sie eilten den Eingang hinauf und betätigten die Klingel.

»Keiner da«, stellte Bernd fest, nachdem Thoelke mehrfach geklingelt hatte. »Lassen Sie uns einen Schlüsseldienst holen oder sollen wir aufbrechen, weil wir Geräusche gehört haben, so von wegen Gefahr in Verzug.« Bernd war ebenfalls völlig übermüdet und wähnte sich in einem Hollywood-Streifen. Er machte sich lang, deutete Dehnübungen an und wollte zum Sprung gegen die massive Haustür ansetzen.

»Nun mal langsam, Bernd.«

»Wollen Sie etwa aufbrechen, Cheffe?«

Thoelke schob Bernd zur Seite und holte aus seiner Tasche den Ersatzschlüssel heraus, den er von Miss Marple erhalten hatte, und schloss auf. Die Villa war dunkel, nur der Fernseher lief lautstark. Beide gingen auf dem direkten Wege in das Wohnzimmer, um die Terrassentür zu öffnen, als sie Carsten Pröpper auf dem Sofa liegend vorfanden. Regungslos. Neben ihm eine leere Packung Lorazepam sowie eine halbleere Flasche Rum und ein handgeschriebener Abschiedsbrief von Dagmar Rolffs, die ihn offensichtlich verlassen hatte.

»Nein, das darf nicht wahr sein. Hat sich der Scheißkerl einfach so verpisst«, rief Bernd mit geweiteten Augen und schaltete den

Fernseher aus. »Statt 12 Jahre im Knast zu versauern, ist er uns entkommen.«

Eine Lawine abstruser Gedanken stürzte durch sein Gehirn.

»Und wir stehen wieder als Idioten da, Cheffe!«

Thoelke hingegen ignorierte das Gequatsche und schob Bernd erneut beiseite, kniete sich zu Pröpper und versuchte seinen Puls zu ertasten. Ganz schwach nahm er an der Halsschlagader Schwingungen wahr.

»Er lebt. Hol den Notarzt, Bernd. Subito.«

MONTAG, 11. NOVEMBER 2019

»Er ist aufgewacht!«

Fast 72 Stunden mussten Bernd und der Hauptkommissar auf die erlösende Nachricht warten, Pröpper sei aus dem künstlichen Koma geholt und von der Intensivstation auf die normale Station verlegt worden.

Sofort fuhren beide Richtung Marienkrankenhaus, um ihm den Haftbefehl zu übergeben und ihn mitzunehmen. Sie liefen durch die weiten Gänge und direkt Dr. Martin, Assistenzarzt mit reichlich Haaren auf den Zähnen und gedrungenem Körperbau, in die Arme.

»Sie können jetzt unmöglich mit ihm sprechen – geschweige denn ihn mitnehmen, meine Herren. Sie müssen sich noch etwas gedulden.«

Und es half alles nichts. So vehement Thoelke und Bernd auf ihr Recht als Polizisten pochten und mit dem Haftbefehl wedelten, so standhaft weigerte sich der diensthabende Arzt, seinen Patienten befragen und abtransportieren zu lassen.

»Wie lange denn?«, fragte Bernd nach einer Weile, nachdem er verstanden hatte, dass der kleine Mann im weißen Kittel am längeren Hebel saß.

»48 Stunden. Dann gehört er Ihnen.«

»Bernd«, brummte Thoelke »lass Smitka und Tillmann im Wechsel herkommen, die sollen diese verdammte Tür bewachen und niemanden rein- oder rauslassen.«

»Die Sache ist gelaufen. Kommt doch jetzt auf zwei Tage auch nicht mehr an, Cheffe«, hatte Bernd versucht, Thoelke am Montag zu beruhigen. Und recht hatte er gehabt. Dennoch vergingen die zwei Tage sehr, sehr langsam – aber sie vergingen. Und nun standen Thoelke und Bernd erneut gemeinsam im Marienkrankenhaus.

»Bernd, gib mir eine halbe Stunde mit ihm allein. Dann kommst du rein und wir nehmen ihn mit.«

Thoelke betrat das Einzelzimmer 303 und verlas Pröpper seine Rechte. Im Anschluss reichte er ihm Dagmars Abschiedsbrief.

»Sie haben recht, Herr Hauptkommissar. Das war zu viel für mich.« Carsten Pröpper schluckte, das Sprechen fiel ihm schwer. »Dagmars Trennung hat mir den Boden unter den Füßen weggezogen und ich wusste mir nicht anders zu helfen. Erst der Verlust meiner Frau und nun der meiner neuen Verlobten. Ich habe keinen anderen Ausweg für mich gesehen. Ich leide zeitweise unter starken Depressionen, müssen Sie wissen, und dieser Abwärtsstrudel hat mich mitgerissen.«

»Sie wollen Verständnis von mir? Gar eine Absolution?«

»Ich versuche Ihnen nur meinen Suizid-Versuch zu erklären und frage mich, warum mir deshalb meine Rechte vorgelesen wurden.«

»Interessante Frage. Dann wechseln wir das Thema. Vielleicht dämmert es dann?« Thoelke ging im Krankenzimmer auf und ab. »Woher hatten Sie das Betäubungsmittel Lorazepam?«

»Das hatte ich schon ewig im Badezimmerschrank gehabt.«

»Interessant.« Thoelke genoss jeden Moment. Es war ein Katz-und-Maus-Spiel, wo er die Katze war und zusehen konnte, wie der Maus die Luft ausging.

»Die Verpackung dieses verschreibungspflichtigen Betäubungsmittels verrät uns allerdings, dass dieses erst vor wenigen Wochen in den Verkauf gegangen ist und von einer Frau Dr. Lagarde in der Hoheluftchaussee gekauft wurde.« Thoelke setzte sich an das Fußende von Pröppers Bett.

»Könnte es nicht eher so gewesen sein, dass Sie dieses Medikament von Frau Dr. Lagarde erhalten haben?«

Pröpper wurde blass.

»Frau Dr. Lagarde?«

»Und bevor Sie uns sagen, Sie würden diese Ärztin nicht kennen, habe ich noch eine Lektüre mitgebracht.« Thoelke fischte eine Kopie des schriftlichen Geständnisses aus der Mappe und reichte sie ihm.

»In diesem Geständnis werden Sie von dieser Frau Dr. Lagarde schwer belastet. Sie beschuldigt sie, Isabel Thoss ermordet zu haben. Die ausgelesenen Daten des Navis Ihres Autos belegen darüber hinaus, dass Sie am 27. Juli von halb zehn bis kurz vor eins, also genau zur Tatzeit, in Hamburg-Rahlstedt waren.«

»Nur ein Zufall, der nichts beweist.« Pröpper versuchte zu lächeln.

»Eher ein Indiz, dass das vorliegende Geständnis erhärtet, und sich mit vielen anderen Indizien zu einer Kette reiht. Doch das ist nicht alles, Herr Pröpper.« Thoelke hob seine rechte Augenbraue, während Pröppers Lächeln erstarrte.

»Wenn ich mit Ihnen fertig bin, werden Sie hoffen, dass Ihr kläglicher Suizid-Versuch geklappt hätte, denn des Weiteren gibt Frau Dr. Lagarde zu Protokoll, dass Sie sie beauftragt haben, Ihre Frau, Andrea Böcker sowie Tanja Schubert zu ermorden, was im Falle von Andrea Böcker und Tanja Schubert auch erfolgt ist. Zusätzlich gesteht sie Überlegungen Ihrerseits, mich ermorden zu lassen und einen getätigten Mordversuch ebenfalls Ihrerseits gegenüber Frau Dr. Lagarde selbst vor gerade mal sechs Tagen in deren Wohnung.« Thoelke stand auf und ließ Pröpper Zeit, die fünf Seiten durchzulesen.

Minuten später klopfte es an der Tür und Bernd betrat den Raum.

* * *

Im Kommissariat angekommen, wurde Carsten Pröpper umgehend in den Vernehmungsraum A023 gebracht, wo nicht nur das Aufnahmegerät auf dem Tisch auf ihn wartete, sondern ebenfalls ein in Folie verpacktes Messer mit einer dünnen zweischneidigen 14 cm langen Klinge sowie weitere Fragen.

»Kennen Sie das Messer? – Haben wir in der Küche Ihrer Villa gefunden«, startete Thoelke gut gelaunt die Vernehmung, während Pröpper auf seinem Stuhl saß und schwieg.

»Die kriminaltechnische Untersuchung hat ergeben, dass es sich bei diesem Messer um die Tatwaffe im Mordfall Isabel Thoss handelt. Metallabrieb und Einstichkanäle ließen keine andere Deutung zu. Was sagen Sie dazu?«

Pröpper schwieg weiter.

»Wie krank muss man sein, ein Mordmesser in seiner eigenen Küche weiter zu nutzen. Ist das wieder so ein Trophäen-Ding? Oder nur Doofheit?«

Doch da weiterhin eine Reaktion ausblieb, bat Thoelke Bernd darum, Carsten Pröpper nun vom hauseigenen Safe zu berichten.

»Bei der Hausdurchsuchung Ihrer Villa haben wir nicht nur die Tatwaffe gefunden, sondern im Keller einen Safe«, begann Bernd zügig. »Doch dieser stand sperrangelweit offen. Auch wenn das weniger interessant für uns ist, wird es Sie sicherlich brennend interessieren ...«

Und in der Tat, Pröpper sah zu Bernd und fragte in einem leisen Ton:

»Was lag drin?«

»Nix, Herr Pröpper. Ihr Safe war leer.«

Pröpper wurde schlagartig schummrig zumute und griff nach seinem Wasserglas. Seine Hand zitterte. Dann drehte er seinen Kopf zu Thoelke und sah ihn herausfordernd an.

»Ich würde gerne jetzt etwas essen. Nudeln mit Bolognesesoße. Im Anschluss werde ich ein vollständiges Geständnis ablegen.«

Thoelke drückte auf die STOPP-Taste des Aufnahmegerätes.

»Aber gern. Wir sehen uns in einer Dreiviertelstunde«, antworte er gelassen und verließ ohne Bernd den Vernehmungsraum A023.

In seinem Büro angekommen, schloss Thoelke seine Bürotür und ließ die Jalousien runter. Dann lehnte er sich in seinen Drehstuhl und dachte darüber nach, was er sich als Henkersmahlzeit bestellt hätte und musste feststellen, dass es wohl auch Nudeln gewesen wären. Er schüttelte den Kopf und seufzte laut. Seine Gedanken überschlugen sich. Er versuchte diese zu zerstreuen, bis irgendwann Bernd ins Büro stürmte:

»Es geht weiter, Cheffe.«

Thoelke stand auf, rieb sich die Augen und folgte zum Vernehmungsraum, wo Pröpper mit einem Lächeln auf ihn wartete.

Er bedankte sich artig für das Essen und bestätigte, dass er Béatrice Lagarde kennen würde. Und ja, sie war am Tage seines Suizid-Versuches bei ihm zu Hause gewesen und hätte ihn mit Tabletten versorgt. Dann legte er wie versprochen ein vollständiges Geständnis ab. Die Beweislage mit dem aufgefundenen Küchenmesser, den ausgelesenen Navi-Daten, der Lorazepam-Verpackung und Béatrices Geständnis wog zu schwer. Er räumte ein, von dem Verhältnis seiner Frau mit Tim Quast gewusst und dieses als schlimmste Demütigung seines Lebens empfunden zu haben. Nur dem Zufall sei es geschuldet, dass er sich nach einem Geschäftsessen in der Elbchaussee noch ein wenig die Füße vertreten habe, als er auf einer Parkbank im Jenischpark an der Elbe seine Frau Nicole mit Tim Quast wild turtelnd entdeckt habe. In aller Öffentlichkeit. 13 Wochen sei das so gegangen.

»Deshalb die 13 Einstiche?«, fragte der Hauptkommissar.

»Richtig.« Pröppers Augen schwammen in Tränen. »Für jede Woche Schmerz einen Stich.«

»Aber warum Isabel Thoss? Wo ist die Verbindung?«

»Ist das nicht offensichtlich?«, wunderte sich Pröpper und wischte sich die Tränen beiseite. »Tim Quast ist die Verbindung. Er hat mir über meine Frau Schmerzen zugefügt und ich wollte ihm über seine Frau Schmerzen zufügen. Ich wollte ihn nicht töten. Das war nicht mein Plan.«

»Auge um Auge, Zahn um Zahn?«

»So steht es im Alten Testament, Herr Hauptkommissar.«

Thoelke schaute ernüchtert und verschränkte seine Hände hinter seinem Kopf.

»Woher hatten Sie den Haustürschlüssel?«

»Ich hatte keinen. Die untere Tür stand offen und oben hatte ich geklingelt und mich als Onkel von Tim Quast ausgegeben, der eine Überraschung habe.«

»Und sie hat Ihnen geöffnet?«

»Sofort. In ihrem Bademantel.«

»So einfach?«

»Möchte man gar nicht glauben, oder?«, erwiderte Pröpper leise. »Dann bin ich rein, habe sie betäubt und mit diesem Messer hier getötet.«

Thoelke schüttelte angewidert seinen Kopf.

Seine Frau habe er seit dem Jenischpark nicht mehr anfassen können, also im Bett, führte Pröpper weiter aus, auch nicht, nachdem die Affäre beendet gewesen sei. Dies wiederum habe zu Nicoles Depression und damit einhergehender Beendigung ihrer TV-Karriere geführt. Nur wenig später sei er Dagmar Rolffs begegnet, habe sich in sie verliebt und ein Verhältnis begonnen. Vor etwa vier Monaten habe dann der Zufall ein zweites Mal zugeschlagen.

»Sie sprechen von dem Unfall mit Tim Quast?«

»Richtig.«

»Sie haben ihn erkannt?«

»Natürlich habe ich diese Grinse-Fresse erkannt. Gleich in dem Moment, als er aus dem Transporter stieg. Doch innerlich habe ich gegrinst, denn ich konnte zwei Fliegen mit einer Klappe schlagen. Eigentlich war das Thema ja für mich erledigt, aber dann diese Fügung. Dieses Geschenk. Ich konnte nicht anders.«

Pröppers Puls fuhr runter und er merkte, wie Erleichterung in ihm hochkam. Es tat gut, darüber zu sprechen.

»Der Besuch von Tim Quast in Ihrer Villa. Ein wirklich perfider Plan«, setzte Thoelke erneut an.

»Der aufgegangen wäre, wenn nicht die beiden Mädels so genervt hätten.«

»Sie meinen Andrea Böcker und Tanja Schubert?«

»Exakt.«

»Aber da wollten Sie sich nicht mehr die Hände schmutzig machen und ließen Frau Dr. Lagarde machen?«

»Nicht ganz richtig. Béatrice sollte sich ja schon längst um Nicole gekümmert haben, das hat sie Ihnen wohl nicht gesagt, denn bei ihr hatte ich verständlicherweise Skrupel.«

»Verständlich ist bei Ihnen gar nichts, Herr Pröpper.«

Carsten Pröpper ignorierte diesen Einwand seines Gegenübers und fuhr unbeirrt fort.

»Doch Béatrice hatte bei Nicole versagt und war stattdessen mit ihr Essen gegangen.« Pröpper schlug sich an den Kopf. »Das müssen Sie sich mal vorstellen, da kommt abends meine Frau nach Hause und erzählt mir völlig begeistert, dass sie mit einer völlig Fremden, von der sie eigentlich an diesem Abend umgebracht hätte werden sollen, essen war. Sie sogar eingeladen hatte.« Pröpper schlug sich ein zweites Mal fassungslos an den Kopf. »Da versteh' einer die Frauen?!«

Pröpper machte eine kurze Pause. Doch da von Thoelke nicht die erwartete zustimmende Reaktion erfolgte, fügte er noch hinzu:

»Da mir Béatrice das Geld für Nicoles Nicht-Liquidierung nicht zurückgeben konnte oder wollte, gab ich ihr die Gelegenheit, es bei Andrea Böcker abzuarbeiten. Sozusagen. Was sie dann auch getan hat. Wie sie allerdings das Mädel in die Wohnung transportiert hat, das müssen Sie sie selber fragen. Mir hat sie es nicht erzählt. Leider.«

Thoelke schaute aus dem Fenster und konnte nicht fassen, was er da hörte.

»Und Tanja Schubert?«

»Warum Tanja Schubert sterben musste, meinen Sie?«

Thoelke nickte kurz, während er weiterhin aus dem Fenster schaute.

»Einfach um das Kapitel abzuschließen. Dann, so dachte ich, wäre ich frei.«

Thoelke ballte die Faust in der Tasche, doch er wollte keine erneute Suspendierung riskieren. Er drehte sich um und gab dem wachhabenden Beamten ein Zeichen, dass die Vernehmung nun beendet sei. Er drückte die STOPP-Taste, um sich dann zu Pröpper zu beugen.

»Frei? Sie? Sie werden nie wieder frei sein«, fauchte er Pröpper wütend an. »Dafür werde ich sorgen.«

Und waren Pröppers Ausführungen bis zu diesem Punkt ruhig und beherrscht gewesen, verlor er durch Thoelkes Fauchen für eine Sekunde seine Kontrolle und beugte sich ebenfalls über den Tisch:

»Irgendwann, Thoelke, habe ich die Strafe abgesessen. Und dann komme wieder. Zu Ihnen. Egal, wo Sie sind.«

»Sie drohen mir? Hier in meinem eigenen Vernehmungsraum?«

Doch Pröpper hatte sich wieder im Griff und blieb ihm die Antwort schuldig. Dann wurde er von zwei Uniformierten in die Mitte genommen und zum Haftrichter gebracht.

Thoelke wandte sich währenddessen ab und sammelte seine Sachen zusammen, als Bernd leise fragte:

»Wollen wir dann los?« Tränen der Wut waren in seine Augen getreten. Thoelke begriff sofort.

»Was wollen wir sagen? Alle Tatbestände, die den Deal betreffen, dürfen nicht weiterverfolgt werden.«

»Dann sollten wir improvisieren« erwiderte Bernd mit einem aufgesetzten Lächeln.

»Improvisieren? – Also wie immer.« Nun lächelte auch der Hauptkommissar. »In fünf Minuten am Parkplatz.«

* * *

Sie brauchten nicht lange, dann standen sie vor Lagardes Wohnhaus. Unten im Erdgeschoss der Haus- und Praxistür hing ein Hinweis-Schild, dass die Privatpraxis Dr. Lagarde vorübergehend geschlossen sei.

»Guck mal, Cheffe. Das ging schnell.«

Thoelke kommentierte das nicht, wusste er doch, dass die Ärztekammer bereits informiert war und eine weitere Praxis-Öffnung eine Konventionalstrafe in sechsstelliger Höhe nach sich ziehen konnte. Er betätigte den Klingelknopf für die Wohnung in der zweiten Etage. Doch niemand öffnete.

»Haben Sie nicht auch Geräusche gehört, Cheffe?«

»Bernd, das ist nicht witzig. Und nein, wir brechen nicht auf.«

»Sagen Sie bloß, Sie haben wieder einen Ersatzschlüssel in der Hosentasche dabei.«

Thoelke betätigte alle Klingeln, bis ein Summton zu vernehmen war. Es war Luise Reimers, eine rüstige Rentnerin aus dem ersten Stock, die den beiden Beamten geöffnet hatte und nun den Grund des Besuches in Erfahrung bringen wollte.

»Kommen Sie wegen der zerbrochenen Bierflasche im Flur?«

»Nein, Frau Reimers. Wir möchten zu Frau Lagarde.«

»Die ist weg. Praxis ist vorübergehend geschlossen. Da müssen Sie den Vertretungsarzt aufsuchen.«

»Was meinen Sie mit ›Die ist weg‹, Frau Reimers?«, fragte Thoelke, während er seine Dienstmarke vorzeigte.

»Hat die Doktorin etwas verbrochen?« Frau Reimers machte eine einladende Bewegung. »Dann kommen Sie beide erst mal rein. Muss ja nicht jeder mitbekommen, wenn was mit Frau Doktor ist.«

In der Wohnung erzählte Frau Reimers, dass Béatrice Lagarde gestern Abend bei ihr geklingelt und ihr ihren Haustürschlüssel für

Notfälle gegeben habe. Sie müsse, wie sie sagte, für zwei Wochen zu ihrer älteren Schwester nach Nürnberg fahren.

Thoelke schaute zu Bernd und musste an seine Worte denken. »Guck mal, Cheffe. Das ging schnell«. Ein mulmiges Gefühl überkam ihn.

»Können Sie uns bitte den Haustürschlüssel geben.«

»Aber natürlich.« Frau Reimers ging zur Kommode in den Flur und kam mit dem Haus- und Briefkastenschlüssel wieder. Dann betraten Thoelke und Bernd nacheinander die 4-Zimmer-Wohnung in der zweiten Etage. Thoelke schaltete das Licht im Flur an und riss alle Zimmertüren auf. Zum Schluss warf er einen kurzen Blick auf den Balkon. Alles leer. Bis auf einen Zettel, der am Kühlschrank hing. Bernd nahm ihn ab und las vor.

Merci pour tout.
Au revoir.
Béatrice Lagarde

Thoelke verließ wortlos das Mehrfamilienhaus. Wenig später folgte Bernd, der noch den Schlüssel bei Frau Reimers abgegeben hatte, und gesellte sich zu Thoelke ins Auto.

»Was für eine Scheiße. Was für eine Scheiße haben wir da nur verbockt.«

»Cheffe, Béatrice Lagarde hat keine Schwester in Nürnberg. Sie ist ein Einzelkind.«

DONNERSTAG, 14. NOVEMBER 2019

Mit gemischten Gefühlen schrieb Hauptkommissar Thoelke seinen Bericht und bereitete die Abschluss-Pressekonferenz vor. Schließlich hatte er einen Ruf zu verteidigen, den des besten Ermittlers. Von wegen cold case, dachte er. Gleich wäre er der neue Held von Hamburg. Thoelke mit oe.

Er öffnete eine Coke, nahm einen kräftigen Schluck und sank zufrieden in seinen Drehstuhl. Sämtliche Last und Anspannung fielen von ihm ab. Ihn überkam das Gefühl, gleich lauthals los zu lachen, als ihn eine große Wehmut ergriff. Die letzten Monate hatten bei ihm tiefe Wunden hinterlassen. Natürlich würden auch diese mit der Zeit heilen und vernarben. Auch jene an seiner Seele. Doch sie hatten ihn verändert. Tanjas Unvoreingenommenheit und Offenheit hatte ihn verändert und verletzlicher gemacht. Ihm wurde nach einigen Überlegungen klar, dass er diese Pressekonferenz nicht halten konnte. Er wollte auch keine Fragen zu einer möglichen Beziehung zu einem der Opfer beantworten müssen.

Er erhob sich, nahm seinen Bericht und ging ins Großraumbüro, um Bernd zu bitten, die Pressekonferenz am Mittag zu übernehmen. Er begründete es mit seiner zwischenzeitlichen Suspendierung während der Ermittlungsarbeit.

»Wir müssen an den Ruf der gesamten Polizei denken und das kann nur unnötige Fragen aufwerfen.«

»Aber gerne, Cheffe!«, bestätigte Bernd eifrig.

* * *

Relativ gelassen konnte der Hauptkommissar so am Mittag die Pressekonferenz via Live-Stream an seinen Computer verfolgen.

Die Medienvertreter waren sehr nachsichtig mit ihm umgegangen und verzichteten auf persönliche Fragen. Es überwog die Begeisterung, den *Elbmörder* nach dreieinhalb Monaten geschnappt zu haben. Den Rest hatten Bernd und Bodo Winkler von der Hamburger Staatsanwaltschaft überragend vorgetragen. Tim Quast konnte vollständig rehabilitiert und die Akte geschlossen werden. Dann war es vorbei. Einfach so. Thoelke öffnete zufrieden seine Schublade, um sich Kleingeld für die nächste Coke zu suchen, als sein Telefon klingelte. Er hob den Hörer:

»Hauptkommissar Thoelke hier. Was kann ich für Sie tun?«

»Guten Morgen, Herr Hauptkommissar.«

»Guten Morgen ist gut«, antwortete er belustigt und warf einen Blick auf seine Wanduhr über der Bürotür. »Es ist kurz vor drei, Frau …?«

»Lagarde, Béatrice Lagarde. Bitte verzeihen Sie meine Unaufmerksamkeit. Bei Ihnen ist es natürlich schon kurz vor drei. Aber man gewöhnt sich doch sehr schnell an eine neue Umgebung. Und hier ist es wirklich so schön.«

»Frau Lagarde?« Thoelke konnte nicht glauben, wen er an der Leitung hatte. Fieberhaft drückte er mehrfach auf das mit der IT vernetztes Computerprogramm, um den Anruf zurückverfolgen zu lassen. »Wo sind Sie? Ich möchte mit Ihnen sprechen.«

»Sind Sie noch enttäuscht, Herr Hauptkommissar?«

»Enttäuscht?«

»Bereuen Sie den Deal zwischen Ihrem Chef, der Staatsanwaltschaft und mir?«

»Wo sind Sie?«, wiederholte Thoelke energisch.

»Ich bereue ihn nicht.«

»Ich muss mit Ihnen sprechen.«

»Ja, ich weiß. Ich wünschte, wir könnten uns länger unterhalten, Herr Hauptkommissar. Aber ich bin noch zum Brunch verabredet und darf nicht zu spät kommen. Das verstehen Sie sicherlich. Passen Sie bitte auf sich auf.«

»Frau Lagarde? Frau Lagarde? Frau Lagarde? Frau Lagarde?«

Doch Thoelke sprach ins Leere. Béatrice Lagarde hatte bereits aufgelegt. Sofort rannte er zu den Kollegen der IT-Abteilung.

»Jungs, woher kam der Anruf?«

»Maldonado«, antwortete Matthias. »Ein Gebiet zwischen Montevideo und Roche. Mehr war nicht drin in der kurzen Zeit.«

Thoelke wurde blass.

»Montevideo?«, wiederholte der Hauptkommissar. »Ist das nicht die Hauptstadt von Uruguay?«

* * * ENDE * * *

ABSPANN

Getränkeautomat:
Der Getränkeautomat im Kommissariat wurde auf Wunsch von Cordt Möller abgebaut und durch einen Wasserspender ersetzt. Die Freude bei Hauptkommissar Thoelke darüber fiel verhalten aus.

Thoelke:
Joggt nun täglich eine halbe Stunde vor Dienstantritt am Elbuferweg. – Zusammen mit Buffalo Bill, dessen Patenschaft er für die nächsten 12 Jahre übernommen hat. Mindestens.

Bernd Knorr:
Nach der erfolgreichen Abschluss-Pressekonferenz ging es weiter bergauf für den jungen Kollegen. Im Januar 2020 wurde er zum Kommissar befördert, inklusive Einzelbüro.

Cordt Möller:
Kam wegen des Pröpper-Deals in Erklärungsnot und musste eine Dienstaufsichtsbeschwerde über sich ergehen lassen. Nichts, was ihn aus der Ruhe gebracht hätte. Noch 467 Tage (und der Rest von heute) zur Pension.

Dagmar Rolffs:
Gefiel sich in der Rolle der deutschen Miss Marple. Und gefiel auch Thoelke. Seit Januar 2020 Teilzeit-Sekretärin im Kommissariat.
Einzige Auflage: Kein Prosecco mehr in Thoelkes Büro.

Béatrice Lagarde:

Die ehemalige Ärztin eröffnete im März 2020 in Uruguay ein Hotel mit dem Namen »Callas«.

Kosten für das riesige Anwesen samt Umbau: 1,5 Millionen Euro.

Die Summe wurde von Béatrice Lagarde bar in zwei Cartier-Tüten übergeben.

HAUPTCAST

In alphabetischer Ordnung

Andrea Böcker

Bernd Knorr

Béatrice Lagarde

Cordt Möller

Carsten Pröpper

Tim Quast

Dagmar Rolffs

Tanja Schubert

Thoelke

Isabel Thoss

NEBENROLLEN

Bertie – Hamburger Innensenator

Dr. Grimm – Nachbar von Carsten Pröpper

Petra Kirschstein – Immobilienmaklerin

Knut – Finanz-Vorstand der SUNVINXX AG

Thorsten Kling – Journalist

Ralf Kozak – Anwalt

Dr. Anke Kylau – Leiterin der Hamburger Rechtsmedizin

Sabine Lau – Sachbearbeiterin der Notrufzentrale

Maja – Assistentin von Carsten Pröpper

Dr. Martin – Assistenzarzt im Marienkrankenhaus

Matthias – IT-Experte der Polizei

Michael – Arbeitet im Fitnessstudio

Johannes Paul – Pfarrer

Philipp – Assistent von Carsten Pröpper

Nicole Pröpper – Ehefrau von Carsten Pröpper

Luise Reimers – Rüstige Rentnerin aus Hamburg-Hoheluft

Sebastian – Blumen-Großmarkthändler

Dr. Schneyder – Hausarzt von Carsten Pröpper

Heike Schroer – Sachbearbeiterin vom Finanzamt HH-Mitte

Frau Schubert – Mutter von Tanja Schubert

Smitka – Polizist

Stefan – Arbeitskollege von Tim Quast

Patricia Stieg – Assistenz von Cordt Möller

Taxifahrer – Taxifahrer

Karl Thaler – Bleichgesicht und Passant

Tillmann – Polizist

Tobias – Polizei-Azubi

Valeska – Ehemalige Chefin von Nicole Pröpper

Boris Wildstein – Leiter der Hamburger Spurensicherung
Bodo Winkler – Leitender Oberstaatsanwalt
Yannick – Arbeitskollege von Tim Quast
&
Buffalo Bill – »Wuff, wuff!«